基本体操

JIBEN TICAO

柯为国　刘智丽　赵元吉　等编著

电子科技大学出版社

图书在版编目（CIP）数据

基本体操 / 柯为国，刘智丽，赵元吉等编著. -- 成都:
电子科技大学出版社，2014.1（2022.1 重印）
ISBN 978-7-5647-2097-1

Ⅰ.①基… Ⅱ.①柯… ②刘… ③赵… Ⅲ.①体操－
基本知识 Ⅳ.①G83

中国版本图书馆 CIP 数据核字（2013）第 303893 号

内容提要

本书通过理论篇、技术篇、应用篇和范例篇四个篇章详细介绍了与基本体操有关的基础知识，分为队列队形练习和操类练习两大部分。

第一篇重点介绍了基本体操的有关理论知识及教学，全方位提炼出基本体操的发展历程，精确描述了基本体操的知识点。在基本体操教学上不仅继承了传统的教学方法，而且针对时代的要求在教学内容和形式上进行了大胆的拓展，为基本体操的教学提供了有价值的参考。

第二篇重点介绍了基本体操的队列队形练习和操类练习的技术要点，力求做到理解的唯一性，从各个方面规范基本体操动作。

第三篇重点介绍了基本体操练习中指挥员指挥能力的应用。此篇是全新编写的内容，介绍了口笛的使用方法及指挥技巧，提出了音乐在基本体操中的应用尝试，探讨了手势语言在基本体操练习中的应用。

第四篇是根据目前社会需求及学校教学需要而创编的简单易学的各种形式的操类练习，并简单介绍了花式队列队形的练习方法。

基 本 体 操

柯为国　刘智丽　赵元吉　等编著

出　　版：电子科技大学出版社（成都市一环路东一段 159 号电子信息产业大厦　邮编：610051）
策划编辑：周清芳
责任编辑：周清芳
主　　页：www.uestcp.com.cn
电子邮箱：uestcp@uestcp.com.cn
发　　行：新华书店经销
印　　刷：成都金龙印务有限责任公司
成品尺寸：185mm×260mm　印张 18.25　字数 460 千字
版　　次：2014 年 1 月第一版
印　　次：2022 年 1 月第八次印刷
书　　号：ISBN 978-7-5647-2097-1
定　　价：34.80 元

前　言

近年来，成都体育学院体操教研室依据体操类课程教学改革的实践，并根据体育院校课程改革的需要以及社会对体操类师资的需求情况，不断把新兴的项目纳入体操课程中，构建了包括《团体操》、《全民健身操舞》、《啦啦操运动》、《跳绳运动》和《基本体操》在内的大体操系列课程体系，并将其设置为专业必修课程或选修课程。这些课程的开设极大地丰富和更新了大体操课程的教学内容，优化了课程的设置。

基本体操相关技能的掌握关系到体育教师课堂教学质量的优劣，它是体育教师行课中重要的组织手段。随着社会的发展和学校对体育课教育过程提出的新要求，我们在已有基本体操知识体系的基础上根据多年的教学经验和教学实践，融入了大量的新的知识点，全方位拓展了基本体操教学体系，大大丰富了基本体操的教学内容，使基本体操的教学更加生动和适合当代学生的兴趣特点，并为体育教师提高教学质量提供了翔实的知识体系和丰富的教学参考。本书既可作为体育院校体育教育、运动训练、民族传统体育、休闲体育等专业的教材，又为广大中小学体育教师提供了一本较为全面的教学参考书。

所有参编人员在多次的研讨中就本书的整体设计和内容选择达成了共识，经过艰苦的努力，完成了本书的编写工作。在本书的编写过程中，编者们参考了国内的一些关于基本体操的书籍和论文，尤其是全国体育院校通用教材《体操》中有关基本体操的章节，在此我们表示衷心的感谢。

本书是成都体育学院体操教研室教师在多年的教学实践中总结出来的，由柯为国、刘智丽、赵元吉等编写。具体撰写分工为：

第一篇：第一章第一节的概念、特点（赵元吉）、队列队形练习的意义及作用（程湧）、操类动作练习的作用（何炬），第二节、第三节（赵元吉）；第二章第一节（程湧），第二节（何炬）；第三章第一节（程湧、柯为国），第二节做操队形的组织（刘智丽 ）、操类动作的教学（何炬）；第四章（何炬）；第五章（刘智丽）

第二篇：第一章（柯为国、程湧）；第二章（刘智丽）

第三篇：第一章（杜万庆）；第二、三、四章（柯为国）

第四篇：第一章（李晶晶）；第二章（余乔艳）；第三章第一节（李遵）、第二节（肖春）、第三节（毛俐亚）、第四节（李德华）。

在本书撰写过程中得到了领导、同事、朋友和家人的大力支持和帮助，在此表示诚挚的感谢。

由于作者知识水平有限，书中如有不妥之处，敬请读者、同行和专家批评指正。

编著者

2014 年 1 月

目 录

第一篇 理 论 篇

第二篇　技　术　篇

第三篇　实　践　篇

第一篇

理论篇

LILUNPIAN

第一章　基本体操概述

第一节　基本体操的概念及作用

一、基本体操的概念

基本体操是指以不同的身体姿势、行进方向、行进路线、动作幅度、动作频率、动作节奏组合而成的各种单个动作或联合动作为表现形式，以增强体质、增进健康、促进身体全面发展、提高工作能力为目的的体操练习。

基本体操是体操的基本内容之一，包括队列队形、徒手体操、轻器械体操、专门器械体操、健美体操、广播体操等，以及利用其他各种器械进行的身体练习。通常少儿基本体操内容还包括一些身体发展练习和实用性的练习，其中包括走、跑、跳，以及臂部、腿部和上体的一些发展练习。

在我国大力实施全民健身计划、提倡终身体育的背景下，基本体操已成为各级各类学校体育教学的重要内容，同时，也是各机关、厂矿、部队以及社会各个阶层进行健身锻炼的良好手段。

二、基本体操的特点

基本体操是发展身体能力的体操，是群众性体育活动的有效手段，深受人民群众的喜爱。较之其他项目而言，有以下特点：

（一）多样性

多样性是指基本体操运动的内容非常丰富，练习形式、动作类别、练习项目和动作技术多种多样。

1．内容多样

从基本体操的分类可以看出，其包括的内容相当广泛，根据练习任务和特点来分，共有三大类、九小类之多。

2．类别多样

在每一大类基本体操内容中，又都包含了众多个亚类。如卫生体操又分为：保健体操、生产体操、医疗体操、健美体操；实用体操则由跑、跳、投、攀登、爬越、搬运、障碍等练习组成；而运动辅助体操则包括：一般性身体练习和专门运动辅助体操等。

3．动作多样

在基本体操的每个项目或者每个亚类中，又包括了多种类型的动作。以徒手体操和轻器械体操为例，其中就包括了身体各个环节、各种运动方式的动作。例如，身体某一关节的屈伸、举振、绕环、波浪等。

4. 变化多样

基本体操中的徒手体操或轻器械体操的任何动作，都可以通过改变身体姿势、动作方向、动作路线、动作幅度、动作频率、动作速度和动作节奏等要素而形成新的练习。如果再加上某些练习条件的变化，如器械的纵横、远近、高低等，将会使基本体操的动作花样更加丰富、变化无穷。

5. 节奏多样

节奏是动作在时间上的组织。动作的节奏包括速度和节拍两个概念。基本体操中节奏运用的变化很多，如动作节拍用于徒手体操或轻器械体操中完成单个或联合动作时，常采用一拍一动、一拍两动或者两拍一动等节奏进行练习；而对于成套动作的单个动作，常采用的有四个八拍的练习，也有两个八拍和八个八拍动作练习的区别。

（二）广泛性

基本体操具有广泛性。凡是为了增强体质、促进身体姿态的正确形成和身体素质的发展，以及提高人体基本活动能力所采用的体操练习内容，均可列入基本体操的范畴。

基本体操简便易行、适应性强，易于广泛普及与推广。基本体操的内容灵活，练习时间和练习强度可操控性强，不论男女老幼、体质强弱均可灵活地选用，是一项具有广泛的群众性和很强的针对性的体育运动。

基本体操针对社会各个阶层、不同职业、不同年龄段的人群都有其合适的练习内容。例如，学生群体，适宜进行队列队形练习、课间操和广播体操练习等；工人可以进行生产操的练习；而专业运动员则可以针对专项训练而进行热身活动和专门性辅助练习等。

（三）规范性

基本体操的规范性就是指在完成某一体操动作时，应对其动作形式、方法和规格等有明确的要求，这是由人体生理特点所决定的。基本体操的规范性主要表现在完成动作的规格上，即对人体动作的角度、幅度、高度、远度、时间、姿态和节奏等都有严格的标准。这一点与田径运动的走、跑、跳等自然性动作和球类运动中的随机性动作有明显的区别。

基本体操动作的角度是指身体各环节之间或身体与器械之间的夹角；幅度是指人体运动所展开的宽度或移动的距离；高度是指身体各环节之间或身体与器械或地面之间相差的垂直距离；远度是指身体各环节之间或身体与器械之间相隔的水平距离；时间是指完成动作、变化的持续性，基本体操完成动作的时间，一般用“经”、“稍停”、“停止不动”来表示。因此，基本体操的规范性也可以说成是在做动作时，身体肌肉对动作要有控制力。

总之，对完成基本体操的动作规格都应有一定的要求，其规格标准既可以是相对稳定的，又可以是随着练习者水平的不断提高而发展起来的具有更高要求的，这样才能使动作逐渐达到极限，高标准化完成动作。所以说，基本体操是在一定的时间内准确、协调地按照预先的规定标准所做的身体练习。

（四）艺术性

基本体操的练习者既可以通过徒手练习，也可以持各种轻器械或专门器械，在节拍的伴奏下进行具有对称性的动作练习，而且在完成动作时要求有一定的美感。

基本体操的艺术性是指在完成动作时，应充分表现出人体的外在美和内在美，给人以艺术感受，是在体操动作的标准化和动作不断创新的基础上实现的。它既与舞蹈、音乐等艺术有相同之处，却又比舞蹈更奔放，比音乐更形象，给人以健、力、美的感受，属于难美性项群，具有体育艺术特性。基本体操的艺术性主要表现在动作美、形体美、音乐美、服饰美、精神美等方面。

基本体操的艺术美，首先体现在动作美。动作美又表现在身体姿态美，即身体在练习时，各环节都要保持着良好的姿态。身体姿态美必须依赖于正确的动作技术和符合美学规律才能给人以美的享受。如队列队形、徒手操的练习，要求动作迅速、准确、协调一致，使整体动作、队形体现出“整齐一致”的美感；其次体现在体形美。即在身体姿态美的基础上，再进一步地对身体姿态进行要求，而体现出来的一种艺术的美感。它主要是对动作姿态和人体造型有特定的要求，着重形体美的身体练习，这也是基本体操区别于其他体育运动项目的一个主要特点。此外，在基本体操的练习中，尤其是女性的动作练习，它不仅可以使动作轻盈、准确，而且还能保持着优美的体型，具有美学的意义，是表现体操美的基础；第三体现在音乐美和服饰美。在基本体操的练习中，广泛地利用各种形式的音乐伴奏来提高锻炼的效果，给人以美的感受。不论是在学校中推广的广播体操，还是在群众中流行的大众健美体操，都是在音乐的伴奏下进行的。音乐伴奏作为一种声音的艺术，能运用音响、节奏和旋律来塑造艺术形象，表现一定的风格，从而激发练习者的兴趣爱好，启发思维，陶冶情操，提高练习者节奏感、韵律感和优美感。同时，在基本体操表演时，对服饰也有一定的要求，得体的服饰，可以很好地体现出练习者强健的体格、健美的肌肉和优美的线条；最后体现在精神美。基本体操不仅能够表现人体动作美、体形美等外在美，而且还能体现练习者高雅的气质等内在美和精神美。

总之，基本体操的艺术美是综合性的：动作美是核心，精神美是灵魂，体形美是基础，音乐和服饰美是条件，只有四位一体的统一，才能充分彰显基本体操的艺术性特点。

（五）对称性

徒手体操和轻器械体操的动作节拍，都是以双数出现。例如，徒手体操的创编通常以四拍循环或八拍循环为一个单元。

徒手体操和轻器械体操动作的各关节的运动形式，多以左右对称动作出现。例如，左边方向动作完成以后，通常也会完成右边方向的动作，左右对称练习能够有效地平衡机体的运动负荷，对身体的平衡发展有积极作用。

专门器械体操动作是依据人体运动轴和身体部位与器械关系来设计的，多以双手悬垂或者依次悬垂、双手同时或者依次支撑、双脚同时或者依次起跳以及双脚同时或者依次落地来完成的。

（六）创造性

所谓的创造性，是指在原来的基础（即旧的事物）上有所改变，就是传统意义上的创新。只有不断创新，才有持续发展，体操如此，基本体操亦是如此。

创造性是指基本体操的动作、难度和完成动作的技术、质量，以及动作的组织编排等，都在不断推陈出新，有所创造、有所改进。不论是为了增强体质、促进身体健康全面协调发展的基本体操，还是以竞技为目的的竞技性体操，都是在原有的基础上不断创新而壮大起来的。如广播体操，新中国成立以来所推行的成人广播体操以及学生广播体操，每一套动作的选择与编排都既有创新，又极富生活气息和时代特征。

三、基本体操的作用

（一）队列队形练习的意义和作用

1. 队列队形练习的意义

队列队形练习是指队列练习和队形练习。队列队形练习进入体育教学活动最初来源于军事化管理的一种训练模式，这种训练模式对规范体育教学活动非常有效，后来逐渐被体育教学工作者认可，并在教学活动中广泛采用和推广。体育教学中的队列队形练习是以《中国人民解放军队列条令》为基础，参照“队列条例”的内容、结合体育教学的需要并加以适当补充后形成的，其意义十分深远。

队列队形练习既是体操的基本内容之一，同时也是教学过程中的重要组成部分。它是体育教学活动中的主要内容和必要形式，也是集体组织活动中必不可少的、常规的组织手段和方法。它对规范体育教学活动、组织集体活动有着不可忽视的重要意义。它是每一位体育教师必须具备的基本技能之一。

在体育教学中运用队列队形练习，合理地组织学生进行各项教学活动，可以充分发挥学生集体活动的潜质，培养学生的集体荣誉感，有助于教学任务的完成及教学质量的提高。通过队列队形练习，可以培养学生的组织纪律性、集体主义观念、团结协作、服从指挥、令行禁止的优良作风。同时，有助于学生正确身体姿势的形成，促进身体的正常发育。

在学校，无论是体育课的开始部分、准备部分、基本部分和结束部分，还是课间操、课外体育活动、学校集会等都离不开队列队形的组织和变化，它贯穿于课的各个环节。所以说，它是衔接体育课各个环节的纽带，是提高教学质量的基础，是学校集体活动的组织保证，也是对学生进行作风培养、思想教育的重要途径。

2. 队列队形练习的作用

（1）端正人体体态（特别对青少年儿童非常有效）。通过队列队形练习，既可以使人的体态优美，表现出端庄大方的体姿，又可以塑造人的朝气蓬勃的精神面貌和形象，彰显精、气、神的气质。青少年儿童正处在身体发育的最佳时期，他们有着很强的可塑性，因此，在体育教学中重视和加强队列队形练习中基本技能的训练，有助于他们正确姿势的固化与形成。

（2）培养学生的组织纪律性和团队精神，以及令行禁止、动作准确、反应迅速等等。

（3）有利于规范课堂秩序，严格课堂纪律，避免安全隐患，培养学生严肃认真、严谨的学习态度以及良好的行为习惯。

（4）有利于集中学生的注意力，调节学生的情绪和提高学生的兴奋性，培养学生做动作的节奏感、韵律感和协同一致的集体活动能力，保证教学任务的顺利完成和教学质量的有效提高。

总之，队列队形教学不仅仅是加强学生组织纪律性的一种手段，更是促进学生身心健康，提高教育、健身功能，加强审美能力以及发展学生的智力，改善人际关系等方面的综合素质的重要途径。随着体育教学的不断深化，队列队形教学在学校的整体教学中，在完成育人这个总目标中，以及在提高全民族素质中所起到的积极作用，越来越被更多的人所认识。

（二）操类动作练习的作用

操类动作练习能全面地锻炼人的身体，并在不同的人群中得到了广泛的开展。它既是大、中、小学体育教育中必不可少的教学内容之一，也是培养身体正确姿势的一种简单易行的教学手段。在体育教学实践中，操类动作练习不仅可以作为准备活动，而且其本身就是重要的基本教学内容。操类动作练习对培养学生的正确姿势，全面锻炼身体的各个部位，特别是对小肌肉群和关节、韧带的锻炼，以及发展协调、灵敏、柔韧等素质都有良好的作用。同时，还可让学生手持哑铃、实心球、体操棍等轻器械进行练习，在身体各部位运动的基础上充分利用这些器械的特点，通过变化器械、改变练习强度、利用不同器械等，进行多种多样的变化练习，在发展力量及各关节协调性、柔韧性、灵活性等方面起到良好的作用。操类动作练习的作用主要体现在以下四个方面：

1. 提高身体素质

通过操类动作练习，可以提高练习者的身体素质。操类动作练习的内容丰富、形式多样，以及其健身作用针对性强，因此，在各项体育活动中，它对提高身体素质的效果较为明显。在运用操类动作练习提高身体素质时，练习者可以根据不同的目的、任务以及各自的身体状况选择不同的内容。例如，为发展人体的柔韧性，可以选择柔韧性体操进行练习；为发展上肢力量，可以选择哑铃操进行各方位的练习，也可以选择发展力量、灵敏素质等的其他操类动作进行练习。

2. 改善身体机能

通过操类动作练习可以有选择性地改善练习者的身体机能状况，增强适应能力。所谓身体机能，是指机体组织或器官等的活动能力。所谓适应能力，是指机体受到外界环境的影响后，在中枢神经系统的支配下，不断自我调节，使机能处于正常稳定活动状态的能力。

长期进行操类动作练习，可以提高神经系统的调节能力。操类动作练习中的某些动作，要求人体具有较高的协调性，完成动作时的肌肉收缩过程比较复杂，这些都对支配和调节人体运动的神经系统提出了较高的要求。所以，长期进行操类动作练习，可以提高神经系统的机能水平。

3. 塑造健美形体

操类动作练习对塑造人体健美的形体具有独特的作用。健美形体的关键是肌肉发达、身材匀称、线条优美。操类动作练习中的操类动作、轻器械体操、专门器械体操都是塑造健美形体的有效方法和手段。同时，操类动作练习中的有氧操练习及垫上体操运动不仅可以达到减肥的效果，而且对纠正不良姿势、培养良好的体态具有重要的作用。操类动作练习中的韵律体操、操类动作、健美操等，都是塑造良好形体的有效方法。

4. 培养节奏感

操类动作练习都是通过节奏口令或音乐进行指挥的，反复多次练习就可以提高练习者的节奏感和对节奏的把控能力。

5. 消除疲劳

操类动作练习在各级学校中常以课间操的形式出现，课间操活动能促进大脑皮质的兴奋区域得到转移，从而使人体得到更好的积极性休息，可有效地消除疲劳。

第二节　基本体操的分类

我们常说的体操包括两大类：一类是竞技性体操，包括竞技体操、技巧运动、艺术体操、蹦床运动、竞技健美操等；另一类是非竞技性体操。基本体操属于非竞技性体操。它与竞技性体操相互补充、相互联系，但在练习内容、练习对象和所要解决的主要任务上具有不同的性质。

基本体操一般是依据练习的形式、任务和特点来进行分类的（如图 1-1-1 所示）。

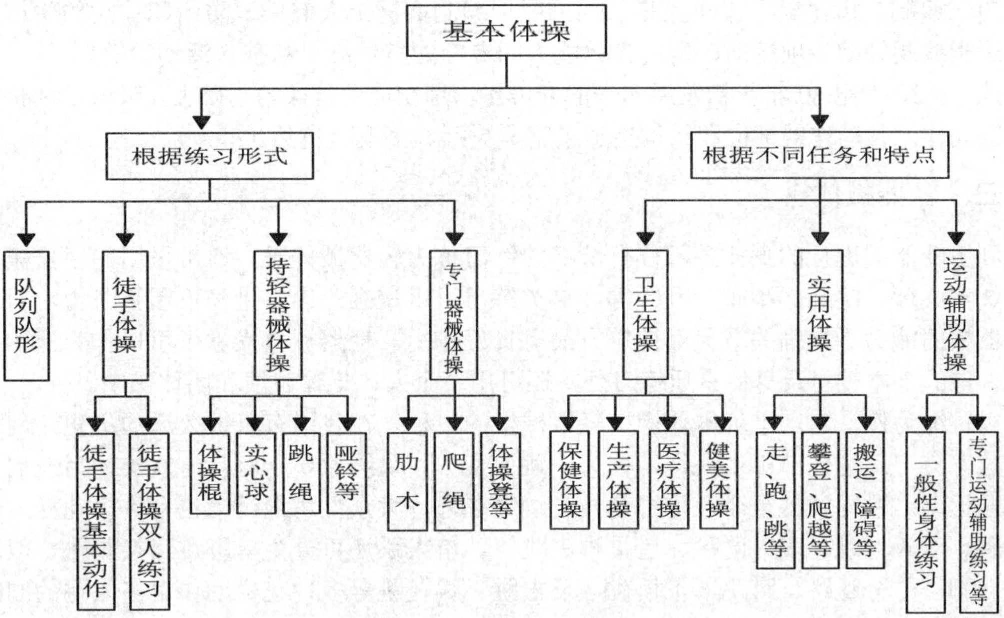

图 1-1-1　基本体操分类

基本体操根据练习的形式大体上可以分为：队列队形练习、徒手体操（包括：徒手体操基本动作、徒手体操双人练习等）、持轻器械体操（包括：体操棍、实心球、跳绳、哑铃等）、专门器械体操（包括：肋木、爬绳、体操凳等）。

基本体操根据不同的任务和特点大致分为：卫生体操（包括：保健体操、生产体操、医疗体操、健美体操）、实用体操（包括：走、跑、跳等基本活动能力练习，攀登、爬越、搬运、障碍等练习）、运动辅助体操（包括：一般性身体练习和专门运动辅助练习等）。

一、队列队形练习

队列队形练习分为队列和队形练习。

队列练习是指全体学生按照一定的队形，做协同一致的动作。它既是体育教学中的重要内容之一，又是培养精神面貌和组织纪律性的必要形式和有效手段。通过队列练习可以培养练习者的组织性、纪律性、集体主义精神以及“团结、紧张、严肃、活泼”的作风。

队形练习是指在队列练习的基础上所做的各种队形和图形的变化。在体育教学中，有目的地进行各种队形变换，可以培养练习者辨别方向、位置的能力和图形造型能力，提高练习者的注意力和兴奋性。

队列队形练习的主要功能是端正体态、提高动作的准确性和反应速度，以及培养优美的姿态。同时，还能调节练习者的情绪，提高机体的工作能力，为教学的顺利进行创造有利条件。

二、徒手体操

徒手体操是在节拍的指挥下，徒手做交替对称的成套或多节练习。徒手体操用途广泛，既可用于编制广播体操、课间操等，也可用于编制增进工人健康、防治职业病的生产操，还可用于编制辅助各项运动、发展身体能力的专门的身体练习和准备活动等等。

此外，20 世纪 80 年代初发展起来的健美操，是在徒手体操的基础上，吸取了现代流行的扭髋动作，使动作的部位和结构更加丰富、灵活、多变、自然。

三、轻器械体操

利用轻器械进行的身体各部位有节奏的练习称为轻器械体操。通常采用的轻器械有体操棍、实心球、跳绳、小旗、哑铃等。这类练习可以增强肌肉力量和下肢弹跳力，对提高控制器械的能力、增强关节灵活性等方面有良好作用。轻器械体操除了可以作为课的准备活动、课的基本教材及身体素质练习外，还可用于个人、集体表演和团体操中。

以跳绳为例，它属于基本体操中轻器械操的一种，在我国有着很久远的历史。南宋以来，家家户户每逢佳节都要跳绳，称为“跳白索”。跳绳原属于庭院游戏类，后发展成民间竞技运动。跳绳发展至今，除了竞技类跳绳之外，大众性跳绳运动也有许多花样，包括单人跳、双人对跳、多人同跳、鱼贯顺序跳等。单人跳还可分为单脚跳、换脚跳、双脚并跳、双脚空中分腿跳、蹲跳、正摇跳、反摇跳、编花跳等多种花样动作。多人跳的同时，也可增加转身、劈叉等动作来活动筋骨。绳也分为两种，一是两人摇、供多人跳的长绳，二是单人双手摇、自摇自跳的短绳。

四、专门器械体操

专门器械体操是指利用肋木、体操凳、爬绳（竿）等进行的身体各部位的练习。这类体操能提高人体的肌肉力量、速度和攀登能力，能培养人的勇敢和坚毅的精神，常用于身体训练和课的准备活动。

五、卫生体操

卫生体操是基本体操的一种形式，它主要是以改进身体机能，增进健康，使人朝气蓬勃、精神焕发，提高适应社会能力和工作能力为目的的一种体操练习。一般又分为保健体操、生产体操、医疗体操、健美体操。其中，生产体操是按劳动特点、劳动条件以及年龄、性别等来编制的，其目的是增进劳动人民的身体健康和促进劳动生产率。医疗体操是配合其他医疗措施治疗疾病和创伤的有效方法，一般通过采用各种基本体操手段，促进机体功能的恢复和矫正，达到康复、健身的目的，如我国著名医学家华佗的“五禽戏”等。保健体操的主要目的是增强和保障人们的身体健康，预防疾病，如广播体操，在学校体育活动中占有一定的比重。健美体操是体操运动体系中的一种，是根据徒手操、轻器械体操以及舞蹈中的简单动作，依据练习者的身体发展特点，严格按照人体解剖学、生理学对身体各部位的要求组编成套的并在音乐的伴奏下进行的练习。

六、实用体操

实用体操又称为实用性体操，是为了促进身体健康，提高工作能力、运动能力和使用能力，以及掌握一些生产建设和战时所需要的实用技能而选用的身体操练，如，走、跑、跳、攀登、爬越、搬运、障碍、负重、天梯以及在小的支撑面上通过等练习，所以，实用性体操具有直接为生产建设和军事训练服务的特点。

七、运动辅助体操

运动辅助体操主要是为了提高练习者的身体训练水平，发展某些专门的专项身体素质和意志力，为提高专项技术服务或者学习、改进和提高某个技术动作，所采用的一些专门的体操练习。这种练习可以根据项目的特点和练习者的自身特点来选择练习内容和方法。在教学的课前、课中、课后均可安排，也可以在早操的时间专门练习。运动辅助体操在教学中的应用是很广泛的，如，练习者腹肌肌力不够，可以多加腹肌训练内容等。此外，基本功练习也是运动辅助体操的内容之一，可以通过一些专项典型练习来提高各个专项所需的身体素质和运动技巧。运动辅助体操又可分为一般性身体练习和专门运动辅助体操等。

第三节 基本体操的发展

一、基本体操的起源

基本体操在我国有悠久的历史，是劳动者在长期生产和生活的实践中创造和发展起来的。早在原始社会末期，基本体操就开始萌芽了。《吕氏春秋》记载了很多古代传说，其中，《古乐》篇说：“昔陶唐氏之始，阴多滞状而湛积，水道壅塞，不行其源。民气郁闭而滞著，筋骨瑟缩不达，故作为舞以宣导之。”这种身体活动，是一种最原始的体操或舞蹈，可视为基本体操的雏形。

在春秋战国时期，体操一般是同养生中的导引相结合的。《庄子》一书中有不少关于养生的论述。如，《刻意篇》“吹口句呼吸，吐故纳新，熊经鸟申，为寿而已矣”中的“熊经鸟申”就是模仿鸟兽动作的一种早期的基本体操运动。

队列队形在我国也有悠久的发展历史。史料记载，《司马法》是最早规范队列礼仪的兵书，是我国古代重要兵书之一，大约成书于战国初期。其有关内容被作为当时最高的军事活动准则而载入了《周礼》之中。无论是从最原始的祭事活动，还是古代帝王一直沿袭的围猎校阅等；无论是帝王将相的门庭兵仪、随行兵仗，还是当今世界各国的国宾仪仗、阅兵等，无一不是通过行列形式的整齐一律、威武雄壮来反映军队的凝聚力、战斗力，以达到耀武扬威、威慑敌胆的目的的。

我们还可以从长沙马王堆出土的文物中，见到西汉初有关养生术导引体操的具体形象。导引图上画着四十几个栩栩如生的人物姿势图，从立、跪、坐基本姿势开始，做着屈、伸、转体、弓箭步、跨、跳等动作，这些均与现在的广播体操的动作相仿。

到了东汉末年，基本体操有了较大的发展。著名医学家华佗的“五禽戏”就是根据“熊经鸟申”发展创造的，它模仿了虎、鹿、熊、猿、鸟五种动物的活动姿态，使人体各部分都得到活动。

我国古代的练身方法“八段锦”，其动作简单易学。据研究，它是从 12 世纪时发展起来的，至今已有 800 多年的历史了。所谓“锦”，一般是指各种不同颜色的丝织品，而古人将几种不同的动作编成的体操也称为“锦”。“八段锦”就是八节动作，与现在的徒手体操很相似。随着时间的推移，“八段锦”的内容也发展得丰富多彩，但大体上可以分为坐式和立式两类。坐式的运动量较小，称“文八段”；立式的运动量较大，称“武八段”。随后，又出现了“十二段锦”和“易筋经”等各种健身方法，并广泛流传于民间。

二、基本体操近现代的发展

19 世纪末，现代体操运动开始由西方国家传入我国。当时传入我国的主要有德国体操学派、瑞典体操学派和丹麦体操学派。这些学派主要有两个特点：一是强调练习体操要符合人体器官系统运动法则及身体运动科学；二是它们的体系重视人体的协调和均衡发展。

在辛亥革命前夕和辛亥革命期间，资产阶级民主革命派为积蓄革命力量，准备武装斗争，把体育作为一种手段，以增强革命青年的体质。1906 年由秋瑾主办的大通学堂和 1908 年同盟会创办的重庆学堂，都设有徒手体操课程。

“五四”前夜，中国兴起了新文化运动，先进体育思想也较系统地出现了。1917 年 4 月 1 日，毛泽东在《新青年》杂志上以“二十八画生”的笔名发表了《体育之研究》，并介绍了他自编的一套健身方法——“六段运动”。这六段运动是：手部运动，坐势；足部运动，坐势；躯干运动，立势；头部运动，坐势；打击运动，不定势（打击运动者，以拳遍击身体各处，使血液奔注，筋肉坚实，为此运动之主）；调和运动，不定势。毛泽东吸取了古代健身方法“八段锦”的一些精华和近代体操的一些优点，创造性地运用到实践中去。

抗日战争与解放战争时期，延安大学体育系开设了徒手体操课程。新中国成立以后，1951 年 11 月 24 日，中华全国体育总会、中央人民政府教育部等九个单位发出的《关于推行广播体操活动的联合通知》中提出：“体操是最基本、最简单因而也是最宜于普及的群众性的体育活动。”自 1951 年以来，在国家体育总局的直接组织领导下，先后编制推广了 20 余套广播体操。其中有九套成人广播体操。多年来的实践证明，广播体操已成为我国人民生活中不可缺少的一部分，坚持做广播体操已成为群众体育运动中的一个良好传统。广播体操的历史是中国群众体育运动的缩影，更蕴含着一代又一代中国人的青春记忆。

目前，基本体操已成为各级各类学校教学大纲的基本内容，它要求学校通过内容丰富的基本体操的教学与训练，来促进学生的身体得到正常的生长发育，全面提高身体素质，发展基本运动技能和能力。

在大众健身活动中，由徒手体操派生的医疗保健体操、生产操及运动辅助体操贯穿于学校的早操、课间操，机关、企业的工间操、生产操，军事训练的辅助操以及医疗保健系统的医疗体操之中。此外，基本体操是竞技性体操和团体操的基础，如，在运动训练中所采用的辅助性体操、团体操中选用的大量内容，也都来自于基本体操。

在我国全面贯彻落实全民健身计划、大力发展群众性体育运动的今天，基本体操有着广阔的发展前景和重要的应用价值。

三、基本体操未来的发展趋势

如今，群众体育呈现出全民化、终身化、生活化趋势，而基本体操具有内容丰富、形式多样、简便易行、适应性强、易于广泛普及与推广的特点，它不仅是各级各类学校体育教学中的基本教学内容和运动辅助手段，也是全民健身的重要内容和手段。可以预见，基本体操将呈现以下发展趋势：

（一）内涵进一步丰富

随着时代的发展和人类社会的进步，基本体操运动的内涵又被注入了新的元素，从而使基本体操运动的发展更具活力。以徒手体操和轻器械体操为例，动作的内容和组成结构更多样、更丰富，与动作相配合的音乐节奏、律动更强；动作练习形式的艺术性和趣味性更加突出，并且出现了一些新的轻器械种类：弹力带、健身球、平衡球、平衡板等。正是由于练习手段和内容的变化和不断丰富，从而更能激发练习者的锻炼热情。任何事物内在的东西都是不断地在发展着，都是在发展中不断得到壮大并变强的，都是由原来单一的慢慢演变成多样的。基本体操的内涵也是这样不断发展壮大起来的，由简到杂、由慢到快、由单一到多样的慢慢变化着的，而且这种趋势必将进行下去，因为事物的发展规定着它必须不断发展自己和丰富自己的内涵。如，徒手操、队列队形等，由原来口令的纯粹指挥，演变到现在在音乐和节拍的指挥下完成各种多姿多彩的活动形式；再如，由原来枯燥的单一跳绳动作演变为如今的绳操，由单人表演演变到多人协同进行，基本体操的内涵变得更加丰富，涉及面更广，更能吸引群众的喜爱并参与其中。

（二）锻炼方法日趋科学

在全民健身热潮中，在人们生活得到不断改善的今天，参与最基础、最实用的锻炼，越来越成为人们关注的焦点。众多的专家学者对于相关层面的理论建设和实践指导更加全面和深入，并通过各种传播媒介影响着人们转变锻炼意识和高品质生活的价值观念。同时，随着核心力量训练理论、体适能锻炼理念等一系列新的概念的出现，基本体操练习方法和手段也有了进一步的更新，例如，瑜伽、普拉提等。在基本体操的内涵得到不断扩充和壮大的同时，参与基本体操练习的人群也不断壮大，进行科学的、合理的锻炼成为广大参与者的迫切需要。因此，如何更科学有效地从事基本体操锻炼，使锻炼者的身心得到全面发展，增进健康，提高社会适应能力和工作能力，是今后很长一个时期我们应关注的重点和追求的目标。

（三）项目发展与生活愈加密切

随着人们生活水平的提高，人民群众对于社会精神文明需求和文化消费需求进一步提高，项目的发展与时代背景联系更加紧密，紧跟社会精神文明建设和文化发展的趋势和导向，能够更好地满足人民群众在日常社会生产、生活活动过程中的客观需求。基本体操的开展必须坚持以“为人民服务，为社会服务，为国家的建设服务”为方向，必须面向广大民众和青少年儿童，要关注社会最基层，如，厂矿、企业、农村、部队、机关和学校等，必须从实际出发，因时、因地、因人而异，坚持业余、小型、多样、分散的原则，贯彻因杂就简、吸取外来先进的教法和本土教学精华相结合的方针，使基本体操结合社会生产，促进劳动生产率的提高，使之成为现代人生活方式的一部分。社会在不断进步，基本体操的发展也要不断在社会发展的大潮流中进行创新，并使之与社会的人文生活密切联系起来，才能使基本体操项目自身拥有更好的发展前景。

（四）注重全面发展和思想教育

身体全面发展的水平标志着人民的健康状况和体质增强的程度。这是提高劳动生产率，保卫国家和提高运动成绩的一个重要条件。由于职业和劳动分工的不同，人体就会产生发展不均衡的现象，因此，需要进行体育锻炼来促进身体的全面发展。经常系统地从事基本体操锻炼，可以不断地增强体质和改进健康状况，进而全面提高身体能力。基本体操运动能加速人体各器官系统在形态和机能方面的变化过程，并使之更趋完善。基本体操的锻炼对青少年儿童的身体发育有着特别重要的作用，可促进青少年儿童的身体正常发育，提高身体的全面发展水平，改善和增强我国国民的体质，同时也可为提高体操运动素养打下良好的基础。此外，在基本体操教育中融入思想教育也是必不可少的一部分。在基本体操活动特别是基本体操教学中，我们应按照党的教育方针和新时期国家建设的需要，把基本体操的动作练习和教学活动作为进行共产主义教育的一种手段。

（五）练习手段愈加丰富

可以预见，基本体操未来的发展，在更加注重本身价值的基础上，需进一步发掘更具特色、更丰富多样的练习形式和实施手段，例如花样队列、花样跳绳等的教学和训练。为了丰富练习内容和形式，提高基本体操教学、锻炼的趣味性，应本着“百花齐放，百家争鸣”的方针，不断积累和总结经验，提高教学、训练的科学水平，还要贯彻“洋为中用，古为今用”的方针，在总结经验、继承民族优秀遗产的同时，也要注意吸纳国外的有益经验。只有做到“取其精华，去其糟粕，解放思想，善于创新”，才能促进我国基本体操运动的大发展、大繁荣。

第二章　基本体操术语

第一节　队列队形术语

队列练习：指学生通过一定的队形排列，在指挥员的口令指挥下，做协同一致的统一动作。

队形练习：指在队列练习的基础上，为协同动作，队伍做出的队形和图形的组合排列形式。

队列：指队伍所排的行列。

队形：指队伍所排的形式。

列：学生左右并成一线称为列（一般是从右到左按高矮顺序排列）。

路：学生前后重叠成一行称为路（一般是从前到后按高矮顺序排列）。

翼：队形的左右端称为翼。右端称为右翼，左端称为左翼。

正面：队列里学生面向指挥员（教师）的一面称为正面。

后面：队列里学生背向指挥员（教师）的一面称为后面。

间隔：学生（单个的或成队的）彼此之间左右相隔的间隙称为间隔（横队间隔一般是相隔10厘米，以肘距为准；纵队一般为两步）。

距离：学生（包括成队的）彼此之间前后相距的间隙称为距离（纵队距离一般是前后相距一步，约是75厘米；横队是相距约为两步）。

队形宽度：指两翼之间的横宽。

队形纵深：从第一个（或第一列）学生到最后一个（或一列）学生的距离称为队形纵深。

纵队：学生前后重叠组成的队形称为纵队。在纵队中，队形的纵深大于队形的宽度或与之相等。

横队：学生左右并列组成的队形称为横队。在横队中，队形的宽度大于队形的纵深或与之相等。

方队：横宽与纵深大体相等的队形称为方队。

伍：二列或二列以上的横队中前后各列同数的学生所组成的列称为伍。若各列人数相等，各伍人数等于列数，则称为满伍；若不相等，最后不足人数的伍称为缺伍。

排尾：位于纵队之尾或横队左翼的学生（一个或几个）称为排尾。

步幅：一步的长度（由后脚脚尖至前脚脚尖的距离）。

步速：单位时间行进的步数。

基准学生：集体做动作时，按教师所指定的作为目标的学生，称为基准学生（除排头排尾外，被指定为基准的学生应举手示意）。

口令：指在队列操练中，指挥员所发的口头命令。除一些需改变人体姿势和形态等的口令，例如，立正、稍息、坐下、蹲下等外，一般口令都分预令和动令。

预令：指口令的前部分，使听口令者注意并准备做动作的称为预令。预令具有提示练习者向什么方向、做什么、怎样做等指示性的作用。

动令：指口令的后部分，一般是最后一个字。动令是对准备做的动作发出的统一开始动作的命令，而不是动作形式。如，跑步- -走，即按预令提示做“跑步”动作，而不是做“走”的动作。

【注意】预令与动令之间一般都有一定的时间间隔。

口令指挥根据动作的不同以及练习者的多少，可分为以下几种：

短促口令：即只有动令而没有预令的口令。例如，原地动作的口令“立正”、“稍息”、“坐下”、“蹲下”、“散开”、“解散”等，以及行进间动作时，当练习者即将接近障碍物时，指挥员在一个节拍中果断下达的“立定”或者“停”等口令。

间隙口令：即预令与动令之间有稍微的停顿，如，“成体操队形，散开”、“第一排向前一步，第二排向前三步，各到地位- -走”、“面向×××，向左、向右- -转”等。

连续口令：即预令的尾音与动令相连，之间有稍微的间歇。连续口令在队列队形练习中使用最频繁，因此，掌握好连续口令的要领非常重要。连续口令的下达通常有以下几种：

两拍法：即预令与动令在两个节拍中完成。如，行进中的“立定”口令，结束动作时发出口令，预令（第一拍）“立”字落在左脚上，动令（第二拍）“定”字则落在右脚上。

三拍法：即预令与动令分为三个节拍来完成。如，行进中“向右转走”的口令，预令（第一拍）“向右”两字落在右脚上，“转”字（第二拍）落在左脚上，动令（第三拍）“走”字落在右脚上。

预令延长法：即适当延长预令的拖音，提示练习者集中注意力。此法多用于人数较多、队伍庞大、年龄偏小、训练程度较差者或专门进行集中注意力的练习。如，原地的集合整队动作“向右（左）看- -齐”、“向右（左）- -转”；行进间的“齐步换成跑步走”动作，在齐步走练习中发出“跑步”口令后，检查学生是否按预令行动，双手是否握拳提至腰际做好准备（中间间隔的步数由指挥者灵活掌握），当符合要求后再发出“走”的动令。

【口令下达的基本要领】下达口令时，发音部位要正确，一般采用胸音或腹音，胸音多用于下达短促口令，腹音多用于下达带拖音的口令；要掌握好音节，下达口令要有节拍，预令和动令应有明显的节奏使练习者能够听清楚；要注意音色，音量不要平均分配，应抑扬顿挫、高低起伏。通常情况下，下达口令一般起音要低，由低向高拔音，如，“向右看- -齐”的“齐”字发音要高并且短促有力，突出主音；重点字的音量要加大，如，“向后- -转”要突出“后”字，“向前××步- -走”要突出数字。

第二节 操类术语

操类动作术语是正确说明操类动作练习的专门用语。操类动作术语是构成操类动作名称的基本要素，主要包括：人体部位名称术语（臂、腿、体等）、身体基本姿势术语（团身、屈体、直体等）、运动方向术语（前、后、左、右等）、运动方法术语（举、振、摆、压、绕环等）、动作相互关系术语。正确运用操类动作术语，将有助于教学工作的顺利进行，有助于学生正确理解和掌握动作技术。

一、人体部位名称术语

1. 头颈：是头与颈的总称。

2. 上肢：也称臂，包括上臂、前臂、掌（拳）、指和肩、肘、腕关节。

3. 下肢：也称腿，包括大腿、小腿、脚（掌、趾、踵）和髋、膝、踝关节。

4. 躯干：也称上体，包括胸部、腰部、体侧、腹、背部和脊柱。

5. 四肢：是上肢与下肢的总称。

6. 全身：是身体各部位的总称。

二、身体基本姿势术语

1. 立

立是指人体各种站立的姿势。常见的有站立、直立、开立、起踵立等。

站立：人正常立的姿势（头向上，脚向下）。

直立：与立正基本相同，但双手五指并拢伸直。

并立：两脚完全并拢的立。

开立：两脚左右分开，距离同肩宽的站立。如果两脚距离大于肩宽则称为“大开立”，小于肩宽则称为“小开立”。

前后开立：两脚前后分开的站立。成前后开立时，应指明哪只脚在前，如，左脚在前开立。

交叉立：两腿交叉形成的站立。交叉立时，应指明哪条腿在前，如，左腿在前交叉立。

点地立：通常是一脚站立负担体重，另一脚向某一方向伸出，用脚尖点地。点地立时，应指明哪只脚点地，向哪个方向，如，左脚站立，右脚尖后点地。

起踵立：指脚跟离地，前脚掌站立，分单脚和双脚同时起踵。

倒立：支撑中，头在下，脚在上，一种倒置身体的垂直静止动作。

2. 弓步

弓步是指一腿弯曲约 90°，另一腿伸直的开立步型。弓步分为前弓步、侧弓步、后弓步、斜弓步。做弓步时，以弯曲的腿指明方向，如，左腿前弓步、左腿右前斜弓步。如果腿弯曲的角度小于 90°，大小腿接触时，则称为“扑步”。

3. 蹲

蹲指两腿并拢，髋、膝弯曲的一种姿势。大、小腿角度在 90°左右称为“半蹲”；小于 90°，大、小腿相触时称为“全蹲”。如果分腿、分膝、起踵时，都应指明，如“分膝起踵半蹲”、“开立半蹲”。

4. 跪

跪是指膝部着地的姿势。有单膝跪、双膝跪（如分腿时应指明）。

5. 坐

坐是指臀部着地的姿势。通常指两腿并拢伸直，上体与地面垂直。如是其他姿势，应指明，如，分腿坐、屈腿坐、跪坐等。

6. 撑

撑指支撑于地面的姿势。成撑时，应指明身体其他部位的姿势，如，蹲撑、跪撑、仰撑、俯撑、屈体分腿立撑等。

7. 卧

卧指身体贴于地面的姿势。通常是身体伸直、两腿并拢、两臂贴于体侧。如出现其他姿势应指明，如，俯卧臂上举、仰卧腿前举。

8. 团身

团身指屈腿、屈膝、含胸、圆背、大腿尽量靠近胸部使身体成圆形的姿势。团身时，双手一般抱小腿。

9. 挺身

挺身指胸、腰、髋关节稍后屈，使身体挺直的姿势。挺身时，一般两臂在体侧。

10. 平衡

平衡指一腿支撑地面，另一腿向某方向举起的姿势。有俯平衡（也称燕式平衡）、仰平衡、侧平衡、搬腿平衡等。平衡时，应指明哪条腿站立以及身体和两臂的姿势，如，右腿站立俯平衡，两臂侧平举。

11. 劈腿

劈腿指两腿分开成一直线并接触地面的姿势。两腿前后分开的称为纵劈腿，左右分开的称为横劈腿，前腿弯曲的称为半劈腿。成纵劈腿时，应指明哪条腿在前及两臂的姿势，如，右腿在前的劈腿，两臂上举。

12. 倾

倾指身体与地面不成垂直又不失去平衡的姿势。

13. 桥

桥指身体背向地面，上肢与下肢支撑成拱形的姿势，如，分腿桥、跪桥、前臂桥等。

三、运动方向术语

人体运动方向是根据人体的水平面、左右垂直面（额状面）与前、后垂直面（矢状面）来确定的。

1. 基本方向

基本方向包括前、后、左、右、上、下、内、外（如图 1-2-1 所示）。

前、后方向是以人体的左、右垂直面为准判定的。胸对的方向为前，背对的方向为后。如，人体在倒立（或倒悬垂）时，背对方向为前，胸对方向为后。左、右方向是以人体前后垂直面来判定的。左侧的方向为左，右侧的方向为右。左与右也称为“侧”。四肢做同侧运动，即左臂（腿）向左、右臂（腿）向右运动时，常用“侧”字代替左右。如，右臂侧平举（右臂向右平举），左脚侧出一步（左脚向左出一步）。

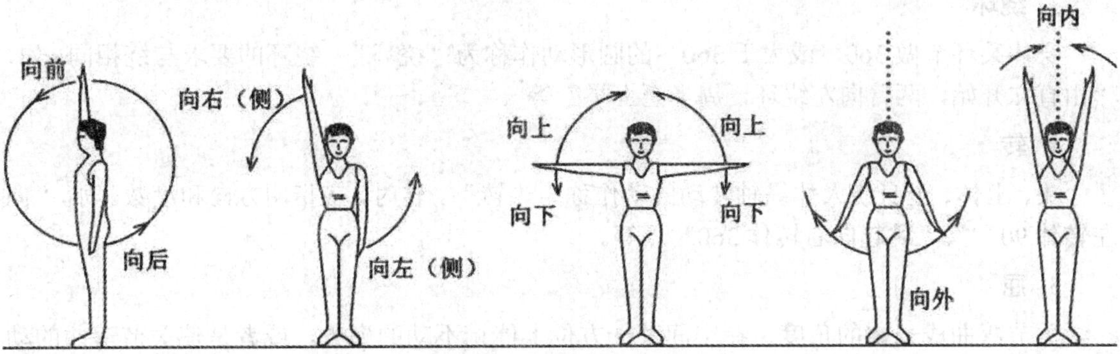

图　1-2-1

上、下方向是以人体的水平面为准判定的。向高于水平面方向运动的称为向上，向低于水平面方向运动的称为向下（在平面上称为平）。当四肢的运动是向人体中线方向时，又可称为“向内”；离开中线时，又称为“向外”。如，两臂由上举开始，左臂向右、右臂向左，向中线方向运动，则称为“两臂向内”。

2. 中间方向

两个基本方向之间成 45° 构成的中间方向有前上、前下、侧上、侧下等，如，前与上之间称为前上，前举与上举之间的举称为前上举，如图 1-2-2 所示。

三个基本方向之间构成的中间方向称为斜方向，有前侧上、前侧下、左侧下等，如，前、侧、上之间称为前侧上（前斜上），如图 1-2-2 所示。

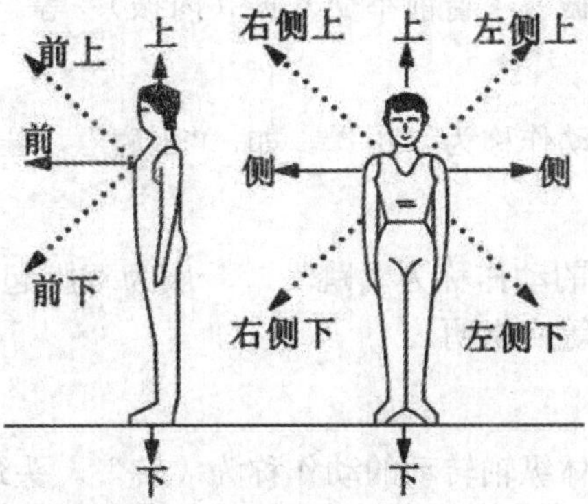

图　1-2-2

四、运动方法术语

1. 举

四肢移动范围不超过 180° 并停止在一定方位的动作称为“举”。前举、上举、后举及其中间方向的举时，一般掌心相对；侧平举、侧下举时，一般掌心向下。其他应指明。

2. 绕

身体某环节做大于 180°、小于 360° 的弧形动作称为“绕”。绕的方向由动作的开始姿势与身体的关系而定，并应指明结束姿势。如，“由两臂上举开始，向后绕至前举。”

3. 绕环

身体某环节做360°或大于360°的圆形动作称为“绕环”。绕环的要求与绕相同。如，“由直立开始，两臂向左绕环一周半至上举”等 。

4. 转

头、上体、全身绕人体纵轴转动的动作称为“转”。转时，应指明方向和度数。如，“向左转体90°”、“跳起向右转体360°”等。

5. 屈

关节弯曲成一定的角度，在空间某一方位上停止不动的姿势，或者是使关节弯曲的动作称为“屈”。屈时，应指明屈的结束方向。如，“上体前屈”、“头前屈”、“体后屈”、“两臂胸前平屈”、“肩侧屈”等。

6. 伸

关节伸直或扩展的动作称为“伸”。伸是一种运动的过程。伸时，一般要做到伸直，同时应指明伸的方向。如，“两臂前伸”、“两臂侧上伸”等。

7. 摆

四肢做缓和的钟摆式运动，到达极点后立即自然下落称为“摆”。摆时，应指明极点的方位，如，“臂前摆”、“臂侧下摆”；改变方向时应指明，如，“臂侧平举”、“经体侧前摆”。

8. 振

上肢或躯干在一个平面上做快速用力的弹性运动，动作无停顿，称为“振”。如，“两臂上举后振”、“臂侧平举后振”、“臂前举交叉振（内振）”等。

9. 压

由某一姿势向下用力的动作称为“压”。如，“压肩”、“压腿”。

10. 跳

脚蹬离地面，身体腾空的动作称为“跳”。一般为双脚起跳，如，“挺身跳”。其他如“单脚起跳、另一腿侧摆”等应指明。

11. 转

身体或身体某环节绕人体纵轴转动的动作称为“转”。头颈的转一般为90°，其他的转体度数应指明。

12. 出

一脚不动，另一脚向任何方向迈出称为“出”。出脚时，应指明方向与结束姿势。如，“左脚侧出成大开立”、“右脚前出成弓步”。

13. 踢腿

一腿站立，另一腿由低向高做加速有力的摆动动作称为“踢腿”。如，“右腿前踢”（右腿踢至前方）等。踢腿时，通常要求伸直膝和踝，如屈膝、勾脚，应指明。

14. 倒

身体伸直，肩部由高向低做弧形落下运动称为“倒”。如，“直立前倒成俯撑”等。

15. 起

身体由低姿势向上运动成高姿势的动作称为“起”。

16. 推

用力推地或物（人）的动作称为“推”。

17. 波浪

邻近关节按顺序做柔和屈伸的动作称为“波浪”。有臂波浪、全身波浪和跪波浪等。

五、动作相互关系术语

动作相互关系术语是指动作（技术）与动作（技术）之间关系的用语。动作相互关系术语虽然不是构成动作名称的基本因素，但是，当该动作（技术）与另一动作（技术）发生某种特定关系需要说明时，它就构成了动作的一种附加因素。

1. 同时

人体不同部位的动作在同一时间内完成或人体在同一时间内完成两个或两个以上的动作时用“同时”表示。如，“左脚向左侧跨一步，同时两臂侧平举”等。

2. 接

两个单独动作之间要求连续、无间断完成时用“接”来表示。如，“向前跨出一步接分腿跳”等。

3. 经

在完成动作过程中必须经过的某一特定的位置或姿势，用“经”表示。如，“臂经侧至上举”等。

4. 至

动作做到某一特定方位，用“至”来表示。如，“臂经前至侧平举”等。

5. 成

指完成动作时特定的身体姿势，用“成”表示。如，“右腿向右侧跨一步成开立”等。

第三章 基本体操教学

第一节 队列队形的教学

一、队列队形教学的意义

队列队形教学既是体育课教学的内容，又是教师合理组织教学、完成特定任务的手段。通过体育课中队列队形教学，既能加强学生的思想品德教育，增强学生体质，帮助学生养成正确的身体姿势、塑造完美体型、体态，培养学生团队合作精神及令行禁止的社会行为准则，提高学生队列操练能力。同时，也能规范课堂教学，提高教学质量和保证集体活动整齐一致。

二、队列队形教学的要求

队列队形教学时一般应按以下要求进行：

第一，教师应做到精神饱满，以严肃认真的态度、端正的体态为学生树立榜样。示范动作标准、声音洪亮有力、口令正确、语音清晰准确。

第二，严格训练，严格要求，认真执行队列纪律，并做好学生思想教育工作。队列队形练习是比较辛苦且十分枯燥的，这就要求教师把思想教育渗透到教学的各环节中去，以提高学生的认识，充分调动学生的学习积极性和自觉性。教学中运用表扬、批评、纠错时机要恰当，要结合学生实际，及时采用有效的方法及措施，与学生互动积极、适时。

第三，正确讲解动作技术要领，简洁明了地提出动作的要点与难点，分解动作与完整动作练习结合进行，对容易出现技术错误的环节进行有针对性的专门练习，耐心细致地指导每一个学生，保证动作掌握更加规范准确。

第四，掌握正确的指挥口令与技巧，培养学生队列指挥能力。指挥技巧涉及指挥员指挥的位置和位移。一般来说，原地队列练习时，指挥员应站在队伍两翼（等腰或等边三角形）的顶点位置；行进间练习时，纵队在左（右）侧方靠后的位置；横队和并列纵队时，根据练习内容，选择在队列的左（右）前位置；指挥员在变换位置时，通常采用跑步达到预定位置后立定，成立正姿势后再转向学生。无论怎样，指挥员一定要做到通观每一个学生情况，以便掌控全局。

第五，队列队形教学内容的安排应按难易程度进行合理安排，通过不同学期和不同课次进行教学，使学生掌握列队形练习的基本术语、练习方法、指挥技巧等。

第六，课中除了集体练习外，还要安排一定的时间让学生进行分组练习、一对一练习、相互检查练习等，做到有分有合不断强化。学生练习时，教师应巡视情况并予以个别和分组指导，使学生进一步提高操练能力和指挥能力。

第七，通过正误比较、相互指挥、提问抽查、示范表演、考核评定等灵活多样的形式对教学效果进行检查，强化学生对知识的掌握，提高学生的学习兴趣。

三、队列队形的教法及练习拓展

（一）队列练习

1. 立正

【教法】先示范讲解，后一对一练习并纠错；让学生体会双肩下垂与双腿绷紧的感觉。

【练习拓展】

① 学生出声练习，如，听到口令后，学生呼出“立正”“正”“是”“好”等简短语句，完成立正动作。也可以呼出地方性的语言，如，“要得”等。

② 学生完成简单动作练习，如，听到口令后，学生双手抬至胸前平屈后放下，完成立正动作。

2. 稍息

【教法】与“立正”交替进行练习。在体操课中，通常也采用一腿放松自然站立或左右开立、双手后背的站立姿势。

【练习拓展】

可以采用依次稍息和依次立正的形式进行练习。依次动作的同时可用自然报数或者报出自己名字后完成练习。

3. 原地转法

【教法】先讲解示范，后按口令“向×转–—一、二”进行分解练习，然后再完整练习。

【教法步骤】

① 体会一脚脚掌发力，另一脚脚跟为轴转动的感觉。

② 转体靠腿练习，第一拍转体第二拍靠腿。但是，向后转时最好不用这一步骤。

③ 完整练习。

【练习拓展】

① 学生呼“一二”练习。在分解练习和完整练习中，采用学生完成动作的同时呼节拍“一二”。

② 反向练习，就是学生较好地掌握各种转法后采用学生动作与指挥员口令方向相反的练习。也可以根据情况采用部分学生反向部分学生正向的练习形式，集中学生注意力，提高学生练习的趣味性。

4. 齐步

【教法】以班（队）形式为主，可配合口令“一、二、一”或用进行曲伴奏进行练习。

【教法步骤】

① 学生原地摆臂练习。

② 原地踏步摆臂练习。

③ 完整练习。

【练习拓展】

① 集体呼口令练习。在练习中规定全体一起呼×个“一二一”后立定。

② 采用边走边唱练习。唱的内容应是学生熟悉的、喜欢的、积极向上的、充满力量的歌曲或者是音乐，但歌曲或音乐的速度和节奏要适合齐步走的动作频率，而且是完整的一个八拍接一个八拍的乐句。

③ 依次练习。依次练习的方法有很多，如，弹簧走步（横队，队伍的第一排先开始齐步走，前进一个八拍后原地踏步一个八拍。第二排在第二个八拍再开始齐步走，后面依次类推，动作相同。练习一定时间后，整个队伍就像弹簧一样前进）；箭头走步（纵队，队伍的中间一路先齐步走，两拍或者四拍后两边的两路同时齐步走，后面的依次类推。练习一定时间后，队伍就像箭头一样前进）；依次到位（纵队，队伍的两边纵队先齐步走，根据场地情况规定多少个八拍后自动立定，往里的两路在后一个八拍再齐步走，依次类推，每个单元前进的步数一样；单数路先走，双数路后走一个八拍，方法与前面一样）。

5. **正步**

【教法】先采用分解教学，然后完整练习。

【教法步骤】

① 练习踢脚、压脚的分解动作（背手做）和原地摆臂动作。

② 臂、腿配合的分解动作。

③ 完整动作。初学者可在地上画出相距 75 厘米的标志线，按标志线练习，以统一步幅。

【练习拓展】

① 左右交叉拉手练习。

② 左右手臂挽手臂练习。

③ 各种依次练习（采用齐步走拓展练习的方法）。

6. **跑步**

【教法】多以纵队形式进行练习，并可配合各种队形变化。

【教法步骤】

① 原地摆臂练习。

② 双手提至腰间重心前移动作练习。

③ 四拍立定动作练习。

④ 完整动作练习。

【练习拓展】采用依次练习方法练习。

7. **踏步**

【教法】整体练习为主，结合行进交替进行。

【练习拓展】

① 集体踏步一个八拍后转体 90°（或者 180°）继续踏步练习。

② 依次踏步练习，可以从中间（两边、一边）开始，规定踏步多少个八拍后就自动停下等多种形式。亦可从前到后，从后到前等。

8．立定

【教法】结合不同的步伐分别进行练习。

不同前进的步伐有不同的立定方式，齐步和正步采用两拍立定；跑步采用四拍立定。在应急的情况下采用一拍立定。

9．步伐变换

【教法】先练习齐步、正步互换，再练习齐步、跑步、便步互换。

10．行进间转法：齐步向右（左）转、齐步向后转

【教法】先分解，后完整练习齐步向各个方向的转法。

【教法步骤】

① 练习一脚上半步同时内扣脚尖触地，同时转体90°向新的方向上步。

② 原地踏步听口令练习。

③ 完整动作练习。

【练习拓展】

① 集体向不同方向练习。

② 三种转法连贯练习，根据场地可以设计按向左转走-向后转走-向右转走的顺序，或者反序进行练习。

③ 分成几个练习方块进行不同方向练习，这种练习形式对指挥员的指挥能力要求较高，需熟悉掌握口令，找准下达口令的时机及对场地空间有准确的目测能力。

11．班（队）集合

【教法】讲解提要求。

【练习拓展】

① 快速集合。听到集合口令后全体采用最快的速度到位，指挥员可以规定在×秒之内到位。

② 抬人练习。听到口令后两个（或多个）学生抬一个学生集合。

③ 趣味动物动作集合。听到口令后学生用动物的象形动作到集合地点。如，小鸟飞、小兔跳、大猩猩走路等。

12．解散

【教法】讲解提要求。

【练习拓展】

① 立正与稍息两种情况下解散。

② 听到解散口令后节奏击掌后离开。

③ 击掌后呼语句再离开。

13．看齐

【教法】以班（队）为单位进行操作，开始可在地上画定标志线以助看齐。指挥员站到队伍右端通视全队，整齐后再回到指挥位置。

【练习拓展】

① 依次看齐，每个人依次（或每横排依次）转头各种看齐。

② 单元看齐，听到口令后以单元为单位依次看齐，在看齐动作的同时呼“齐！”等语句。

14．报数

【教法】示范、讲解、练习。

15．一列横队变二列横队

【教法】学生报数后讲解、示范步伐。

16．二列横队变一列横队

【教法】学生取好间隔后报数，再讲解、示范步伐。

17．一路纵队变二路纵队

【教法】学生报数后讲解、示范步伐。

18．二路纵队变一路纵队

【教法】学生取好间隔后报数，再讲解、示范步伐。

19．一列横队变三列横队

【教法】学生报数后讲解、示范步伐。

20．三列横队变一列横队

【教法】学生取好间隔后报数，再讲解、示范步伐。请出几个学生进行示范。

21．二列横队变三列横队

【教法】学生报数后讲解、示范步伐。请出几个学生进行示范。

22．三列横队变二列横队

【教法】学生报数后讲解、示范步伐。请出几个学生进行示范。

23．行进间一路纵队变二路纵队

【教法】学生报数，后讲解，示范步伐。请出几个学生进行示范。

24．行进间二路纵队变一路纵队

【教法】学生取好间隔后报数，再讲解，示范步伐。请出几个学生进行示范。

25．行进间一列横队变二列横队

【教法】学生报数，后讲解、示范步伐。请出几个学生进行示范。

26．行进间二列横队变一列横队

【教法】学生取好间隔后报数，再讲解、示范步伐。请出几个学生进行示范。

27．行进间一路纵队变多路纵队

【教法】学生报数后讲解、示范步伐。请出几个学生进行示范。

28．多路纵队变一路纵队

【教法】学生报数后讲解、示范步伐。请出几个学生进行示范。

（二）队形练习

1．原地队形

（1）横队

【教法】讲解横队的基本术语，如，排头、排尾、基准学生等。

（2）纵队

【教法】讲解纵队的基本术语，如，排头、排尾、基准学生等。

（3）方队

【教法】讲解方队的要求。

（4）圆形

【教法】讲解圆形队形的要求。

（5）梯形

【教法】一列横队视人数和场地的大小进行 1、3、5、7（或更多）报数，报数多少就向前走多少步形成梯形队形。

【练习拓展】

八拍前进立定，两拍向后转，再八拍返回立定，再两拍向后转。在练习中要求先到位的原地踏步，做到步伐一致。

2．行进间队形

（1）绕场行进

【教法】在场地四个转角处设标志物进行练习及指挥员带头练习（队员跟在指挥员后面）。

（2）对角线行进

【教法】在两对角处设标志物进行练习及指挥员带头练习（队员跟在指挥员后面）。

（3）蛇形行进

【教法】场地中设置标志或由指挥员带队练习（队员跟在指挥员后面）。

（4）圆形行进

【教法】确定圆心后，排头根据队伍长短调整半径，指挥员带头练习（队员跟在指挥员后面）；亦可以面向圆心，左右拉手成圆后进行练习。

（5）“8”字形行进

【教法】确定场地中心点。先在画有标志线的场地上指挥员带头进行练习（队员跟在指挥员后面）。

（6）螺旋行进

【教法】指挥员带头进行练习（队员跟在指挥员后面）。初学者可先手拉手相接进行练习，以免错乱。

（7）分队走（一分为二）、合队走（合二为一）、并队走（肩并肩）、裂队走（从中间裂开）

【教法】将分队、合队、并队、裂队分别教授，然后综合操作，可一次完成。顺序为：一路纵队由分队- -并队- -裂队- -合队；二路纵队由裂队- -合队- -分队- -并队。

（8）交叉行进

【教法】交叉前先拉开一倍距离，指挥员站在场地中心点附近视察，防止碰撞。

（9）错肩行进- -即纵队迎面相遇对走。有三种做法：① 从左（右）边- -走；② 一路隔一路从左（右）边- -走；③ 从里（外）边- -走

【教法】讲解后直接操作，可与其他队形综合进行练习。

（10）阵列方队（也称依次散开和靠拢）

【教法】讲解后直接练习。

第二节　操类的教学

一、做操队形的组织

（一）做操队形的基本要求

做操队形有长方形、四方形、圆形、半圆形等多种，应根据课的任务、操的内容、人数、场地等具体因素合理选择，并有意识地变换做操队形，使组织形式丰富多彩，以提高学生练习的积极性。选择做操队形要考虑以下基本要求：

第一，要有利于教师（指挥员）的教学和指挥。无论选用何种队形，都应让学生（练习者）看清领操员的示范动作，听清教师（指挥员）的讲解，便于教学和指挥。

第二，要便于学生进行练习。做操队形应根据操的内容，选择适宜的左右间隔和前后的距离，以不影响做动作为宜。在进行跳绳、体操棍等轻器械练习时，应据器械和练习要求，间隔距离适当增加；操中如有俯（仰）撑动作时，可在原队形的基础上，采用半面向左（右）转的方法，以增加前后距离。

第三，要考虑自然条件和客观环境因数的变化。在有阳光或刮风的情况下，要选择学生（练习者）背对阳光、风向的位置，并注意影响教学、分散注意力的各种客观因素。

第四，要考虑练习者的年龄和练习水平。低年级或初学的学生，一般以面向老师的长方形、正方形及其错开的基本队形为宜；高年级或有一定基础的学生，可以选择圆形队形或面对面变化队形。

（二）做操队形的组织方法

合理组织做操队形，对培养学生组织纪律性和学习自觉性有积极的促进作用。经常变换做操队形的组织方法，可以增加学习的新鲜感。结合队列队形练习来组织做操队形是衡量体育教师组织能力的一个重要标志之一。做操队形的组织方法一般包括队列变换法、报数分队法、图形行进法和队形变换法。

1. 队列变换法

这种方法是在队列变换的基础上，根据操的内容和场地条件，教师首先提出左右间隔和前后距离要求，然后发出向“中”或向“右”看齐的口令来组织做操队形。如，二列横

队的队形，先通过队列变换使其变为四列横队，再用第一列两臂侧平举，其余列两臂前举向右看齐的方法变为做操队形。

2. 报数分队法

这种方法是在队形组织过程中，通过报数来实现做操队形。通常有两种形式：第一种是间接法（以横队为例），即报数后，教师指定各列“某数”学生上前、不动或后退的步数达到分队和做操的前后距离要求，再采用看齐的方法使左、右保持一定的间隔来组织做操队形；第二种是直接法，即在一列横队的基础上，按 7、5、3 不动或 9、6、3 不动等报数，再据所报的数决定上前的步数，直接分队成错开做操队形。

3. 图形行进法

这种方法是结合图形练习来组织做操队形，如，绕场行进、圆形行进、对角线和蛇形行进等。在行进中要事先提出前后距离要求，为做操练习做好准备。图形行进法是较为简便和快捷的队形组织方法，其组织形式便于学生看清教师的示范，便于教学，更适合行进操和行进跳绳练习。

4. 队形变换法

这种方法是通过队形练习中的变队方法来变换做操队形，通常根据不同人数的若干列（路）的队形，再根据操的内容，使练习者左右间隔和前后距离符合做操要求，一般采用并、分、裂、合或一路变多路的方法变换队形。这种方法不仅使学生进一步掌握和熟练相对较为复杂的队形变换方法，并使队形的组织方法多样化，也是便捷的分组方法。

二、操类动作的教学

（一）加强认识教育

操类动作在各级各类学校和各行业的体育活动内容中占有一定的比例和地位，对形成正确姿势、促进身体的全面发展有着很大的锻炼价值，具有广泛的实用性和群众性。由于动作技术简单，其规格要求易被人忽视，练习中往往出现基本姿势不正确，动作不符合要求，达不到应有的练习效果的情况。这必须从提高思想认识着手，使人们真正认识到按动作要领和规格做操的重要性，体会到正确做操的锻炼意义，从而严格要求自己，形成认真做操的良好习惯。

（二）正确运用示范

示范是体育教学的主要方法之一，它能使学生建立正确、完整的动作表象，以便更快地掌握动作。因此，示范动作必须清楚、准确、规范、优美。示范位置要根据做操队形选定，应在全体学生都能看得见的地方进行，长方形或正方形的队形应在与前列成等边三角形的顶点；圆形或半圆队形，应在圆心处。如练习人数多，条件许可，应在高台上示范。

示范的形式（示范面）有镜面示范、侧面示范、背面示范。

镜面示范：面对学生做动作部位与学生反方向的动作，一般用于显示左右方向，较为简单的动作。这种示范形式有利于学生随同教师做动作，也便于教师观察学生的完成情况。

侧面示范：身体侧对学生做动作部位与学生同方向的动作，一般用于显示前后方向的动作，便于学生看清动作方向和要求。如，前弓步、上体前屈、两臂后举动作。

背面示范：背对学生做动作部位与学生同方向的动作。运动方向，经过路线较复杂，或身体各部位的配合较难的动作，常采用背面示范，便于学生模仿做动作，但不利于教师观察学生练习。

此外，示范要有目的性。应提示学生注意看什么，使之明确观察的目的，同时要视对象的接受能力和动作的难易程度掌握好示范的速度。容易学会的简单动作应采用常规速度示范，对初学者或比较复杂的动作一般放慢速度示范，对上、下肢或身体各部位动作配合较难的动作，可采用先分解、后完整的教学方法。分解的方法一般有两种：一是上、下肢分解教学，即先教上肢动作，后教下肢动作；二是前四、后四拍分解教学，即先教前四拍，再教后四拍。

（三）准确运用讲解

讲解是语言法的主要形式，通过精练的语言阐明动作的做法、过程、要点、规格，加深对动作的理解。讲解具体要求如下：

1. 讲解的目的要明确，讲解的内容要有针对性，讲解的语言要简明扼要、生动形象、通俗易懂，符合少而精的教学要求。

2. 讲解的顺序应根据动作的先后进行，一般先讲下肢，再讲上肢，最后讲躯干动作。

3. 讲解一定要突出重点，尤其是动作所经过的路线和规格要求，切忌面面俱到。

4. 讲解时必须正确运用术语，密切配合示范，使学生的视觉和听觉器官协同作用，以提高教学效果。

在教学中，示范、讲解、练习、跟做等方法有着多种的排列顺序和组合方式，要根据操的难易程度、学生的基础和接受能力等具体情况，使教学方法的顺序和组合变化丰富。

（四）灵活运用口令

口令是一种命令式的号令，是调动队伍、指挥做操的重要手段。正确的口令是达到动作协调一致、整齐划一的基本保证，口令的好坏不仅直接影响做操者的练习情绪，还关系到动作质量和练习效果。因此，口令必须准确、清晰、洪亮、有节奏、有感染力。做操的口令一般分节拍口令和提示口令。

节拍口令用 1～8 的数字表达。使用节拍口令时，要根据动作的幅度、用力程度和动作的特点，掌握好轻重缓急、强弱快慢的节奏，充分体现动作的性质。幅度大、路线长的动作，应缓慢些，拉长音调，且深沉有力；刚健的动作，如，振和压，应短促有力、音调高而重；柔美的动作，应轻而慢，音调柔长些；跳跃动作的音调要短促而轻快；整理运动应轻松缓和，音调低而平。

提示口令是在指挥做操过程中，为了更好地完成动作，指挥员用简短的提示词对练习要求给出的提示性口令。提示口令通常在节拍口令的基础上加以运用，其节奏与节拍口令相吻合。提示词要根据练习的实际要求选择。如，踢腿运动可呼“1、2、3、4、腿、要、伸、直”，需要重复做时可呼“5、6、再、做”，接下节操时可呼“5、6、7、腹背运动”。总之，提示的内容很丰富。

（五）及时纠正错误

学生做操的动作正确与否，既体现了教学质量，也直接影响操类动作的练习效果。教师要注意观察学生的完成情况，及时发现和纠正错误。

学生的错误动作有些是由于体会不到正确的肌肉感觉而无意识地产生的，有些是因为学生的基础和日常习惯动作的干扰产生的，有些却是不认真或缺乏认识而造成的，所以，纠正错误的措施应有针对性。

如果是大多数学生产生共同性的典型错误时，应停止练习，通过示范和讲解进行集体纠正；如果是大多数学生出现各种不同类型的错误时，可要求练习者一对一地相互纠正；如果是仅个别或少数人的动作有误，不应停止练习，而是运用提示口令或形体语言的方法纠正错误。

第四章　操类动作的创编

第一节　操类动作创编原则

无论是单节动作或是成套动作的操类动作创编，都应遵循以下原则：

一、针对性原则

操类动作的内容丰富，动作较多，练习的方法、形式也各有不同，在创编成套动作时，首先，要有明确的目的，应根据练习者的练习目的和要解决的任务来选择创编内容。其次，要考虑练习对象的年龄、性别、健康状况、活动能力等诸多因素，选择相应的动作内容和运动方式，以适合各种不同条件、水平的人们练习。

例如，在编制老年人或体弱者的操类动作时，应选择舒缓、简单的动作；在编制少年儿童的操类动作时，应选择轻快活泼和具有时代性、模仿性强的动作；青年人的操类动作，应选择一些动作刚健有力、富有青春朝气、节奏韵律鲜明的动作；女子动作则适当选择充满协调、优美、柔和体现女性美的做操形式；作为体育课或训练课做准备活动的操类动作，动作内容应根据课的教学任务及运动水平，并结合基本教材及训练项目的特点来选择编排，不仅要使身体得到充分活动开，还要在操类动作的教学方面有所提高，为专项训练提供服务；作为工间操时，可根据不同工作状态、不同劳动环境来选择动作内容，有针对性的调节因工作条件限制所引起的多种身体不适反应。如长时间局限在某一动作，就需练习相对应或相反运动的动作内容；对长时间不活动或少活动的部位，应选择该部位大幅度的动作；对长期坐着工作的人，要选择伸展性、全身活动的动作。

二、全面发展原则

操类动作的创编，要遵循全面发展的原则。创编过程中，应考虑使练习者上肢、下肢、躯干及全身动作各部位都得到锻炼，使速度、力量、柔韧、协调、灵活等身体素质都能得到发展，使身体在前、后、左、右的方向上都能得到运动。

三、创造性原则

操类动作的内容丰富，动作形式多种多样。创编整套动作时，可以根据实际情况选择各种不同的动作加以编排，更要在原有的基础条件上，充分发挥想象力、创造力，对编选内容进行创造性地发展，避免动作单调枯燥。在遵循创编规律的前提下，通过改变动作姿势、方向、幅度、速度、路线等方法，创造出动作优美、舒展大方、实用性强的操类动作，以提高练习者的兴趣，达到良好的锻炼效果。

四、科学性原则

第一，要遵循教育学原则。选择动作要由简到繁，由易到难，逐渐增加动作难度。

第二，要符合生理学原理。动作应由慢到快，使心肺、呼吸系统逐渐适应身体活动，由局部到全身，从上肢或下肢运动过渡到腹背、全身运动。

第三，要依据解剖学知识。选择动作要根据人体各关节活动规律，进行编排动作练习。

第四，要合理安排运动量。运动量应由小到大，再到整理放松，使身体恢复到正常状态，完成一个完整的运动周期。做完一套操后脉搏一般以 110～140 次 / 分钟为宜。

第二节　影响操类动作效果的因素

操类动作同其他体育项目的动作一样，都是在一定的空间、时间和不同速度、状态中进行的。因此，在创编和运用各种操类动作练习时，正确拿捏和运用影响动作效果的几个因素，能有效地改变动作的做法、动作的难易程度，合理地安排运动量，有选择地锻炼身体的某些部位，同时，还可以培养正确姿势，达到预定的锻炼效果。

一、身体姿势

身体姿势是指动作的外部表现。包括开始姿势、动作过程中的姿势和结束姿势。做任何动作，身体姿势的改变正确与否，都直接影响动作的难易程度和锻炼效果。如，两腿伸直与两腿弯曲做体前屈时，其难易程度和练习效果有很大的不同，前者姿势做时动作难度大，能有效地达到拉长大腿后部肌肉和韧带的作用，后者完成动作容易，但达不到练习的效果。

二、动作方向

动作方向是指动作经过一定的路线后所达到的指向。通常可分为：前、后、左、右、上、下六个基本方向。由于动作方向不同，影响的肌肉群也有所不同。如，体前屈主要练习腹背肌肉群，而体侧屈主要练习身体两侧肌肉群。

三、动作幅度

动作幅度是指做动作时，身体或身体某部位移动距离的大小。动作幅度的大小直接影响到运动量的大小，幅度大，运动量就大。如，直臂绕环比屈臂绕环幅度大，运动量也就大。因此，选择不同幅度的动作是调整运动量的有效方法。

四、动作路线

动作路线是指做动作时，身体或身体某部位运动轨迹的连线。采用不同的动作路线对培养练习者的协调能力有不同的影响。如，侧平举与臂经前至侧平举，后者要比前者复杂，能更好地培养练习者的协调性。

五、动作频率

动作频率是指单位时间内动作重复的次数。动作频率的不同直接影响运动量的大小，重复的次数越多，肌肉的运动强度就愈大。改变动作频率也是调整运动量大小的有效方法。

六、动作速度

动作速度是指在单位时间内身体或身体某部位移动的距离。动作速度的快慢影响着运动量的大小，如，一拍内两臂上举比两臂前举移动的距离就要长，运动量也大。

七、动作节奏

动作节奏是指动作均匀的，或强或弱的周期性交替。动作节奏代表着操类动作练习的综合性特征。动作的速度、幅度、路线等的变化及多种练习方式就可以使动作表现出不同的节奏感，提高锻炼效果。

八、动作配合

动作配合是指身体各部位相互运动配合的关系。配合的方法不同，锻炼效果也不同。如，转体，两臂向转体一侧举，可提高转动强度，加大对腰、背肌肉的影响，采用双手叉腰来做，其效果主要表现在腰部。动作配合也是提高协调性的方法。

第三节　操类动作编排方法

操类动作创编的基础是单人操类动作，它以身体各部位做各种类型的动作为核心，再加上影响动作效果的八个因素的各种变化，组合成千姿百态、丰富多彩的各种动作。

一、成套动作的编排方法

成套动作编排时，应根据编排原则，在明确动作的用途和实际情况后，首先确定成套动作的节数和重复拍数，然后按节序编选单节动作。在确定节数时，既要考虑运动量的大小，又要考虑包括哪些身体部位的运动，一般节数应为7～8节。决定单节重复拍数时，既要从练习对象的实际考虑，又要从动作的强度考虑。成套动作的特点应根据做操的任务的不同而各具特色。如，培养基本姿势，则基本部位的动作多些；对缺乏身体某些部位运动的人，则某些部位的动作多些等。

二、单节动作的编排方法

编排单节动作时，应按以下七种方法进行创编，每一节动作中都有这七种方法的综合运用，但有单节动作中只采用某一个或两个具体方法。

（一）不同身体部位的配合

在突出主要部分的前提下再考虑怎样配合。如，上肢运动应以活动上肢为主，下肢或上体配合为辅，配合的动作不宜过大，常采用有利的某种姿势。

（二）不同类型动作的组合

单节动作可采用某一类动作的做法，也可采用多类动作的组合。如，下肢运动时可采用踢或压等动作，也可采用多类动作的组合，如，下肢先压腿，再做踢或屈、伸等动作。

（三）不同方向的组合

可采用前后方向组合、左右方向组合、前后左右方向的各种组合。

（四）不同做法的变化

可采用身体部位的同时做、依次做、轮流做、对称做、不对称做的方法。一般是采用与其他相结合来做。

（五）不同形式的做法

既可采用行进间做、定位做的形式，也可采用双人、多人做的形式。行进间做时可用一步一拍、一拍一动来做；还可走步四拍、站立四拍做动作；定位做一般采用站立做，还可采用蹲、撑、坐、卧和前、后、左、右移动来做等；双人、多人做时，既要考虑人与人之间的配合，还要考虑动作方向之间的配合。

（六）不同重复次数的组合

如，单节动作中，绕环一次、两次、三次或四次；体侧屈一次、两次或三次等。

（七）不同幅度、路线、速度、频率的变化组合

对轻器械体操动作的编排，还必须注意以身体运动为主、以器械动作为辅地运用上述各种方法。

三、成套动作的设计步骤

第一步：确定操的用途

明确选编本套徒手操或轻器械操是为学校体育课还是为课间操或为其他所用。根据具体的用途，确定具体内容。

第二步：了解练习者的基本情况

了解练习者的年龄、性别、生理特点、心理特点、身体素质和运动技术水平等，使本套操更具针对性。

第三步：确定成套操的名称和节数

按照人体从上至下的部位顺序，一般一套操类动作应为七至八节，每节 2×8 拍或 4×8 拍。编排一套徒手类操的动作名称及顺序如下：

第一节：上肢运动（伸展运动）。以头和手臂为主的动作。

第二节：扩胸运动。以手臂上振、胸前平屈后振、直臂侧平举后振为主的动作。

第三节：下肢运动（踢腿运动或四肢运动）。以下肢为主，上肢配合向不同方向的动作。

第四节：体侧运动。以躯干做矢状面侧屈的动作。

第五节：体转运动。以躯干做纵轴转体 90° 以上的动作。

第六节：全身运动（腹背运动）。以上肢、腹背、下肢弓步、下蹲的动作。

第七节：跳跃运动。以下肢做单脚跳、双脚跳、开合跳等，上肢配合的动作。

第八节：整理运动。以上肢、下肢做舒展放松的动作，调整呼吸，平缓心率。

第四步：确定单节操的重复次数

单节操的动作选编要求、重复次数由单节操的目的、要求、做操的对象和运动量的大小决定。

第五步：修改动作

一般新编操都有一个试验、反馈、修改过程。在编单节操时，要把编选、试做和修改结合起来，特别是难度大、较为复杂的运动要多试做几次，并对每一节操的姿势，动作的方向、部位、路线以及全套操中每一节动作的衔接、节拍和动作的配合等方面存在的缺陷做必要的修改。如有条件试验，对完善成套操会有更大的帮助。

第六步：制图、动作记写说明

用图解把选编的动作记录下来，按记写的规定和方法用文字叙述每节、每拍的动作。

第四节　操类动作记写

一、记写内容

操类动作的记写包括“动作节序”、“动作名称”、“动作节拍”、“动作图解”、“动作做法”、“动作说明”和“动作要求”，其中，“动作图解”和“动作做法”是单节操动作记写的主要内容。

二、记写方法

成套操动作由若干单节操动作组成，“动作节序”的记写应按照成套操的编排规律来排序。

单节操的名称是依据单节操的练习目的和动作性质来命名的。一般来讲，单节操是由身体多个部位的参与和多种运动方式组合而成的，其动作名称可根据以下三种方法命名：

一是按运动的主要身体部位命名，如，上肢运动、下肢运动、四肢运动、腹背运动等；

二是按身体的主要运动方式命名，如，伸展运动、扩胸运动、踢腿运动、跳跃运动等；

三是综合命名，如，体侧运动、体转运动、全身运动、整理运动等。

“动作节拍”的记写可根据重复练习的次数进行，如，1×8 拍、2×8 拍、4×8 拍等。

“动作图解”是操类动作记写中图文说明的主要组成部分，要求动作表达清晰，简单明了。“动作图解”记写时应做到：

（1）图解表现应生动、形象、身体比例协调；

（2）图解记写形式通常用单线条图或双线轮廓图，也可用影像图片；

（3）图解应与动作说明相对应，互为补充。为了清楚表现动作，可运用正面图与侧面图相结合的方式给予图示，下画一条横线，表明人站在地平线上。动作路线较长或有方向变化时，须用线条走向、箭头方向注明。

“动作做法”是操类动作记写中文字表达的主要形式，必须用规范的术语完整、准确记写动作的开始姿势（预备姿势）、动作部位、动作方向、动作过程、动作形态、动作方法和结束姿势。

三、记写格式

1. 首先应写明操的“动作节序”、“动作名称”及“动作节拍”。如，第一节：伸展运动（4×8拍）。

2. 在“动作名称”下面，先用图解法记写该节操，较常采用的有单线图、混线图、双线图和轮廓图。图应画在一条水平线上，从预备姿势开始，一般一个动作画一个图，每个图的下面应写上相应的节拍。

3.“动作说明”是用规范的操类动作术语记写每节操类动作的文字部分。首先应写明“预备姿势”，一般为“直立”，应单列一行；从第二行开始按顺序依次用文字记写操类动作的每个动作，一个动作记写完了应另取一行记写下一个动作，直至一个方向的动作全部写完。记写时应注意：

（1）操类动作的编排一般是一拍做一个动作，即“一拍一动”，也可以是两拍或四拍做一个动作，即“两拍一动”或“四拍一动”。不管哪种情况，每个动作的记写均采用节拍与动作对应的格式，即左侧写节拍，右侧用文字记写该节拍的动作。

（2）拍数可用汉字，如“第一拍”、“第四拍”表示，也可用阿拉伯数字和汉字混搭的方式，如“1拍”、“4拍”表示，还可直接用阿拉比数字，如“1”、“4”等表示。如果是两拍或两拍以上做一个动作（如，两拍一动或四拍一动等），则拍数的记写方法为“第一至第二拍”或“1～2拍”或“1～2”等等。

（3）如果后一个动作是从前一个动作的结束姿势“原路”返回到前一个动作的开始姿势，则可用“还原”来表达。如，“还原成‘1拍’的姿势”、“还原成预备姿势”等。

（4）操类动作一般只记写一个方向的动作，另一个方向的动作一般为对称的相同动作，只需说明一下即可，如，“5～8拍动作同1～4拍，但出右脚做”；“第二个八拍动作同第一个八拍，但方向相反”等。上述说明必须另取一行记写。如果另一个方向的动作仅仅是左脚（腿）换成了右脚（腿），身体其他部位的动作不变，则可用“×～×拍动作相同，但出右脚做”表达；但是，如果另一个方向的动作除左、右脚（腿）动作互换外，身体其他部位的动作（如，手臂）也互换或方向相反（如，上体），则要用“×～×拍动作相同，但方向相反”表达，这种情况一般出现在“体侧运动”和“体转运动”中。

第五章　基本体操比赛的组织与裁判

第一节　基本体操比赛的组织工作

基本体操的比赛是一种集体性比赛活动。其特点是内容丰富，不受人数、年龄、性别等条件的限制，易于开展。通过基本体操比赛，能增强体质、培养组织纪律性、增强集体荣誉感及丰富业余生活。

基本体操竞赛活动由于人数多、场面大、组织工作相对困难，因此，赛前必须周密地做好各项筹备工作。筹备工作须由主办单位按照有关会议的决定或上级指示进行。组织工作包括如下程序：

一、制定竞赛规程

竞赛规程是比赛的指导性文件，所有的参赛单位和个人都必须遵守。规程草案议定后，一般应先征求各参赛单位的意见，经修改后，再由主办单位批准，于赛前1～3个月内下达各参赛单位，以便各参赛单位做好充分准备。竞赛规程一般包括以下内容：

（一）比赛名称

比赛名称应用全称，不宜用简称，包含年度、单位和竞赛名称。

（二）目的与任务

基本体操比赛的目的、任务有：为检查教学效果举行的教学比赛；为培养学生编操能力举行的自编操比赛；为开展交流经验、增进友谊而举行的比赛等。

（三）参赛单位

根据比赛的任务、规模来确定参赛单位，学校可以年级或班级为参赛单位，机关、厂矿、企事业单位可以部门为参赛单位。

（四）比赛时间和地点

1. 比赛时间

确定比赛时间，应注意尽可能不影响参赛者的学习或工作，同时还要考虑观众、季节因素。要有预案，如遇下雨，要有明确安排，以免临时造成混乱。

2. 比赛地点

选择比赛地点应注意场地设施和交通条件，尽可能符合比赛的要求。比赛场地可按“比赛人数×2米间隔×2米距离”来计算，同时要考虑轻器械的长度。入场前的准备场地应根据进、退场的队形和人数的多少进行安排。

（五）比赛内容

根据比赛的性质、规模和实际情况灵活设置比赛内容。如队列队形比赛、操类比赛（广播体操、医疗保健操、轻器械操、健身健美操），以及跳绳等。其中，自选套路的比赛应有时间规定，以便保证比赛的顺利进行及表演的质量。一般以 5～7 分钟为宜。

（六）参赛办法

1. 报名人数

规程要明确各参赛单位的报名人数，即运动员、教练员、领队、医生的具体名额（根据部门大小确定报名人数的名额）。

2. 参赛人数

（1）人数相等的比赛

竞赛规程中应明确两点：① 男、女是否分开比赛，如果男女合场比赛，则须明确男、女各占人数。② 企事业单位的比赛，由于年龄、性别的差异较大，规程中应作明确规定，如男、女各占多少，老、中、青各占多少，也可以根据不同年龄层次进行比赛。

（2）人数非相等的比赛

人数非相等的比赛是指参赛单位所选派的人数可不必相等，但应有相关的规定。① 出满勤的比赛，各参赛单位的人除持有请假手续和因公在外的同志外，其余必须全部参加，对无故不参加比赛的人数要罚以扣分。② 规定最低限度人数的比赛，规程必须明确规定各参赛单位人数的最低限度。例如，各参赛单位人数不得少于多少人，违者要罚以扣分。③ 有年龄、性别比例规定的比赛。

3. 缺赛人数的扣分规定

在规定必须出满勤的比赛中，对无故不参加比赛的人数要有明确的扣分规定。

4. 比赛办法

要明确比赛性质、比赛次数、计分方式、比赛场地和队列队形及比赛采用的评分规则。

5. 报名与报到

将报名单一式两份，于赛前 1 个月寄到主办单位和承办单位。说明报名单的填写方法，并根据比赛规模的大小及比赛项目的特点，确定报名的开始和截止日期，以及报到的日期。

（七）比赛顺序

确定比赛顺序有抽签、安排和抽签与安排相结合三种，一般多采用抽签。为保证各参赛队能顺利地进行适应性练习及做好场地标志等准备工作，小型比赛和中型比赛一般分别在赛前 5～7 天和 7～15 天确定出场顺序，大型比赛则可再提前。

（八）奖励及名次

根据参赛队的数量及主办单位的条件，按一定比例设立团体奖、单项奖和个人奖名额。

1. 团体赛

根据参赛队的数量及奖励条件，按一定比例设立团体赛名次，一般以参赛队的 1/3～1/2 为宜。若团体赛分男子和女子，团体奖可有两种评定方法：一是男、女成绩相加决定名次；二是男、女分别计成绩各设团体奖。若得分相等，名次可并列，但须取消下一名次。如最后一名并列，则应增补一个最后名次的团体奖。

2. 单项奖

为调动各单位参赛的积极性，根据实际情况可设各种单项奖，如，做操表演奖，队形表演奖、自编操创编奖，精神文明奖等。单项奖应控制在参赛队总数的 1/3～1/4 之间。

3. 个人奖

个人奖一般是对领操员、指挥者或编操者的奖励，调动个人参赛的积极性，但奖励名次不宜过多。个人、单项得分若相等时，可采用名次并列取消下一名次的排列方法，或根据团体赛成绩，成绩优者名次列前。若再相等，则名次并列。

二、成立比赛组织机构

为了保证比赛的顺利进行，应根据比赛规模的大小成立相应的组织机构。大型比赛应成立大会组织委员会，中小型比赛可由主办单位、承办单位、各参赛单位的领队及总裁判长组成竞赛委员会，并由竞委会负责人召开领队等有关方面的联席会议，联席会议的主要内容包括：作比赛场地及设备等情况的汇报；解释竞赛规程和评分规则等方面的有关问题；确定比赛顺序；安排试用场地；讨论和解决有关比赛的问题。

三、编印秩序册

竞赛处根据竞赛规程及各参赛队报名情况，在确定比赛顺序和比赛场次后，总记录处应尽快编印秩序册，其主要内容包括竞赛规程、组委会或竞委会、大会办事机构、仲裁委员会、裁判员名单、参赛单位、竞赛活动日程安排、比赛顺序、比赛场地示意图、场地试用安排、裁判员学习日程等。

四、组织裁判学习

赛前由总裁判长对裁判员进行分工，组织裁判员学习竞赛规程和评分规则，统一评分标准，并观看各参赛队训练并进行试评，以熟悉评分规则和力求评判准确。

五、赛前准备工作

赛前对比赛中的任何细节均需提前做好准备，应设计和复印必要的裁判员评分表、比赛成绩记录表等竞赛用表格；做好场地划分、确定标志、安置音响设备等准备工作；适应性练习时，应安排专人统一指挥，各队严格按照规定的时间或次数使用练习场地。

六、比赛

1. 指挥。为保证比赛的顺利进行，主办单位与裁判组工作要协调配合，统一指挥，使各队的进退场快而不乱。

2. 宣布成绩。

3. 处理问题。

比赛中可能会出现某些突发问题，一旦出现应迅速报竞赛委员会，以便及时解决。

七、发奖

比赛结束应及时当众发奖，这不仅表现了主办者的组织能力，也反映了裁判工作的公正态度。当众发奖需要总记录处的工作必须高效率，能及时正确地计算出成绩。发奖仪式应简短、热烈而又有条不紊，事先须作周密的安排，以达到较好的宣传效果。

八、其他

裁判员的选派办法、仲裁委员会的人员组成和职责范围、特殊规定和要求等未尽事宜由承办单位另行通知。

第二节　基本体操比赛的裁判工作

一、裁判员组成及分工

（一）裁判员组成

基本体操比赛通常设总裁判长 1 名，裁判长 1～2 名，裁判员 4～6 名，总记录长 1 名，记录员 1～2 名及检录员 1 名。

（二）裁判员分工

裁判员分工一般有分区评分、整体评分和分工评分三种。

1. 分区评分

在参赛队人数较多（100 人以上）的情况下，由于裁判视野的局限性，通观全局比较困难，一般采用分区评分。将全队分 1、2、3、4 个区，每个裁判员在观察全队完成情况下，评定本区的完成情况，裁判长评定全队情况。分区评分有分块、分纵队、分横队和就近评分等。

2. 整体评分

在参赛队人数较少的情况下，采用整体评分。即每个裁判均要观察全队完成情况，评定全队成绩。裁判长的评分可作参考。

3. 分工评分

根据比赛规模大小和比赛性质确定裁判组的分工，一般在参赛人数较多、队形变化较大的自选动作比赛中采用。裁判组分工的优点是评分较细，不易漏判，但对裁判员的需求较大。一组专门评定队形和动作的编排，另一组专门评定全队动作完成情况，均以 10 分评定。两组裁判员应交叉安排座位，裁判长应评有参考分。

如果中间平均分差距过大时，裁判长有权召集全体、某些或某个裁判员进行磋商，把分数调整到合理的范围。如果两队或若干队得分相等，则以裁判长的评分为准，多者列前；如仍相等则并列。

二、裁判员的座位安排

裁判员可集中就座，也可分区就座，总的原则是要能清楚地观察到运动员所做的动作。操类比赛时裁判员的座位应设在1.5～2.0米高的台子上。

裁判员集中就座的优点：各裁判员能从同一角度观察各参赛队的完成情况，评分的差距比较稳定，出分快，工作紧凑。不足之处：裁判员的观察有死角，易漏判。因此，只适用于小型比赛。

裁判员分区就座的优点：对本区的完成情况观察得较为清楚，不易漏判，但出分较慢。一般要安排1～2名跑分员，以保证能及时将分传至裁判长。为了缩小区与区之间的评分差距，通常采用以局部区域的评分为主、兼顾全局的方法。

三、示分和计分

（一）示分方法

1. 裁判员公示分，裁判长示最后得分

裁判员当众示分后，由记录员按计分方法算出最后得分，由裁判长示最后得分。

2. 裁判员不示分，由裁判长示最后得分

裁判员将评分交跑分员传至裁判长，由裁判长直接示最后得分。

（二）计分方法

评分、计分多采用百分制。从0.1分扣起，也可扣整分。

1. 累积计分法

（1）累积平均法：指裁判员所评分之和除以裁判员人数为最后得分的计分方法。

（2）分值累积法：分值累积法是指在已确定各裁判员起评分值的基础上，通过评分，将各裁判员所得（剩）分之和确定为最后得分的计分方法。

例如，某裁判组共有裁判员四名，已确定每个裁判员的起评分值为25分。各裁判员的评分为：甲17分；乙18分；丙21分；丁20分。按分值累积法，该队最后得分应为：17＋18＋21＋20＝76（分）。

2. 取中计分法

取中计分法是去掉裁判员评分的最高分和最低分，取中间分的平均数为最后得分。取中计分法是基本体操比赛常用的一种计分方法。主要适用于全场评分，不适用于分区评分。

四、各项目评分

（一）队列队形比赛

1. 评分因素

队列队形比赛可根据正确性、整齐性、指挥员、总印象等四个方面评分。满分为10分，其中，正确性（4分），整齐性（4分），指挥员（1分）、总印象（1分）。

2. 具体评分

（1）正确性

所有与正确动作的姿势和技术有偏差均视为错误，裁判员要根据偏差的程度决定小、中、大的错误扣分，且对每次出现的错误均要扣分。小错扣0.1分，中错扣0.2分，大错扣0.3分。如某运动员做了与正确动作相反方向的动作扣0.3分。

（2）整齐性

从进退场、队列队形动作等方面进行评价。

（3）指挥员

从指挥员的仪表是否端庄，站位是否合适，口令是否及时、清晰、洪亮，动作是否正确，调队是否合理有效等方面进行评价。

（4）总印象

主要从全体队员出入场和比赛过程中的精神面貌及服装是否一致等方面进行评价。

（二）操类比赛

1. 规定套路的评分

操类规定套路比赛根据评分因素确定各评分因素分值分配的比例，一些操类比赛可减少某一评分因素，适当增加其他评分因素分值的比例。

（1）评分因素

规定套路的评分因素包括：① 入场及退场；② 完成质量；③ 领操员；④ 服装；⑤ 总印象；⑥ 出勤率。

（2）具体评分

① 入场及退场：要求队伍整齐快速，精神饱满。

② 完成质量：主要从身体姿势、动作技术、整齐性等方面进行评分。

A. 漏做

每漏做一节或多节操，应扣去漏做部分的全部分值，包括完成质量、整齐一致及其他。

B. 动作顺序错误

对成套操中出现的顺序错误，应扣去前后颠倒部分分值的一半。同时，对完成情况的错误仍须扣分。

C. 身体姿势错误

身体姿势出现与规定要求不符，视为身体姿势错误。例如，举臂时的臂弯曲；踢腿时的腿未伸直等均属于身体姿势错误。身体姿势错误的扣分范围，如表1-5-1所示。

表 1-5-1　身体姿势错误的扣分范围

错误 / 扣分 / 人数	个别	全体 1/3～1/2	全体 1/2 以上
轻微错误	0.1～0.2	0.5～1.0	1.5～2.0
显著错误	0.3～0.4	1.0～1.5	2.0～2.5
严重错误	0.5～0.6	1.5～2.0	2.5～3.0

扣分幅度应注意：分值高的几节操出现错误应重扣，分值低的则应轻扣；一拍中出现的姿势错误应与多拍中出现的有所区别；相同错误在一节内重复出现，只扣一次最严重的错误，但下节又出现同样的错误仍要扣分。

D. 动作技术错误

动作技术错误是指身体各部分所完成的动作与正确技术不符，包括有动作部位、路线和方向等。例如，侧平举臂不平；体转时脚跟离地转动等均属动作技术错误。

扣分幅度应注意：分值高的几节操出现错误应重扣，分值低的则应轻扣；根据技术错误严重程度和内容（如动作路线、方向、部位等）的多少，扣分幅度应有所区别，若出现多种错误时，则应从严扣分。

E. 整齐性

整齐性主要是指完成动作时动作与队形的一致性，要求整齐划一。动作与队形有不整齐的地方均要扣分，扣分范围如表 1-5-2 所示。

表 1-5-2　整齐性错误的扣分范围

错误人数 / 扣分 / 评分内容	个别	全体 1/3～1/2	全体 1/2 以上	说明
动作不整齐	0.1～0.4	0.5～1.5	1.5～2.0	分节扣分
队形不整齐	0.1～0.2	0.3～0.5	0.6～1.0	分节扣分
身高排列不整齐	0.2～5.0			一次性扣分

③ 领操员

从口令（音调、音量）、动作及精神面貌等方面评分。要求口令正确、声音洪亮、动作准确、姿态优美、调动队伍有效合理。

④ 服装

从年龄、动作特点、整齐状况、艺术性等方面评分。

⑤ 总印象

总印象是指全体队员出入场和比赛过程中的精神面貌及服装是否一致等。

⑥ 出勤率

竞赛规程对参赛队的人数应作明确规定，对缺人数的队应按比例扣分。由检录长将检录情况送交裁判长，由裁判长核算后从最后得分中扣除。其扣分可参考公式：

扣分=缺席人数/规定人数×满分数

例如，某校举行广播体操比赛，按竞赛规程规定，每班参赛人数不得少于 40 人，某班人数检录后为 36 人，缺席 4 人。经计算，扣 10 分。即起评分为 90 分。

2. 自选套路的评分

（1）评分因素

自选套路的评分一般从动作与音乐的创编、完成质量和其他（包括入场及退场、总印象、服装、出勤率等）三个方面进行。自选套路和规定套路的主要区别在于创编，从动作难度、队形新颖性、成套动作的组编水平和音乐选用等方面反映创编水平，编操分值以 30～45 分之间为宜。完成质量和其他方面的评分与规定套路大致相同。

（2）创编评分

① 动作难度

动作难度是指所创编动作的幅度、方向、节奏、节拍、做法等的变化和复合动作所占的比重。

② 队形新颖性

队形作为操类自选套路比赛内容之一，在变化上应有一定难度要求，在总分中所占分值应与其他方面的分值相协调，一般以占总分的 20%～30%为宜。队形质量是指行进间变化与图案的整齐性，凡队形完成质量不高者，均要酌情扣分，扣分范围如表 1-5-3 所示。

表 1-5-3　自选套路队形的扣分范围范例

完成情况 / 扣分 / 评分内容	优	良	中	差
队形难度	0～0.5	1～3	4～6	7～10
队形图案新颖性	0～0.5	1～2	3～4	5～6
队形完成质量	0～0.5	1～3	4～6	7～10

③ 成套动作的创编水平

A. 内容要符合参赛者的年龄、性别、工作或学习特点。

B. 编排顺序要符合编操原则。

C. 整套动作的运动量安排要合理。

D. 所选用的道具或轻器械要符合操的特点并具有艺术性。

根据上述各条要求酌情进行扣分。

④ 音乐选用

选用的音乐应与所创编的成套动作节奏、风格等吻合。

第二篇

技 术 篇

JISHUPIAN

第一章　队列队形练习

第一节　队列练习

一、队列练习内容

队列练习内容，如表 2-1-1 所示。

表 2-1-1　队列练习的内容

原地动作	单人动作	行进间动作	队列变换
集合 解散 看齐 立正 稍息 报数	原地转法 齐步 正步 跑步 踏步 便步 立定	步伐变换 行进间转法 行进间一路纵队变二路纵队 行进间二路纵队变一路纵队 行进间一列横队变二列横队 行进间二列横队变一列横队 行进间一路纵队变多路纵队 多路纵队变一路纵队	一列横队变二列横队 二列横队变一列横队 一路纵队变二路纵队 二路纵队变一路纵队 一列横队变三列横队 三列横队变一列横队 二列横队变三列横队 三列横队变二列横队

二、队列练习的指挥口令

队列练习的指挥口令，如表 2-1-2 所示。

表 2-1-2　队列练习的指挥口令

练习内容	指挥口令	注意事项
立正	立正！	一拍完成，“正”字音量提高
稍息	稍息！	一拍完成，“息”字音量比“立正”略低
原地向左转	向左－转！	预令拖长，动令短促有力
原地向右转	向右－转！	预令拖长，动令短促有力
原地向后转	向后－转！	预令拖长，动令短促有力
原地半面向左转	半面向左－转！	预令拖长，动令短促有力
原地半面向右转	半面向右－转！	预令拖长，动令短促有力

（续表）

练习内容	指挥口令	注意事项
向左向右转	背对背向左向右－转 ！ 面向指挥员向左向右－转 ！	预令拖长，动令短促有力
齐步	齐步－走 ！	预令拖长，动令短促有力
正步	正步－走 ！	预令拖长，动令短促有力
跑步	跑步－走 ！	预令拖长，动令短促有力
踏步	踏步！踏步－走！	行进间用“踏步！” 原地开始用“踏步－走！”
齐步（跑步）走立定	立定！（一拍法）	左脚开始右脚结束，一拍完成，在队伍紧急制动的情况下运用
	立－定！（两拍法）	左脚开始右脚结束，两拍完成，常规练习
	立－定！（多拍法）	无论从那只脚开始都在右脚结束，多拍完成，用于指挥队伍较庞大情况
齐步变跑步	跑步－走！（三拍）	左脚开始
跑步变齐步	齐步－走！（三拍）	左脚开始
齐步变正步	正步－走！（三拍）	左脚开始左脚结束
便步	便步－走！（三拍）	随意
行进间向左转走	向左转－走！	三拍完成，左脚开始左脚结束
行进间向右转走	向右转－走！	三拍完成，右脚开始右脚结束
行进间向后转走	向后转－走！	三拍完成，右脚开始右脚结束
行进间一路纵队变二路纵队	二路纵队－走！	三拍完成，右脚开始右脚结束
行进间一路纵队变二路纵队	二路纵队－走！	三拍完成，右脚开始右脚结束
行进间一列横队变二列横队	二列横队－走！	三拍完成，右脚开始右脚结束
行进间一路纵队变多路纵队	成×路纵队左（右）转－走！	
多路纵队变一路纵队	左（右）转－路 纵队－走！	
集合	成×列（路）横队（纵队）集合！	在口令之前一般加“全体注意！”
解散	解散！	
看齐	向右看－齐！	在全部的“看齐”口令后面都要加“向前－看！”的口令
	向左看－齐！	
	向中看－齐！	
	向前－看！	

（续表）

练习内容		指挥口令	注意事项
报数	自然报数	报数！	
	条件报数	“1、2”报数 “1、3、5、7……”报数	根据需要在报数前面加上条件
一列横队变二列横队		成二列横队－走！	如果是多列横队练习，口令前就得加倍数字。如两列练习的口令就应该是“成四列横队－走！”
二列横队变一列横队		成一列横队－走！	
一路纵队变二路纵队		成二路纵队－走！	
二路纵队变一路纵队		成一路纵队－走！	
一列横队变三列横队		成三列横队－走！	
三列横队变一列横		成一列横队－走！	
二列横队变三列横队		成三列横队－走！	
三列横队变二列横队		成二列横队－走！	

三、队列练习方法

（一）立正

【要领】足跟并拢，足尖外分，两足成 60°，挺胸收腹，头正，颈拔，肩平，目正视，五指并拢，中指贴于裤缝。

（二）稍息

【要领】站立，左脚顺脚尖方向伸出约三分之二脚长的距离，体重应大部分落于右脚；上肢姿势同立正。若时间较长，可自行换脚。

在体操课中，通常也采用一腿放松自然站立或左右开立，双手后背的姿势。

（三）原地转法

【要领】以右（左）脚跟为轴和左（右）前脚掌同时用力，向右（左）转 90°，成立正。转体时应直膝，上体正直，中指贴裤缝。半面向右（左）转，按右（左）转的要领，转体 45°。向后转，按向右转要领，转体 180°。

（四）齐步

【要领】左脚先前迈，步幅约 75 厘米，重心前移后，右脚继之。行进中，上体正直，微前倾；双手微握拳，两臂自然摆动。前摆时，屈肘，前臂自然向里合，手约与第五衣扣同高，指根正对衣扣线，距离 25 厘米。行进速度每分钟约 120 步。

（五）正步

【要领】左腿直膝，绷脚面踢出约 75 厘米（脚掌距地约 25 厘米），然后适当用力下压，全脚掌着地。重心前移后，右脚继之，依次轮换。行进中，上体正直，微前倾，双手微握拳。向前摆臂时，屈肘，前臂略平，手腕位于第三、四衣扣间（约距身体 10 厘米）。向后须自然摆至极限。行进速度每分钟约 116 步。

（六）跑步

【要领】听到预令，双手握拳提至腰际，拳心向内，肘部稍向里合，上体稍向前倾。听到动令，左腿微屈前提，右脚踏地跃出约 80 厘米，前脚掌着地后，重心随之前移紧接右腿继之，依次轮换。两臂自然摆动，前摆不露肘，稍向里合，拳不超过纽扣线，后摆不露手。行进速度每分钟约 180 步。

（七）踏步

【要领】两脚在原地上、下交替起落，起时脚尖自然下垂，离地面约 15 厘米；落时，前脚掌先触地。上体正直，摆臂同齐步要领。

待听到“前进”口令后，先继续踏两步，再换齐步（或跑步）行进。

（八）立定

【要领】齐步和正步走时听到“立定”口令后，左脚向前大半步，右脚靠左脚成立正姿势；跑步时听到“立定”口令后，继续跑两步，然后左脚向前大半步（不摆臂），右脚靠拢左脚，同时双手放下成立正姿势；踏步时，左脚再踏一步，右脚靠左脚成立正姿势。

（九）步伐变换

【要领】步伐变换均从左脚开始，听到口令，即换新的步伐行进。跑步变走步时，听到口令，须继续跑两步，再按新的步伐行进。

（十）便步

【要领】稍稍放松的走步，步伐可以不整齐，但要保持队伍一起前进。

（十一）行进间转法

1. 齐步、跑步向右（左）转

【要领】左（右）脚向前半步（跑步时，继续跑两步，再向前半步），脚尖偏右（左）约 45°，随之身体向右（左）转 90°，紧接着出右（左）脚按原步伐向新的方向行进。

2. 齐步、跑步向后转

【要领】左脚向右脚前出半步（跑步时，继续跑两步，再向前半步），脚尖偏右约 45”，以两脚的前脚掌为轴，从右向后转 180°，出左脚按原步伐向新方向行进。转动时，两臂自然摆动，不外张，上体正直。

（十二）班（队）集合

【要领】口令下达后，基准学生（一般为最高的学生）迅速到指挥者左前方适当位置成立正，其余学生按（高矮）顺序依次向左排列，自行看齐。指挥员手势，如图 2-1-1 所示。

纵队集合时，基准学生迅速跑到指挥者前方适当位置站好，其余学生（高矮）依次向后排列，自行对直。指挥员手势，如图 2-1-2 所示。

或按横队集合向右转即可。

（十三）解散

【要领】听到口令后先立正，然后迅速离开原位置。

（十四）看齐

【要领】口令下达后，基准学生不动，其余学生向右（左）转头，眼看右（左）相邻学生腮部。前四名能通视基准学生。自第五名起，以能通视前三人为度。后列人员先对正，后看齐。

纵队看齐应下达“向前－－看齐”的口令。向中看齐时，基准学生举左手示意，其余学生按照向右（左）看齐的要领实施。

听到“向前－－看”的口令后，迅速将头转正，恢复立正姿势。

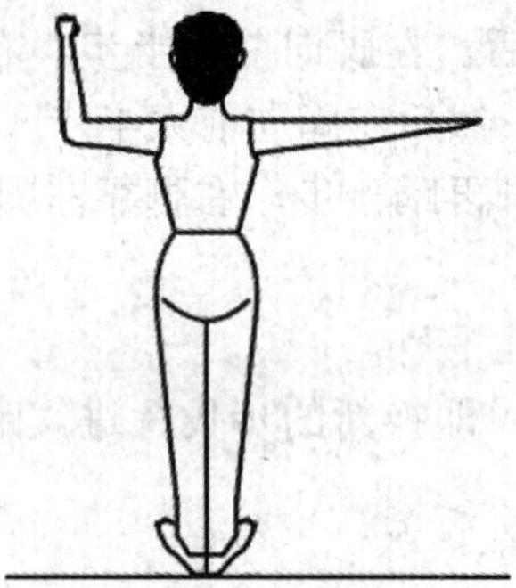

图 2-1-1

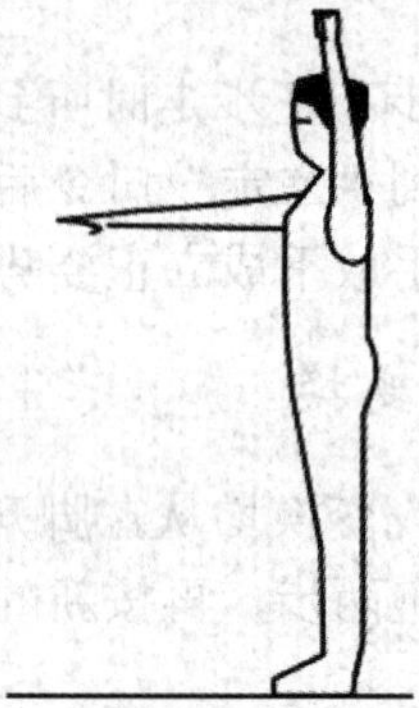

图 2-1-2

（十五）报数

【要领】横队从右到左（纵队从前到后）依次以短促洪亮的声音报数并转头（最后一名不转头）。数列横队报数后，后列最后一名应报“满伍”或“缺伍”，缺伍时应报出人数，如“缺伍缺 1”。

（十六）一列横队变二列横队

【要领】先 1、2 报数，口令下达后，单数学生不动，双数学生右脚向右后方退一步，并自动看齐。

（十七）二列横队变一列横队

【要领】先取好一臂间隔，听到口令后，后排学生左脚向左前方跨一步，右脚靠拢左脚，立于前列学生之左，并自动看齐。

（十八）一路纵队变二路纵队

【要领】先 1、2 报数，听到口令，双数学生右脚向右前方跨一步，左脚靠拢右脚，并自行对正。

（十九）二路纵队变一路纵队

【要领】先取一臂距离。听到口令后，右路学生左脚向左后方退一步，右脚靠拢左脚，站于左路学生之后，对正。

（二十）一列横队变三列横队

【要领】先 1 至 3 报数。听到口令后，2 数学生不动；1 数左脚向左前出一步，右脚并于左脚，站于 2 数学生之前；3 数右脚向右后迈出一步，左脚并于右脚，站于 2 数学生之后，并自行对正。

（二十一）三列横队变一列横队

【要领】先取两臂间隔，听到口令后，第二列不动，第一列和第三列按一列变三列的相反方向各插入第二列学生两侧，并自行看齐。

一路纵队变三路纵队；三路纵队变一路纵队，仿照横队变法实施。

（二十二）二列横队变三列横队

【要领】横队之间先取两步距离。1 至 3 报数，听到口令后，1、3 数不动；前排 2 数向右后退一步，后排 2 数向左前迈一步，各站于前排 1、3 数之后，自行对正看齐。

（二十三）三列横队变二列模队

【要领】先取一臂间隔，1、2 报数后，听到口令，一、三列不动，二列 1 数左脚向左前出一步，站于前列 1 数之左，2 数左脚向右后退一步，站于后列 1 数之左，自行对正看齐。

二路纵队变三路纵队、三路纵队变二路纵队仿照横队变法实施。

（二十四）行进间一路纵队变二路纵队

【要领】先 1、2 报数，听到口令后，1 数学生原地踏步一次后前进，2 数学生左脚向左前一步，右脚在左脚边踏步一次后前进。

（二十五）行进间二路纵队变一路纵队

【要领】听到口令后，右路继续行进，左路左脚前进一步，右脚向右前方一步进入纵队，成一路后行进。

（二十六）行进间一列横队变二列横队

【要领】先,1、2 报数。听到动令后，1 数照直行进，2 数原地踏步一次后，左脚向左前方迈一大步，右脚跟上行进。

（二十七）行进间二列横队变一列横队

【要领】先取一臂间隔，听到动令后，前排原地踏步一次；后排左脚向左出一步，进入一列横队，右脚在左脚边踏步一次后整个队伍前进。

（二十八）行进间一路纵队变多路纵队

【要领】听到动令后，按图 2-1-3 所示路数的前 x 名学生同时向左转以小步前进。后面学生到达前×名学生转体位置时，自动向左转，并与前 x 名学生对正前进，依此类推。

四路以内目测，四路以上应先报数。

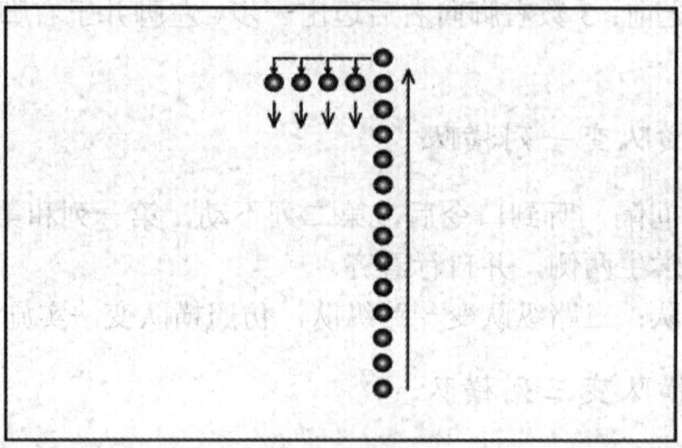

图 2-1-3

（二十九）多路纵队变一路纵队

【要领】听到动令后，各路的排头同时向右转大步行进，并自行对正。后面各列依次走到第一列学生转体处，自动向右转走，排头与前一列的排尾相接，成一路纵队，如图 2-1-4 所示。

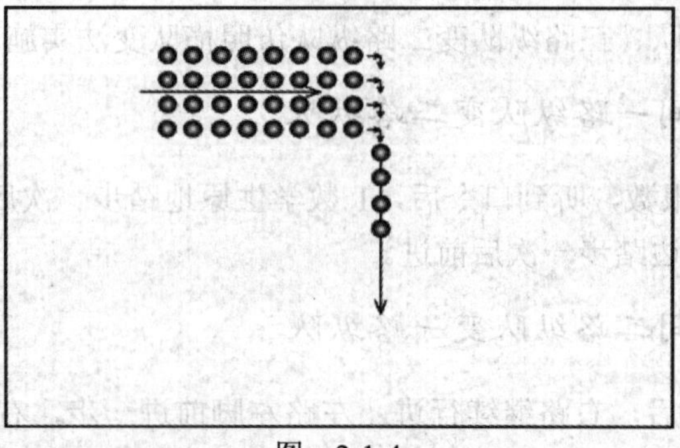

图 2-1-4

第二节 常用队形练习

一、常用队形练习内容

常用队形练习内容，如表 2-1-3 所示。

表 2-1-3 常用队形练习内容

原地练习	行进间练习
横队	绕场行进
纵队	对角线行进
方队	蛇形行进
圆形	圆形行进
梯形	“8”字形行进
三角形	螺旋行进
弧形	开口螺旋形行进
	闭口螺旋形行进
	分队走
	合队走
	并队走（肩并肩）
	裂队走（从中间裂开）
	交叉行进
	错肩行进
	阵列方队

二、常用队形练习指挥口令

常用队形练习指挥口令，如表 2-1-4 所示。

表 2-1-4 常用队形练习指挥口令

练习内容	指挥口令	注意事项
绕场行进	左（右）转弯绕场行进－走！	当排头行进到场地角之前才下达口令
对角线行进	左（右）转弯对角线行进－走！	当排头行进到场地角之前才下达口令
蛇形行进	蛇形行进－走！	当排头行进到场地角之前才下达口令
圆形行进	圆形行进－走！	当排头行进到场地边线中间时下达口令

（续表）

练习内容	指挥口令	注意事项
“8”字形行进	“8”字形行进－走！	当排头行进到场地边线中间时下达口令
螺旋行进	开口螺旋行进－走！	当排头行进到场地边线中间时下达口令
	闭口螺旋行进－走！	当排头行进到场地边线中间时下达口令
分队走	分队－走！	当排头行进到场地边线中间时下达口令
合队走	合队－走！	当两边排头相遇之前下达口令
并队走	并队－走！	当两边排头相遇之前下达口令
裂队走	裂队－走！	当排头行进到场地边线中间时下达口令
交叉行进	交叉行进－走！	当排头快遇到对角线行进队伍时下达口令
错肩行进	错左肩行进－走！	两队快相遇时下达口令
	错右肩行进－走！	
	从里错肩行进－走！	
	从外错肩行进－走！	
	从中间错肩行进－走！	
阵列方队	散开！	
	靠拢！	

三、队形练习方法

（一）原地队形

1. 横队

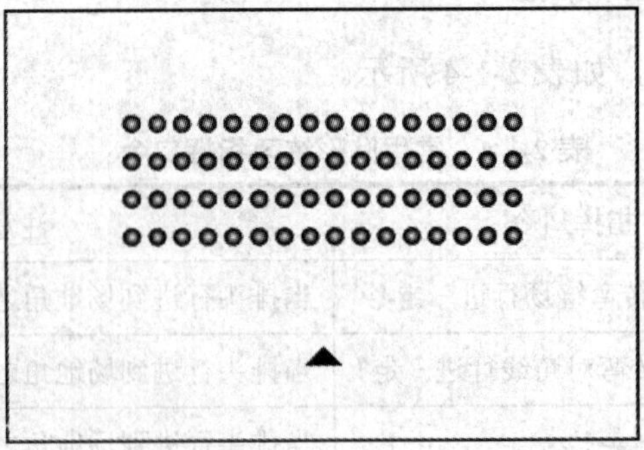

图　2-1-5

横队是基本队形之一，由左右并列而成，常用于集合整队、听讲、观摩和做操。有一列横队和数列横队之分，如图 2-1-5 所示。

【要领】从右到左按高矮顺序排列。多列横队在一列横队的基础上进行报数分队。

2. 纵队

纵队也是基本队形之一，由前后重叠而成，常用于整队、集体行进和游戏。有一路纵队和多路纵队之分，如图 2-1-6 所示。

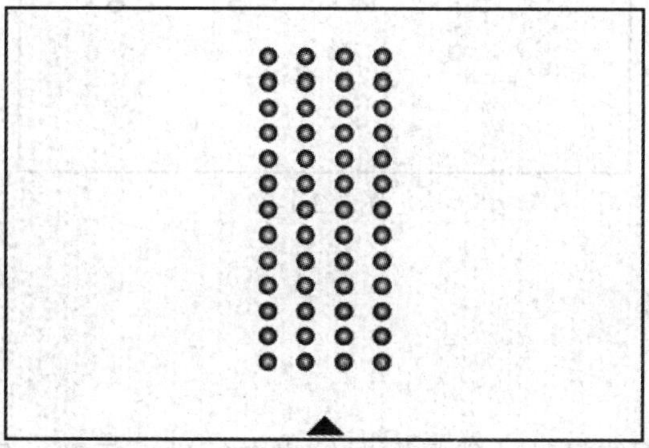

图　2-1-6

【要领】从前到后按高矮顺序排列。多路纵队在一路纵队的基础上进行分队。

3. 方队

方队是常见队形之一，多用于做操、游行和表演，如图 2-1-7 所示。

【要领】由横队或纵队组成，纵横人数相等。

4. 圆形

圆形是常用队形之一，适合做行进间练习和游戏，有单圆和复圆之分，如图 2-1-8 所示。

【要领】一路纵队首尾相接成圆。

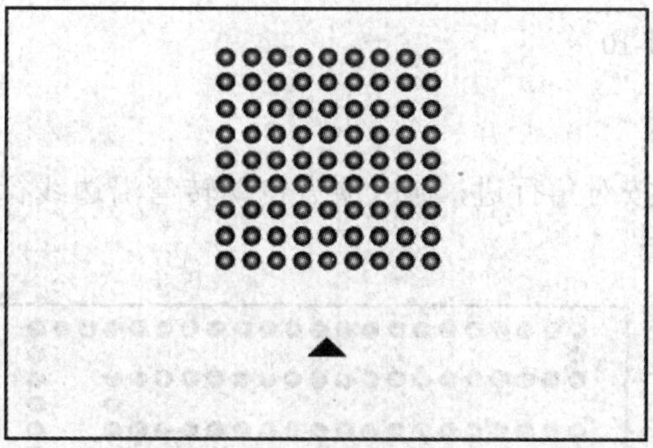

图　2-1-7

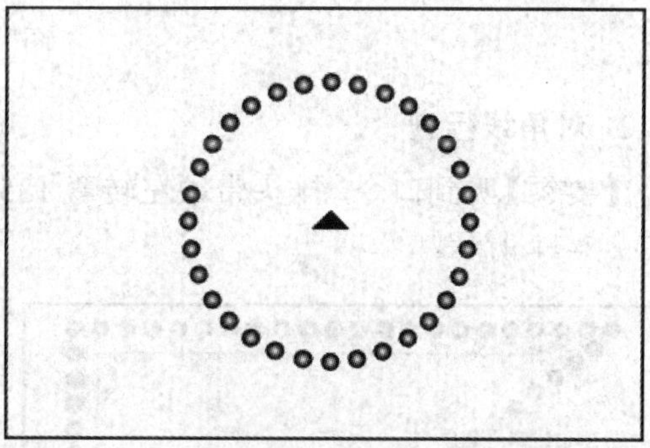

图　2-1-8

5. 梯形

梯形适合于做操、表演和观摩，如图 2-1-9 所示。

【要领】由一列横队 1、3、5 或 5、3、1……报数，报数多少就向前几步走。下达“分队－－走”口令后，各人按所报的数向前 X 步走。还原时，听到“成一列横队－－走”的口令后，先向后转，再按各自报的数字走回原位，然后向后转。

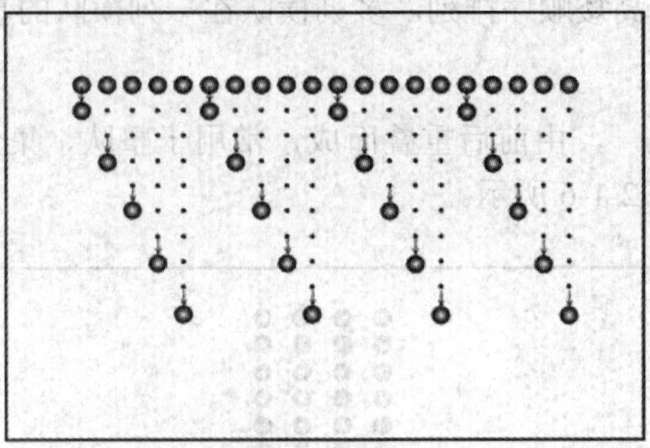

图 2-1-9

（二）行进间队形

1. 绕场行进

【要领】排头带领围绕场地边线呈顺时针方向行进，每到一角自动左转弯继续前进，如图 2-1-10 所示。

图 2-1-10

2. 对角线行进

【要领】听到口令，排头带领左转弯 135° 按对角行进，到达顶点自动转弯沿边线行进，如图 2-1-11 所示。

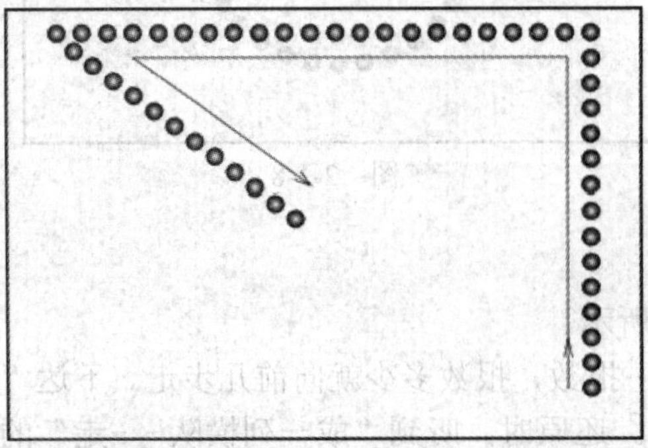

图 2-1-11

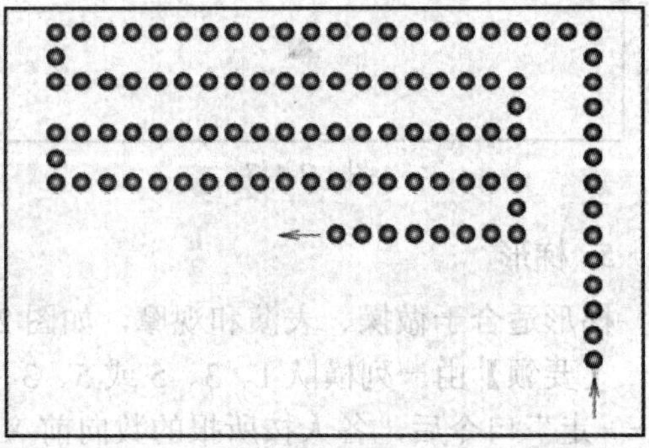

图 2-1-12

3. 蛇形行进

【要领】由排头带领左后转弯走，到达规定点后自动向右后转弯走，依此往复行进，如图 2-1-12 所示。

4.　圆形行进

【要领】排头带领沿弧形绕场行进，自动调整步幅，至队伍首尾相接后按弧形行进，如图 2-1-13 所示。

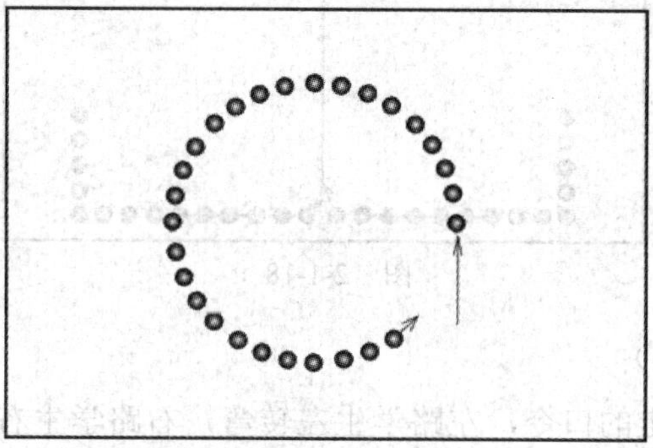

图　2-1-13

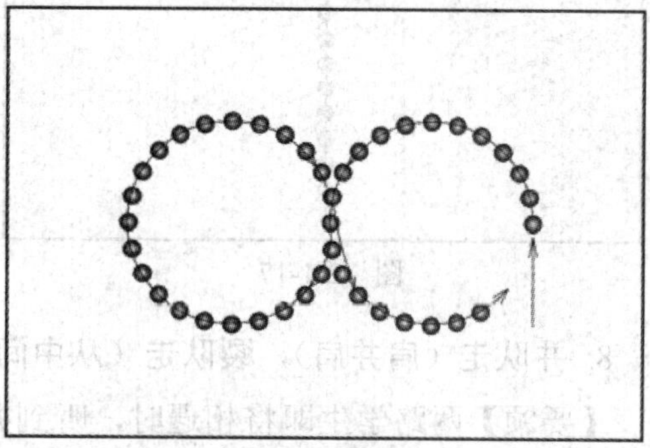

图　2-1-14

5.“8”字形行进

【要领】排头带领左转弯弧形行进，通过场地中心点自动右转弯弧形行进成圆，至中心点左转弯，两圆在场地中心点相切。当队伍相交时，依次穿插通过，如图 2-1-14 所示。

6. 螺旋行进

【要领】开口螺旋形走时，排头带领沿圆周向内左螺旋形行进到场地中心后，再自行向右后转向相反的方向，由内向外成螺旋形走出来。其他学生依次由场地中心排头转弯的地方向右后转，跟随排头走出来（如图 2-1-15 所示）；闭口螺旋形走时，当排头旋绕至场地中心时，教师应发“立定”或“向后转”的口令，全体向后转，排尾变排头带领按教师指示的方向继续前进（如图 2-1-16 所示）。做开口螺旋行走时，应保持一定的间隔距离。

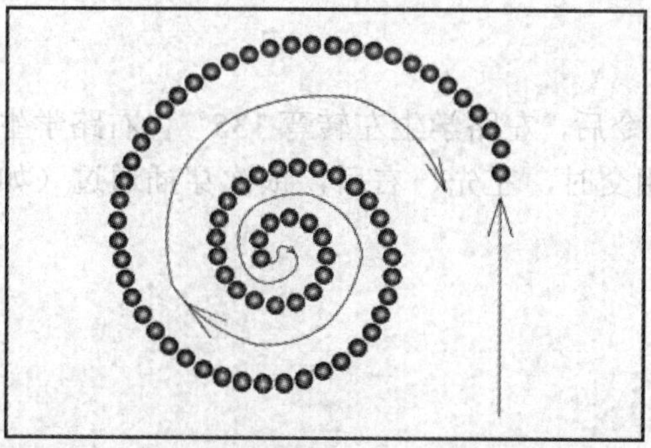

图　2-1-15

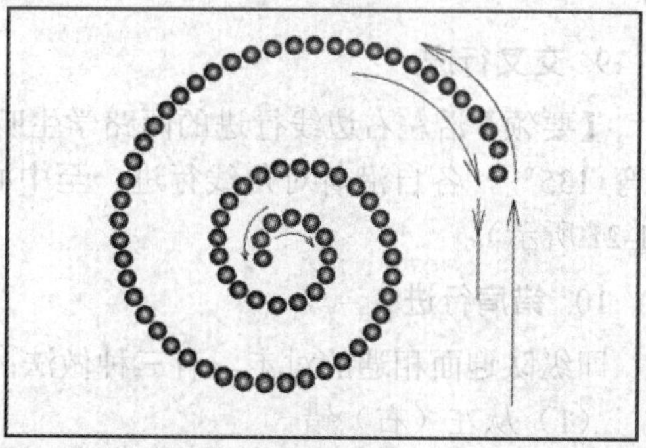

图　2-1-16

7. 分队走（一分为二），合队走（合二为一）

【要领】一路纵队中场行进，听到分队走的口令，第一名学生左转弯，第二名学生右转弯，后面学生依次跟进，成二路沿左右边线绕场行进（如图 2-1-17 所示）。至二路学生即将相遇，听到合队走的口令时，左路学生左转弯，右路学生右转弯依次插入左路学生之后，成一路纵队行进（如图 2-1-18 所示）。

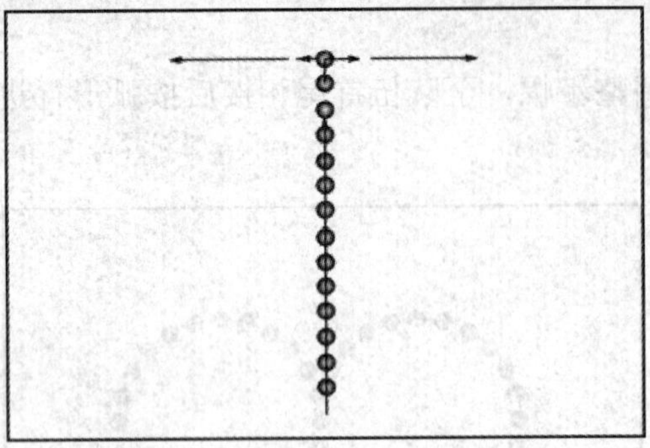

图 2-1-17

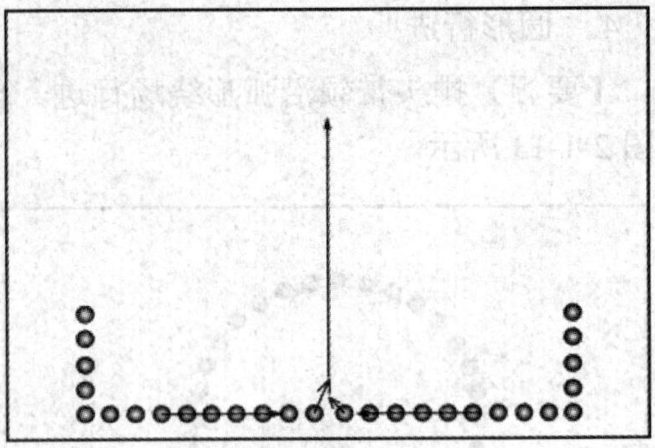

图 2-1-18

8. **并队走（肩并肩），裂队走（从中间裂开）**

【要领】两路学生即将相遇时，听到并队走的口令，左路学生左转弯，右路学生右转弯，成二路纵队并列前进（如图 2-1-19 所示）；二路纵队中场行进，听到“裂队走”的口令时，左路学生左转弯，右路学生右转弯，各自沿左右边线绕场行进（如图 2-1-20 所示）。

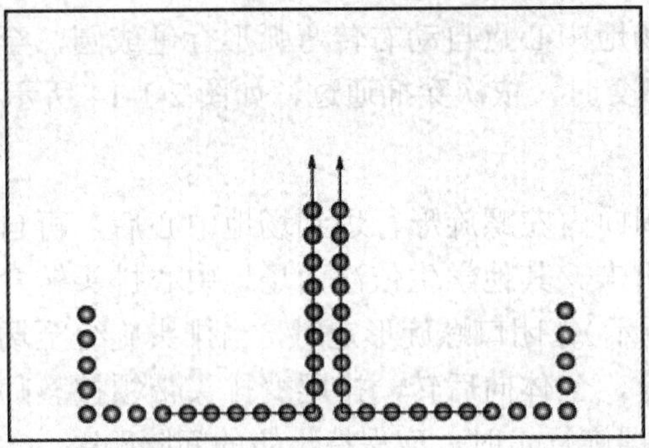

图 2-1-19

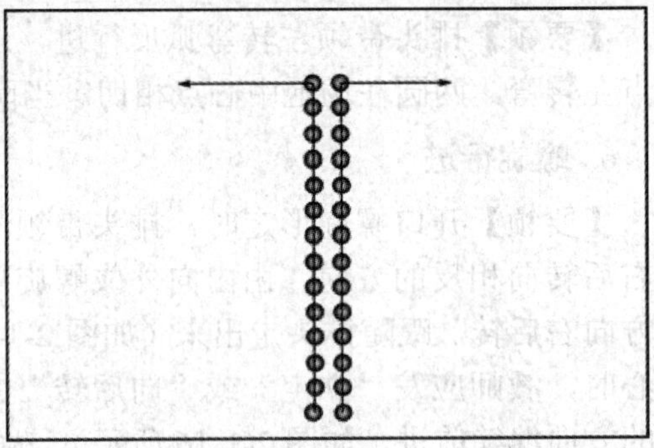

图 2-1-20

9. **交叉行进**

【要领】沿左右边线行进的两路学生听到口令后，左路学生左转弯 135°，右路学生右转弯 135°，各自沿着对角线行进，至中心点相交时，左先、右后，依次穿插通过（如图 2-1-21 所示）。

10. **错肩行进**

即纵队迎面相遇的对走。有三种做法：

（1）从左（右）错

【要领】左右两路队伍快相遇时发出口令，听到口令，左右两路各自靠左行进（相隔一步）错右肩继续绕场行进（如图 2-1-22 所示）。

（2）一路隔一路从左（右）错

【要领】各路相互隔开从左（右）边通过，余同前（如图 2-1-23 所示）。

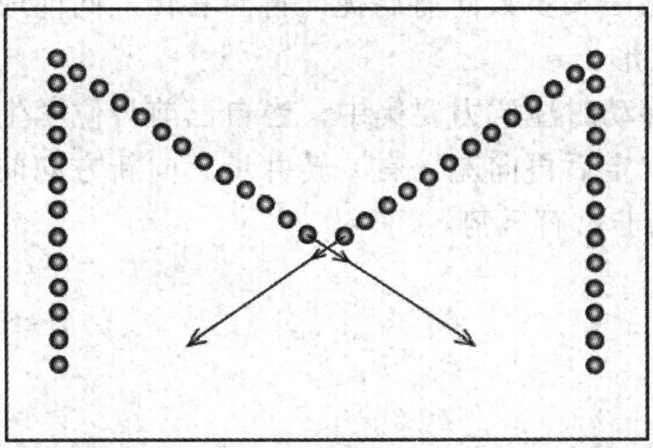

图　2-1-21

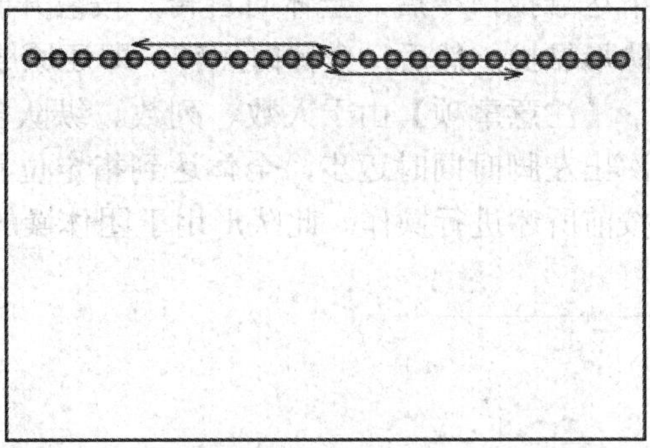

图　2-1-22

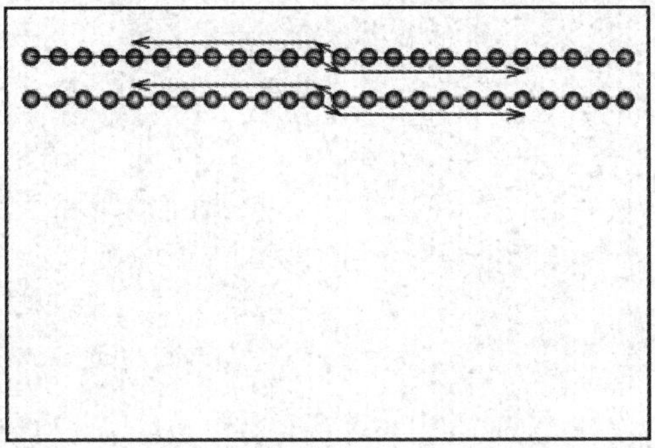

图　2-1-23

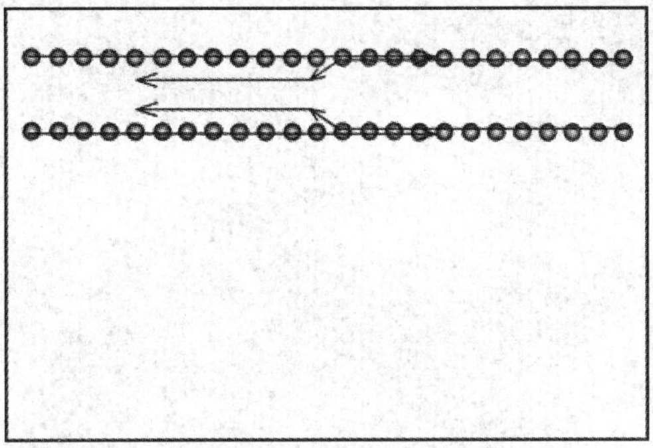

图　2-1-24

（3）从里（外）错

【要领】练习前应确定基准学生从里（外）边通过，余同前（如图 2-1-24 所示）。

11. 阵列方队

阵列方队也称依次散开和靠拢（以 64 人方阵为例）。

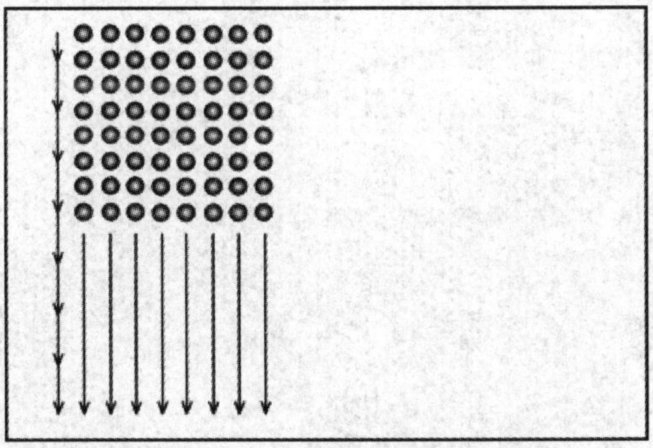

图 2-1-25

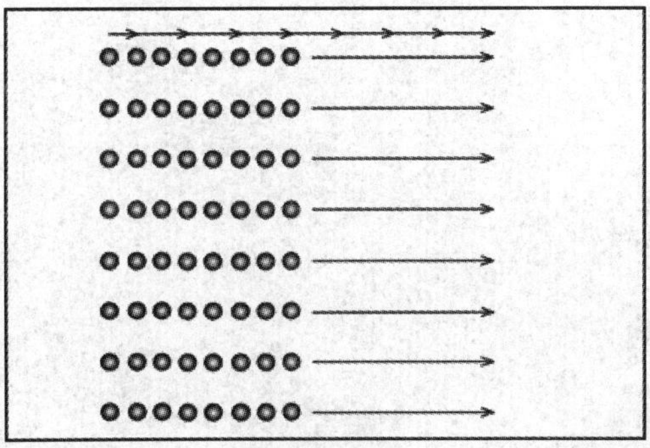

图 2-1-26

【要领】首先各路由前向后“8 至 1”报数，明确特定的列次，然后再由右至左报数，明确每人的序数。听到散开口令后，从第八列（前列）开始用齐步或正步前进。每列起动依次相差两步，各列走的步数为列次的 2 倍减 1（如第八列即 8×2−1=15）。向前同时走完规定的步数后立定，全体向左转（如图 2-1-25 所示）。再以各排尾开始向新的方向前进。步数为每人所报序数的 2 倍减 1。走完后立定，全体向右转，即成散开队形（如图 2-1-26 所示）。当下达靠拢口令后，全体向右转，按散开时的做法和步数向前靠拢，再向右转，向前成密集队形靠拢，然后，全体向后转，即还原成原队形。

【注意事项】由于人数、列数、纵队多，移动时注意力要集中，当自己前一位学生第二次出左脚时同时迈步，全体达到指定位置时立定后再向左（右）转并步。向新方向前进时按前所述进行操作。此队形用于团体操的入场非常有气势。

第二章　操类练习

第一节　徒手体操练习

一、单人动作

（一）头部动作

1. 屈：前屈、侧屈、后屈。
2. 转：左转、右转。
3. 绕环：向左绕环、向右绕环。

（二）上肢动作

1. 举：前举、上举、侧举、后举；前上举、前下举、侧上举、侧下举、侧前举、前斜上举、前斜下举。
2. 振：上后振、侧后振、后振、胸前平屈后振。
3. 屈：胸前平屈、肩侧屈、双手叉腰、上屈抱头、腰后屈、握拳腰侧屈。
4. 伸：前伸、上伸、侧伸。
5. 绕和绕环：臂上举和下垂姿势开始，做向前、向后、向内、向外、向左、向右的绕和绕环；臂侧举姿势开始，做向上、向下的绕和绕环；臂前举姿势开始，做向上、向下的绕和绕环；从某部位开始经另一平面的某部位做绕和绕环。

（三）躯干动作

1. 屈：上体前屈、侧屈、后屈。
2. 转：上体向左转、向右转。
3. 振：上体前屈振、侧屈振、后屈振。
4. 绕环：上体向左绕环、向右绕环。
5. 倾：上体向前倾、向左倾、向后倾。

（四）下肢动作

1. 举：前举、侧举、后举。
2. 踢：前踢、侧踢、后踢。
3. 屈：前屈、侧屈、后屈。
4. 伸：前伸、侧伸、后伸。
5. 绕环：向前绕环、向后绕环、向左绕环、向右绕环。

6. 弓步：前弓步、后弓步、侧弓步、前斜弓步。
7. 蹲：全蹲、半蹲、蹲撑。
8. 跳：单脚跳、双脚跳。

（五）其他动作

1. 立：直立、开立（左右、前后）、起踵立、点地立等。
2. 撑：俯撑、侧撑、仰撑。
3. 跪：跪立、跪坐、跪撑。
4. 坐：直角坐、并腿坐、分腿坐、屈腿坐、坐撑。
5. 卧：俯卧、侧卧、仰卧、卧撑。

上述动作多为上、下肢和躯干动作的辅助姿势。

二、双人动作

双人动作是徒手体操练习的一种方式，是在单人动作基础上，利用两人相互配合做动作的方式，可以相互借助、增大用力、加难条件来提高对身体的影响，激发练习兴趣以及培养动作的协作能力。根据两人互相配合用力的方法可分为：协同性动作、助力性动作、对抗性动作三种。在这三种练习中，根据合作的方式，有面对、背对、侧对、重叠等形式。

（一）协同性动作

协同动作，即两人互相借助或依附同时做动作。

1. 上肢和肩带的协同性动作

（1）背对或背对靠近站立做上肢侧举、上举动作。
（2）面对隔半步站立互搭肩，按节拍同时做单肩绕环。
（3）面对开立臂互搭肩，上体前屈扶肩按压肩。
（4）背对靠近站立成前弓步，臂上举或侧举拉手做互拉肩练习。
（5）两人并立，外侧臂上举互握手，内侧臂下垂互握手，同时向外侧做弓步互拉。

2. 躯干的协同性动作

（1）面对、背对或前后重叠靠近站立，互拉手侧举做体侧屈动作。
（2）面对靠近站立，互拉手转成侧对做体侧屈动作。
（3）背对靠近站立，互挽臂互相做体前后屈。

3. 下肢的协同性动作

（1）两人面对站立，互搭肩向侧或后踢腿。
（2）距离一步面对站立，前举左（右）腿，互抬所举之腿，另一手互扶肩按拍跳动或跳转。
（3）背对站立，互挽臂分腿下蹲跳或跳转、左右移动。

（二）助力性动作

助力性动作，即一人帮助一人练习，相互轮流做。

1. 上肢和肩带的助力性动作

（1）一人开立两臂上举，另一人站其后帮助拉肩。

（2）两人重叠隔一步站立，前者挺直后倒，后者接前者肩背至屈臂后，再推伸，反复练习臂屈伸。

（3）两人面对站立，一人弓步体前屈，两臂后举，另一人帮助拉肩。

2. 躯干的助力性动作

（1）一人开立，另一人在侧开立握其臂和扶背帮助体前后屈。

（2）一人仰卧、俯卧或侧卧于地上，另一人双手压或坐于小腿，帮助练习腰腹肌力量。

3. 下肢的助力性动作

（1）一人在侧帮助另一人向前、侧或后搬腿。

（2）一人在另一人后面托其腰侧，助其屈腿跳、向前分腿跳、左右分腿跳。

（三）对抗性动作

对抗性动作：即二人互相对抗用力做动作。

1. 上肢和肩带的对抗性动作

（1）面对隔一步前后开立，双手互相对握，两臂依次用力对抗屈伸练习。

（2）侧对站立，一臂互握手，用力互相拉。

2. 躯干对抗性动作

（1）面对分腿坐，脚抵脚，双手互握，一人后倒，同时将另一人拉起后再放下，交换做。

（2）背靠背分腿坐，一人体前屈，另一人向后倒，挺髋伸直身体。

（3）两人面对面俯撑，做相互顶左（右）肩的练习。

（4）两人面对面各成右（左）前弓步，左（右）手叉腰，右（左）手相互勾推拉的练习。

3. 下肢的对抗性动作

（1）一人背一人做下蹲练习。

（2）两人面对面手互顶肩，两脚交换后蹬。

（3）两人面对单脚跳或蹲跳，双手互推。

第二节 轻器械体操练习

轻器械体操是在徒手体操的基础上，手持体操棍、实心球、跳绳、木哑铃、小旗、沙袋等轻器械进行的身体练习。轻器械体操的练习形式有很多，除持器械做动作外，还有两脚夹器械做动作、抛接和传接器械、以器械为障碍做动作及利用器械做游戏等。轻器械体操的特点是在徒手体操的基础上，身体各部分充分利用器械条件，变化器械对身体的影响，可改变练习的强度；变化器械与身体各部位动作的配合，可改变练习的难易；利用器械的使用方法，可变化多种练习形式。轻器械体操练习对矫正身体姿态、增强肌肉力量和关节灵活性及提高控制器械能力等方面有良好作用。轻器械体操除可作为课的准备活动、课的基本教材及身体素质练习外，还可用于个人和集体表演。

一、体操棍练习

体操棍为木质棍棒，长 1～1.2 米，直径约 2～2.5 厘米，圆形，棍面白色。少年儿童用棍可稍短。无专用棍时，可用小竹竿或树枝代替。为增加运动负荷，可改用长度和直径相同的铁棍做练习。

握棍方法：有正握、反握、正反握、交叉握、窄握、宽握等。

握棍部位：握两端、握一端、握中间、握同肩宽、握 1/4 或 1/3 处、一手握棍端另一手握中间或 3/4、1/3 处。

换握方法：有离棍换握、滑动换握、转臂换握、转棍换握等。

棍在空间的位置：有水平位、垂直位、倾斜位。棍在倾斜位时，如不指明，则与上体成 45°，身体在任何姿势中，仍以棍与上体的关系确定棍的部位。

（一）持棍立正、稍息、下垂、行进

1. 持棍立正：直立，右手拇指与食指握棍一端，其余三指贴住棍身，臂下垂，使棍垂直靠于右肩前。

2. 持棍稍息：左脚侧出一步开立，同时右手压棍，使上端落下轻放于左脚尖前触地。

3. 持棍下垂：双手正握棍，两臂下垂，棍触大腿的前部。

4. 持棍行进：右手持棍方法同持棍立正，行进时，右臂不动，左臂自然摆动。

（二）持棍动作

1. 基本方向动作

（1）前举：握两端（或同肩宽）前举；两（一）手握一端前举；两（一）手握一端前举棍向上；握两端（或同肩宽）屈臂棍在胸前举；握两端（或同肩宽）一手在上，另一手在下前举，棍垂直。

（2）侧举：一手握棍一端靠肩，另一手握棍直臂侧举；一手握棍一端侧举（或棍向上）。

（3）上举：握两端（或同肩宽）上举；两（一）手握一端上举；一手握一端靠肩（髋），另一臂伸直握棍上举。

（4）后举：握两端（或同肩宽）后举；一手握一端后举；握两端（或同肩宽）屈臂头后举；一手握一端靠肩，另一臂伸直握棍后举。

2. 中间方向动作

（1）握两端（或同肩宽）前上举、前下举。

（2）两（一）手握一端前上举、前下举、侧上举、侧下举。

（3）握两端（或同肩宽）前举，一手在上，棍倾斜。

（4）握两端，一臂上举，另一臂侧举，棍倾斜。

（5）一手握一端靠肩，另一手握棍直臂侧上举、侧下举、后下举。

3. 斜方向动作

正握或一手握棍端靠右（左）肩、另一手握棍身或一手握棍端前侧上举、前侧下举等。

4. 绕和绕环的动作

（1）小绕和小绕环：持棍端，以手腕为轴转动做动作，如一（两）手握一端前（上）举，棍在手外向前、向后绕和绕环；一手握一端侧举，棍在手前（后）向上、向下绕和绕环；一手握棍一端上举，棍在手前（后）向左、向右（或经体后向左或向右）、向前或向后绕和绕环。

（2）中绕和中绕环：一手握棍一端（或中间），臂在前举、上举、侧举中，以肘关节为轴向各方向做绕和绕环。

（3）大绕和大绕环：握两端（或同肩宽），或一手握棍中央，以肩关节为轴直臂向左、向右绕和绕环。

（三）限制性动作

握两端，两臂依次或同时向前、向后转肩；握同肩宽，两腿依次摆越或同时跳越过棍；棍竖立地上，单腿摆越过棍；握一端沿地平面绕环，两脚依次跳过。

（四）模仿动作

持棍模仿打枪、刺杀，以及武术的刀、枪、剑、棍和击剑的刺、劈等动作。

（五）双人动作

助力性动作，如一人握棍两端（或正握）上举，另一人在后助力拉肩；协同性动作，如两人同握一（两）棍做体前、侧、后屈；双人对抗性动作，如两人同握一（两）棍互拉、互推、互扭棍等。

（六）棍操练习

1. 持棍做上肢的举、振、屈、伸、绕环、转肩、模仿等动作。
2. 持棍做躯干的屈、伸、转、绕环等动作。
3. 持棍做下肢的举、屈、伸、踢、蹲、弓步、跳跃、摆越棍等动作。

（七）体操棍游戏

利用体操棍做各种竞赛性游戏。如将棍按一定距离排列地上做各种跑越、跳越；一人持棍由纵队排头将棍沿地面移动至排尾，每人依次跳越；传递棍、对抗推拉棍及用棍组字或图案等游戏。

二、实心球练习

实心球的外壳可用帆布、皮革或胶皮制成，内装棉花、布头或沙子，重量一般有 0.5 千克、1 千克、2 千克不等，直径有 15 厘米、20 厘米、25 厘米等。根据性别、年龄、身体素质等情况选择球的重量。实心球的练习内容丰富，形式多样，有定位球练习、传递球练习、抛接球练习。实心球的练习方法也很多，可一人做，也可两人做；可编成实心球操作准备活动；可作为专项素质训练的辅助手段；可采用实心球做各种竞赛游戏等。

（一）持球方法

1. 单手持球：单手体侧持球、单手肩上持球、一臂腰间屈单手持球、单手持球直臂举等。

2. 双手持球：双手体前持球（做实心球操的预备姿势）、臂弯曲双手胸前持球、双手体后持球、双手持球直臂举起等。

3. 两脚夹球：两脚内侧夹球、两腿交叉两脚外侧夹球等。

4. 持球行进：右臂伸直持球靠于体侧，左臂摆动，身体保持正直前进。

（二）持球练习

1. 定位球练习

将若干个球按一定距离在地上摆成纵路，用走、跑、跳绕球穿行；用跑、跳及其他方法依次从球上越过。

2. 传递球练习

（1）单人传递：单手将球绕颈、腰、腿、胯下传至另一手接球。

（2）双人传递：两人前后同向、背对、面对、侧对将球由头上、胯下、腰侧等部位互相传递。

（3）多人传递：多人纵队或横队将球由头上、胯下、体侧、背后、体前等部位依次传递。

3. 抛接球练习

（1）单人抛接：单手或双手向上抛接，体前上抛体后接，一手经胯下抛接，还可加转体、击掌等。

（2）双人抛接：两人面对、背对、侧对站立，用单手或双手从胸前、头上、肩上、胯下、体侧等部位相互抛接，也可用两脚夹球互相抛接。

4. 持球操练习

持球操是持球做各种不同部位、方向的举、屈、伸、振、绕、绕环等动作，并结合下肢、躯干、全身、跳跃等动作进行的练习。持球操可定位做，也可行进做。

（1）上肢动作：持球，做上肢各种不同方位的举、屈、伸、振、绕和绕环等动作。

（2）躯干动作：持球，做上体的屈、伸、转、绕和绕环等动作。

（3）下肢动作：持球，做下肢各种方位的举、屈、伸、踢、蹲、弓步、跳跃及两脚夹球等动作。

（4）其他动作：持球，做平衡、转体、坐、卧（俯卧、仰卧、侧卧）等动作。

5. 游戏

利用实心球做各种竞赛性游戏，如集体搬运球比赛、集体传递球接力、脚带球接力、定位球绕行、跨越比赛等。

三、跳绳练习

跳绳被誉为世界上最简便、花费最少、最有效的健身项目，单人跳绳长 2～2.3 米，双人和三人跳绳长2.5～3米，绳径1厘米，中间稍粗；长绳5～7米左右。通过各种摇绳方法，变化各种跳法动作和利用手持折绳做持绳操进行练习，可以增进心肺功能、发展弹跳力、提高灵巧性和协调性，是广大青少年所喜爱的项目。

持绳操练习可作为准备活动的内容，配合适量的长、短绳动作及游戏全面活动身体；作为课的基本部分教材时，主要是集中练习跳法；作为提高身体素质的专门练习时，则多采用持续的短绳连跳、多摇跳移动等。另外，跳绳还常作为竞赛项目，比赛跳绳的数量、速度及花样等。

（一）跳短绳练习

持绳行进：将绳对折三次，右手握绳行进。

量绳方法：单人跳绳以双手握绳两端，一脚踩住绳的中部，两臂体侧屈肘拉直，绳至齐肘高的长度为宜。

摇绳方法：双手握绳两端，上臂靠近体侧，肘稍贴身体，屈肘稍外张，用手腕转动摇绳（忌用大臂或前臂摇绳），绳中部稍在脚前稍擦地而过。当绳转至触地前，手腕用力向后（前）摇动，两脚跳过后，绳转至后上（前上）时，手腕稍放松随绳转动，始终有节奏地甩直绳。一般有正摇（由后向前摇绳）、后摇（由前向后向摇绳）、交臂摇（两臂体前交叉向前或向后摇绳）、侧摇（绕“8”字摇绳）、平摇（沿地面但不触地摇绳）等。

停绳方法：前摇跳结束时，一脚前出，脚跟着地，前脚掌离地，绳摇至脚下踩停；后摇跳结束时，一脚前脚掌着地，脚跟离地，绳摇至脚下踩停。

1. 基本跳法

任何跳法均用前脚掌或由全脚掌过渡到前脚掌蹬地跳动，并用前脚掌或由前脚掌过渡到全脚掌着地。各种跳法可用前摇、后摇、交臂摇进行。

（1）垫跳：双（单）脚每跳过绳之后，用前脚掌稍跳离地面作垫动一次。

（2）连跳：双（单）脚每跳一次过绳一次，中间不加垫。连跳节奏较垫跳快。

（3）双脚跳：两脚并拢跳，可做加垫跳和连跳。

（4）单脚跳：一脚跳，另一脚稍屈膝离地。可做跳动脚的加垫跳和连跳，或另一脚尖在旁稍点地。

（5）交换脚跳：一脚蹬地，另一脚跳过绳。两脚交换过绳，可做加垫跳和连跳。

（6）跨步跳：一脚蹬地，另一腿稍举起跨过绳落在原处，蹬地腿稍屈过绳。可做连续一腿跨跳和加垫交换腿跨跳。

（7）交臂摇跳：两臂在体前交叉向前或向后摇绳跳。

（8）跑绳：即在跑步中跳绳，一般每跑两步摇绳一转，随步子过绳，要求摇绳与步子配合协调。常作竞赛或游戏用。

（9）两摇跳：即跳起一次连续摇绳两转，绳从脚下过两次。要求跳起要高，摇绳要快，可做双脚或单脚的两摇跳。

（10）多摇跳：即跳起一次连续摇绳三转以上，绳从脚下过三次以上。

2. 跳法变化

在基本跳法基础上，可采用一人、二人或三人的方式练习，可变化各种不同的跳法。

（1）一人摇绳

除用前摇、后摇、交臂摇方法，练习上述基本跳法外，还可变化如下各种跳法。

① 后踢腿跳：为交换脚跳的变化。跳时两小腿交换后踢。

② 高抬腿跳：为交换脚跳的变化。跳时两大腿交换抬至水平以上。

③ 前踢腿跳：为交换脚跳的变化。跳时两腿伸直依次前踢。踢腿高度可规定。

④ 开合跳：为双脚跳的变化。

A. 左右开合跳：跳起过绳落地成左右开立，然后分腿跳起又过绳落地成并立。

B. 前后开合跳：跳起过绳落地成前后开立，然后分腿跳起又过绳落地成并立，

⑤ 双起单落跳：为双脚跳的变化。双脚跳起过绳后，单脚落地，另一腿前、侧、后举，接着并脚加垫再跳。

⑥ 分腿跳：为双脚跳的变化。双脚跳起，空中前后或左右分腿过绳后，落地成并脚。

⑦ 空中击脚跳

A. 左右稍开立，跳起空中击脚过绳，落地时脚左右稍开立。

B. 一脚跳起过绳，另一脚前、侧、后举，空中蹬地脚击另一脚后落地。

⑧ 屈腿跳：为双脚跳的变化。跳起成屈腿姿势过绳后，伸直落地。

⑨ 后屈腿跳：为双脚跳的变化。跳起成后屈腿姿势过绳后，伸直落地。

⑩ 空中交换腿跳：为双脚跳的变化。跳起空中直腿前后交换摆动 2～3 次过绳后，并脚落地。

⑪ 移动跳：为双脚跳的变化。两脚稍前后或左右开立，稍跳起向前、后、左、右移动身体过绳，脚过绳落地时稍分先后。

⑫ 全蹲跳：全蹲，由于高度降低，两臂侧举摇绳跳。可做全蹲交换腿前举跳。

⑬ 转体跳

A. 用不同的跳法边跳边转体。

B. 前摇跳中，顺体侧空摇同边转体 180°，接做后摇跳；后摇跳中，顺绳向上时迅速转体 180°，紧接做前摇跳；交替前摇和后摇跳中，可直接转体紧接前摇和后摇跳。可采用单脚、双脚和交换脚跳。

⑭ 变化摇法跳：可在不同跳法中变化摇法，如前摇变交臂摇、交臂摇变前摇、前摇变后摇、后摇变前摇、后摇变交臂摇、交臂摇变后摇。除此，还可在前摇、后摇中，穿插空摇动作。

A. 体侧空摇绳：双手持两端并拢，在体侧向前和向后有节奏地摇转绳子。

B. 两侧“横 8”形摇绳：同上持绳，在体一侧空摇一转移至另一侧空摇一转，形成横“8”形摇转绳子。

C. 头上平摇绳：双手或单手持绳端，在头上按水平面摇转绳子。

D. 脚下平摇跳：半蹲体前屈，单手持绳端，沿地平不触地有节奏的摇转绳子，每摇至脚下时，两脚依次或同时跳过。

（2）两人摇跳

两人摇跳多采用基本跳法，在熟练基础上也可采用多种变化跳法，如高抬腿跳、屈腿跳等等。跳时两人可做相同（同步）动作或不同动作。

① 两人定位开始摇跳

两人面对或者同向重叠站好，摇绳者在后时，可使绳由身后起动摇跳。摇跳者在前时，可将绳由体侧向前空荡后再向后摇跳。

② 一人摇跳另一人跑进跑出跳

A. 从前跑进跑出

一人摇跳中，另一人在前或稍侧，当绳向上时跑进同跳；当绳向上时跑出。摇绳者绳稍向前甩。

B. 从后跑进跑出

一人摇跳中，另一人在后或稍侧，当绳向上时跑进同跳；当绳向上时跑出。摇绳者绳稍向后甩。

C. 两人并立同摇跳

两人并立，各外侧一手持绳摇跳。跳时，过绳后可做一人跑进、转体 180°、转体 360°、两人同时和一次跑进跑出、转体 180°、转体 360°等。

D. 一人助摇一人跳

跳者可做跑出、跑进、转体 180°、转体 360°、两人轮流跑进、跑出（轮流助摇）、并立跳等。

（3）三人摇跳

三人摇跳一绳，有多种跳法，基本方法如下：

① 一人摇跳两人跑进、跑出（三人前后重叠）

A. 一人摇跳，二人一前一后同时或依次跑进跑出。

B. 一人摇跳，二人在前或后轮流跑进跑出。

C. 一人摇跳，二人在前或后同时或依次跑进跑出。

② 三人并立同摇跳

A. 二人摇绳，中间一人跑进跑出。

B. 二人摇绳，外面一人跑进跑出、转体、两边人同时或依次跑进跑出、转体等。

C. 一人助摇，另外二人摇跳，可做摇跳二人跑进跑出的变化，也可做二摇绳者交换助摇。

（二）跳长绳练习

摇绳方法：两人各持绳一端，相距约 3 米，面对站立同向摇转，也可一端拴在固定物上摇转。有摇荡绳和摇转绳两种。摇荡绳时，绳子左右摆荡，绳左右倾斜不超过 45°；摇转绳时，以肩为轴屈臂摇转，绕环不宜大。绳摆至最高处应高于一人，下摆应擦地而过。当绳擦地前，手臂加力摇绳，绳至上方时，手臂随绳转动。

摇绳方向：有“正摇”和“反摇”，绳向练习者由上而下摇转为“正摇”；相反为“反摇”。

跳长绳的形式：有单长绳跳、双长绳跳、长短绳跳、多长绳的绳网跳。

1. 单长绳跳

即二人摇一长绳，一人或多人做动作。基本跳法有跑过、跳过、连跳、双长绳跳、长短绳跳。其中，跳过和连跳两种可跳转绳，也可跳荡绳。

（1）跑过

绳子摇转在上空时，由正面或斜面跑入，从另一面的正面或斜面跑出而不跳过绳子。一般为正摇绳跑过。

① 每摇绳二转跑过一人或几个人。

② 每摇绳一转跑过一个或几个人。

③ 一个人侧身、转体、拾物、抛接球跑过。

④ 单、双脚跳进而出。

⑤ 斜进“8”字形跑过。

⑥ 双人或多人拉手跑过。

⑦ 负重（背人或抱物）跑过。

⑧ 两人各站一头，同时斜进交错跑过。

（2）跳过

跑进跳过一次后立即跑出。正摇绳一般由正面或斜面跑进，跳时可用多种跳法。

① 一人由正面或斜面跑进跳过后跑出。

② 一人跑进用单脚、双脚、交换脚屈腿、分腿、转体、击掌、拾物等方法跳过后跑出。

③ 双人或多人拉手跑进、对抛接球、对击掌、同步动作等方法跳过后跑出。

（3）连跳

跑进连续多次跳过绳子后跑出。由正摇绳或反摇绳跑进和跑出，可采用同一动作，也可采用不同动作连跳。

① 跑进连续单脚跳、双脚跳、交换腿跳、加垫跳等基本跳法和相互交替跳后跑出。

② 跑进连续分腿跳、屈腿跳、高抬腿跳、后屈腿跳、全蹲跳、转体跳、拾放物跳等和相互交替跳后跑出。

③ 跑进连续做小兔跳、青蛙跳等模仿动作跳后跑出。

④ 二人或多人跑进连续做相同动作跳、不同动作跳、拉手跳、相互击掌跳、相互抛接物跳后跑出。

⑤ 一人或多人跑进定时或定量跳后跑出。

2. 双长绳跳

每人双手各持平行的两长绳一端，有节奏地轮流向内或向外摇转，一人或两人跑进做各种跳法。

3. 长短绳跳

即一人持短绳跑进，长短绳同步摇转做各种跳法。

4. 多长绳跳

即用 3～10 根长绳，每条绳为一组，每组两人摇绳，各持一长绳一端面对站立，每组相隔 2～3 米，使长绳平行成 3～10 组，或将各组长绳的一端系于同一固定物上，另一端摇绳者相隔 2～3 米，形成一圆形，多绳同步摇转成网状，其余的人分别跑进在各组长绳中连续做各种跳法及其变化。

（三）持绳操练习

将短绳对折或多折，持两端或同肩宽，绳绷直，做上肢的举、屈、伸、绕、绕环、转肩；躯干的屈、伸、绕环、转体；下肢的踢、屈、伸、摆越绳、跳跃及全身、平衡等动作，另可利用双手持绳两端，绳中央勾住脚做前、侧、后的搬腿动作。

（四）跳绳游戏

跳短绳一般为个人游戏，也可以两人游戏，最多可三人游戏。跳长绳多为集体游戏，参加人数不限。

四、木哑铃练习

木哑铃的一般规格为：重 200～250 克，握柄长 10～12 厘米，柄的直径为 2.8～3.5 厘米，中部稍粗，铃头成圆形，直径为 7～10 厘米，铃面可漆色。木哑铃练习是双手各持一木哑铃做练习，充分利用两铃有节奏的相互撞击声的特点，使动作达到协调一致。木哑铃练习对培养动作的协调性、激发练习兴趣有良好的效果。铃操声势大，能振奋精神，适合少年儿童练习，并常作为团体操表演的内容。

（一）击铃方法

双手各持一木哑铃，拇指（虎口）相对，使铃头相撞出声或小指相对而击铃。

（二）击铃节奏

有四拍中一次击、两次击、三次击、四次击以及在四拍中的一（二）拍两次击或一（二）拍后半拍击铃等。

（三）木哑铃操练习

木哑铃操的练习内容是按徒手体操的上肢、下肢、躯干、全身、跳跃等各种动作类型进行编排的。根据对象的年龄和水平，既可编排四拍一组的动作中击铃一次、两次、三次或四次，也可安排在不同的拍节上击铃，还可采用一拍中击两次的节奏。

五、小旗练习

小旗为 40 厘米×40 厘米的正方形，用绸料或布料制成，旗面一般为红色或对角分成两色，由长 50 厘米的旗杆穿固于旗面一侧。小旗练习是双手各持一小旗做徒手体操的动作。在练习中，通过甩旗发出的声音，使动作协调一致，以提高协调性和激发练习兴趣。

（一）持旗方法

五指并拢微屈，旗杆下端位于拇指、食指和中指之间，并紧贴虎口，两臂伸直靠于体侧，旗杆贴前臂。行进时，两臂自然摆动。做小旗操的预备口令发出后，立即用虎口下压旗杆，将小旗置于腿的两侧，每节操结束后，立即还原。

（二）小旗操练习

小旗操练习是按照徒手体操的上肢、躯干、下肢、全身等组成的多节成套动作进行的，可做举旗、挥旗、绕和绕环等动作。根据对象和任务的不同，可用双手持一旗、一手持两旗、一手持一旗、双手各持一旗等方式变化做操方法。

六、沙袋练习

沙袋练习以抛接为主，是增强手指和上肢力量、发展身体各部分协调性的有效手段。练习包括自抛自接、双人抛接和集体抛接，在熟练的基础上可变化为各种练习形式。

（一）自抛自接

自抛自接有许多方法，可根据情况选用体前抛接、背肩抛接、穿胯抛接、举腿抛接等。

（二）双人抛接

双人抛接的方法有一袋相互抛接、两袋先抛后接等。

（三）集体抛接

集体抛接的方法有两圆追逐抛接练习、五星抛接练习等。

第三节　专门器械体操练习

专门器械体操是指利用肋木、爬绳（竿）、 体操凳、铁哑铃等器械进行身体各部分的练习。其特点是：身体依附于器械上练习，根据固定器械的特点，变化不同支撑高度和做法，改变动作对身体的影响；增加辅助条件（负重、辅助器械、双人），改变练习强度，提高锻炼效果。

进行专门器械练习，能增强身体各部分肌肉的力量和速度，提高关节的柔韧性和灵活性，改进身体不良姿势。尤以攀爬练习，能培养勇敢、果断的优良品质。专门器械体操常用于身体训练和体育课的准备运动，又是培养攀爬能力的手段，应根据练习对象的自身条件选择练习难度。

一、肋木练习

肋木是由支柱和很多横木组成的固定的运动辅助器械。支柱高在 3～3.5 米，每列肋木的横木约 17～21 根，每根长 1 米，横木间隙在 10～15 厘米左右。肋木有单列、双列和多列之分，肋木的横木有圆形和椭圆形两种。通过肋木可以做各种支撑、悬垂、攀登和跳跃动作。

（一）发展身体各部分的练习

1. 上肢和肩带练习

（1）正面压肩

面对肋木站立，两臂伸直，双手正握肋木，与肩同宽（或窄握），向下压肩。可以自己压，也可由同伴帮助压。压肩时应低头、挺胸、塌腰。

（2）背面拉肩

背对肋木站立，两臂伸直向后，双手反握肋木，与肩同宽（或窄握），两膝弯曲下蹲，向下拉肩。

2. 躯干练习

（1）体前屈练习

背贴近肋木并腿或分腿站立，两臂伸直在体侧反握肋木，上体做前屈动作。

（2）体后屈练习

面贴近肋木并腿或分腿站立，两臂伸直在体侧正握肋木，上体做后屈动作。

（3）体侧屈练习

① 侧对肋木，并腿或分腿站立，两臂侧举正握肋木，上体向外侧屈。

② 侧对肋木，同侧臂在体侧正握肋木，异侧臂上举握肋木，上体向肋木侧屈。

③ 侧对肋木，同侧腿放在肋木上，同侧手正握肋木，异侧臂上举握肋木，上体向肋木侧屈。

（4）腹背肌练习

① 背对肋木悬垂，做各种举腿动作。

② 面对肋木悬垂，做各种腿向后举的动作。

③ 在肋木前放一个跳箱（或跳马、山羊等），身体俯卧或侧卧或仰卧在跳箱（或跳马、山羊等）上，用手握肋木或脚勾住肋木，做各种举腿或抬上体动作。

3. 下肢和髋关节练习

（1）压腿练习

面对、侧对或背对肋木，一腿放在肋木上，高度可以根据练习者的柔韧程度来定，做上体的前屈、侧屈、后屈，也可以采用支撑腿下蹲的方法。

（2）踢腿练习

一般采用侧对肋木、同侧手扶肋木，靠近肋木的腿作为支撑腿，外侧腿做向前、向侧、向后踢腿动作。

（3）腿、髋的屈伸练习

① 面对肋木，两臂弯曲握住肋木，两脚站在肋木上或地上，做提踵练习、腿的屈伸练习。

② 背对肋木，双手反握肋木，两腿站在肋木上或地上，做提膝、伸腿动作。

③ 侧对肋木，同侧手握肋木，同侧脚站在肋木上，做向前、后、侧提膝、伸腿动作。

（二）攀登练习

1. 直线攀登

练习者直接上下、左右平行攀登。可以采用面对肋木、背对肋木或面对与背对交替进行；可以手脚依次按格攀登；手脚交换跳动攀登；双手一脚及只用手的攀登；也可以跨格攀登等。

2. 斜线攀登

练习者从肋木的一头开始，斜进向上攀登，然后再斜进向下攀登至另一头。可面对肋木手脚依次按格或跨格攀登。

3. 曲线攀登

练习者从肋木的一头开始，用上、下曲线的方法进行攀登。可规定二或三档为一上下曲线，或整个肋木为一曲线。采用面对肋木手脚依次按格或跨格攀登。

（三）肋木操练习

充分利用肋木的特点，把发展身体各部分的练习、攀登练习等内容组合起来作为肋木操练习。

二、爬绳（竿）练习

爬绳的材料一般为麻，绳长为 4.5 米左右，直径为 3～3.2 厘米。竿为表面平滑的竹质或木质，长度和直径同绳。爬绳（竿）练习是采用手或手脚同时攀登的练习，有爬垂直绳（竿）、爬横绳和荡绳等练习形式，一般以爬垂直绳（竿）为主。爬垂直绳（竿）练习有手脚并用的爬绳（竿）和只用手的爬绳（竿）。

（一）手脚并用爬竖绳（竿）练习

1. 三拍法

预备姿势：直臂悬垂，双手靠拢握绳。

第一拍：两腿弯曲上提，两脚脚心夹绳或两脚（一脚脚背，另一脚脚跟）和两腿夹绳。

第二拍：屈臂引体向上，同时两脚和两腿蹬绳伸直，身体上升成屈臂、夹绳悬垂。

第三拍：双手依次向上换握成预备姿势，两脚仍夹紧绳。

2. 二拍法

预备姿势：一臂伸直向上握绳，另一臂弯曲手齐下颌处握绳，脚夹紧绳。

第一拍：两腿弯曲上提，两脚脚心夹绳或两脚（一脚脚背，另一脚跟）和两腿夹绳。

第二拍：两脚和腿蹬绳伸直，同时引体向上，下面的一手向上换握成预备姿势。

（二）只用手爬竖绳练习

从双手握绳直臂悬垂开始，拳心向内握绳开始，引体向上，双手轮流向上换握，两腿伸直，身体不停上升。

（三）爬横绳练习

绳的两头可固定在两边物体上，将整个绳悬空横挂，用手和腿从一头爬至另一头。绳的长度和悬挂高度可视情况而定。有挂膝法和挂踵法两种。

1. 挂膝法

以左腿挂绳为例，右手在前、左手在后握绳，左腿腘窝挂绳，右腿自然放下。左手至右手前换握，同时右腿在左腿前挂绳，左腿放下，照此轮流换握向头部方向前进。

2. 挂踵法

以左腿挂绳为例，右手在前、左手在后握绳，左腿踝关节挂绳，右腿自然放下。左手至右手前换握，同时右踝在左踝前挂绳，左腿放下，照此轮流换握向头部方向前进。

（四）荡绳练习

荡绳是利用垂直绳，由一边的高处握绳摆荡至另一边高处（或由低向高、由高向低），越过一定高度和宽度物体的练习。练习时双手握紧绳子，两脚蹬地，荡至对面高物上落下松绳。摆荡中可做屈腿、屈髋、分腿等姿势，落下时可面向前，也可转体落下等。

荡绳练习包括摆荡和荡过两种动作。根据人体与荡的方向，又有前荡、后荡和侧荡之分。这种练习对增强双手握力、两臂肌力、腹背肌力以及培养协调性和控制身体姿势的能力有显著效果。

1. 摆荡

摆荡有脚蹬地和脚不蹬地的两种做法。脚不蹬地的摆荡，是利用身体的形变来增大荡幅。脚蹬地的摆荡，其蹬地点可以在绳的垂直下方，也可以在其一侧或两侧。

2. 荡过

荡过是由一个极点开始，荡至另一个极点跳下，可做挺身下、转体下。

（五）停绳练习

1. 站立绞绳法

直臂悬垂，绳在身体右侧。右腿经绳前向后绕使绳缠在腿上，左脚挑起绳子，两腿并拢，用右脚压住绳子，然后将绳上端至左腋下，两臂侧举。

2. 扣环绞绳法

做法一：悬垂开始，腿夹绳前举，右手从右腿下将绳拉起，并至左手，右手松开叉腰。

做法二：方法同上，只是用绳把两腿都套住。

3. “8”字形绞绳法

开始动作同扣环绞绳法，只是把拉起的绳端绕过右大腿后，又从两腿中间放下，然后右手握绳。再以同样的方法把小腿套住，绳成“8”字形。熟练后，可一手或双手松开。

三、体操凳练习

体操凳的长度、宽窄、高低不尽相同，并且搬运方便，易于操作，这些特点决定了体操凳有很强的实用性。在体育课中巧用体操凳，可激发学生的练习兴趣，增强身体的协调能力。

（一）爬行练习

1. 在体操凳两侧放置体操垫，练习者利用双手和双脚爬过，可以高姿爬行，也可低姿匍匐行进；可俯卧爬行，也可仰卧爬行，还可侧卧单臂单脚爬行。

2. 平行摆放体操凳，间隔 20～30 厘米。练习者双手双脚分别支撑在两条凳子上，腹部不触凳，做大象爬行；也可以双手支撑在一条体操凳上，双脚支撑在另一条体操凳上，模仿螃蟹做横向的爬行游戏。

（二）走跑练习

1. 前后走：一路纵队在体操凳上向前或向后走过，进行过独木桥的比赛。

2. 换位走：两个小组分别站在体操凳的两端，每个小组各出一名练习者相向而行，相遇时互相换位，换位的方法需要学生开动脑筋，采用不同的方式，不能落地，在练习中真正体验合作的意义。

3. 交叉接力：四条体操凳十字交叉，分两个小组进行交叉接力比赛。

4.“8”字接力：画 30～50 米的跑道，跑道要稍宽，中间间隔横向或竖向摆放 3～4 条体操凳，学生分成若干小组，小组内的每名同学绕“8”字依次绕过体操凳跑到终点后再返回起点。

（三）举重练习

把体操凳当作哑铃，几人一组，模仿举重动作，或共同双手托举体操凳，可锻炼上肢肌肉力量和合作的意识。

（四）搬运练习

1. 画 20～30 米跑道，两人一组，各抬体操凳的一端进行搬运比赛。

2. 一人骑坐在体操凳上，两人进行负重搬运比赛。

3. 多人骑跨在体操凳上，用脚支撑地面，模仿蜈蚣进行搬运游戏。

（五）钻洞练习

将体操凳充当障碍物，进行钻洞练习。

（六）力量练习

1. 上肢练习

（1）俯卧撑练习。可提高或降低俯卧撑的练习难度。如将脚（手）置于凳上进行练习。

（2）仰卧推或扩胸练习。仰卧在体操凳上，做杠铃的卧推练习，或用小哑铃、杠铃片做扩胸练习。

（3）与肋木结合进行拉力带练习。把拉力带系在肋木上，体操凳与肋木垂直放置，练习者头靠或远离肋木一侧，仰卧凳上，双手握带由两侧向体前拉或两臂旋内由前向两侧拉。

（4）将体操凳的一端垫高固定，形成斜坡，适当提高难度，从低处向高处进行爬行练习。

2. 腰腹练习

仰卧起坐或仰卧举腿练习：将体操凳一端置于肋木上，另一端置于地上，与肋木垂直，凳面可与地面平行或成一定角度。练习者仰卧凳上，用脚勾肋木或手握肋木进行仰卧起坐或仰卧举腿练习。

3. 下肢练习

（1）交换腿跳。练习者一脚先踩上凳子，并通过蹬伸跳起，在空中交换腿，使另一脚落在凳上，如此反复。

（2）单、双足的跳上跳下。练习者用单脚或双脚跳上体操凳，再跳下，如此往复。

（3）单、双足的左右跳跃。练习者用单脚或双脚从体操凳的一侧跳越至另一侧，如此左右往复。

四、铁哑铃练习

铁哑铃用生铁铸成，有固定重量式和调节重量式。固定重量式，其重量有2～10千克不等，形状多种，一般有回头式、多面式，尺寸随重量而加大，最小相当于木哑铃。

铁哑铃用于专门发展身体的练习，有颈部、肩部、臂部、胸部、背部、腰部、腹部、腿部的动作，做法有举、推、提、绕、绕环、转动等，可在站、坐、卧中练习。此外，还可按徒手体操结构创编成套操进行铁哑铃练习。

第三篇

实践篇

SHIJIANPIAN

第一章　基本体操练习的指挥

基本体操的教学调队、移动、组织活动等教学过程是通过教师的口令（或口笛、一定手势）指挥实现的。口令是指挥员调动队伍和指挥动作时所下达的口头命令。操类练习和队列队形练习的教学过程中都离不开准确而及时的口令指挥。

口令是一种直接作用于学生的先导信息。口令就是口头命令，要求学生必须按照指挥的命令执行。在体育教学中，准确而及时的口令指挥具有组织、指挥、调节、把握、控制运动的作用。任何一个有教学经验的体育教师都深知口令指挥在一堂体育课中的重要性。如果口令运用不力，课堂教学将出现学生学习积极性不高、教学任务完不成等不良现象。因此，我们可以从喊口令的水平去评判一个体育教师的组织才能和指挥艺术。

口令指挥不但是组织体育教学中教学内容、教学项目的主要手段，而且还是组织全校学生活动、全年级学生活动、班级学生活动的有效方法。随着体育文化活动的发展，一些单位、社会团体的组织者，在开展团队活动中也广泛应用口令指挥来组织团队的体育文化活动。口令指挥与其他教学手段一样有其自身的特点、方法和要求。

口令具有指令性、简短性、区别性的特点。口令的用词必须简短、精炼且方便指挥。口令一般是通过人的胸腔和腹腔呼出的声音。其中，胸音多用于下达短促有力的口令，而腹音则多用于下达带拖音的口令。人的发声包括低、中、高三个声区，说话时发出的声音一般都在中声区，而口令的发音一般都在高声区，有时甚至还要高一些。喊口令时，指挥员要精神饱满、小腹上提、气向上提、头向上顶，使声音沿喉前上发出。

喊口令的要求是：准确、清楚、洪亮、节奏感强。

第一节　口令在指挥操类练习中的方法和技巧

操类练习中的口令指挥准确与否，不但直接影响到做动作的效果，也影响到做动作的情绪。如果是慢动作练习而口令太快，做出的动作就无法准确到位；如果是用力做的动作而口令小声无力，做动作时就会没有精神。因此，操类练习中的口令必须符合准确、清楚、洪亮、有节奏的要求。

操类动作主要由操化类动作构成。操化类动作练习的特点有：不受场地器材的限制；动作丰富，有简有繁，组合多样；既可单人做，也可集体做；既可定位做，也可行进中做；适合不同年龄、性别和健康状况的人练习。在操化类动作的分节练习、多节练习和成套练习中都要使用口令指挥动作练习，常用口令如“1-2-3-4-5-6-7-8”等。

根据操化类动作练习的特点，结合操化类动作口令的基本属性，操化类动作口令可分为：准备性口令（如：“预备（预令）-起！（动令）”“预-备-开-始！”“1-2-开-始！”“5-6-开-始！”等）、均衡性节拍口令（如：“1-2-3-4-5-6-7-8”等）、交换性节拍口令（如：“2（4）-2-3-4-5-6-交-换”“2（4）-2-3-4-5-6-7-换”“2（4）-2-3-4-5-6-

伸展-运动”“2(4)-2-3-4-5-6-7-伸展运动”等)、终止性节拍口令(如:“1-2-3-4-5-6-7-停”“1-2-3-4-5-6-停-止”等)、提示性节拍口令(如:“1-2-向-前-5-6-向-后”等)、纠正性节拍口令(如:“1-2-3-4-两-臂-伸-直”“2-2-3-4-挺-胸-抬-头”等)、延长性节拍口令(如:“1-2- -3-4-5-6- -7-8”等)、重复性节拍口令(如:三拍重复练习口令:“1-2-3-,2-2-3-”;四拍重复练习口令:“1-2-3-4-,2-2-3-4-”;八拍重复练习口令:“1-2-3-4-5-6-再-做”“1-2-3-4-5-6-继-续”等)。

一、口令在身体姿势指挥中的技巧

身体姿势主要是指动作的外部表现,包括开始姿势、动作过程中的姿势和结束姿势。做任何动作,身体姿势的改变以及是否正确,都会影响动作的难易程度和锻炼效果。如,做体前屈动作时,两腿伸直比两腿弯曲的难度要大,能达到拉长大腿后部肌肉和韧带的作用。做此动作时,两腿弯曲属于姿势不正确,尽管完成动作较易,但达不到预期的效果。在身体姿势练习的指挥中,需要在不停止练习的情况下进行口令提示,可以使用纠正性节拍口令,如“1-2-3-4- -两-腿-伸-直”。纠正性节拍口令一般要求简练、明确,通常一个字占一拍。

二、口令在动作方向指挥中的技巧

动作方向是指身体和身体各部分的运动所向。由于动作方向不同,影响的肌肉群也不同。如,体前屈主要影响腰背肌肉群,体后屈主要影响腹背肌肉群。因此,口令在指挥动作方向的过程中,可以使用提示性节拍口令,如“1-2-前-屈-5-6-后-屈”。

三、口令在动作幅度指挥中的技巧

动作幅度的变化可以影响运动量的大小,如直臂绕环比屈臂绕环的动作幅度大,运动量就大,对人体的影响也就大。因此,选择不同的动作幅度进行练习也是调节运动量的方法之一。在动作幅度指挥中,可以使用均衡性节拍口令或延长性节拍口令,如屈臂绕环动作练习可以用均衡性节拍口令 “1-2-3-4-5-6-7-8”进行指挥,而直臂绕环动作练习就可以用延长性节拍口令“1-2- -3-4-5-6- -7-8”进行指挥,即第2拍和第6拍处适当延长一些,这样就能加大动作幅度。

四、口令在动作路线指挥中的技巧

不同动作路线的练习可以有效地培养练习者的协调能力,如拍手操跳跃运动中的双手前举击掌、双手背举击掌、双手上举击掌、双手还原成立正姿势。在动作路线指挥中,可以使用提示性节拍口令,如“1-2-3-4-前-后-上-下”。

五、口令在动作频率指挥中的技巧

有些动作一拍一动,有些动作一拍两动等。如体侧屈时,在四拍中侧屈振一次、振二次、振三次的效果是不一样的,重复的次数越多,肌肉负荷越大,运动量越大。因此,口令在指挥动作频率的过程中,可以使用提示性节拍口令,如“1-振-振-4-5-振-振-8”。

六、口令在动作速度指挥中的技巧

动作中身体部位移动的距离不同就会产生一定的动作速度。如一拍中两臂经前至侧举比两臂前举移动的距离要长些、速度要慢些。如果两臂前举和还原的动作练习可用均衡性节拍口令，如“1-2-3-4-5-6-7-8”进行指挥，那么，两臂经前至侧举和还原的动作练习就可以用延长性节拍口令，如“1- -2-3-4-5-6-7-8”进行指挥。

七、口令在动作节奏指挥中的技巧

动作的强弱产生动作节奏。合理组合强和弱、快与慢的动作，合理支配紧张和放松，可以使肌肉工作与休息有节奏地交替，提高锻炼效果，有利于掌握动作。要达到以上目的，我们可以在“均衡性节拍口令”的基础上进行巧妙合理的组合。

1. 呼出口令强和弱的节奏

如：“1-2- -3-4-5-6-7-8”；

“1（强）-2（弱）-3（强）-4（弱）-5（强）-6（弱）-7（强）-8（弱）”。

2. 呼出口令快和慢的节奏

如：“1-2- -3-4-5-6- -7-8”。

3. 呼出口令强和弱、快和慢的节奏

如：“1（强）-2（弱）- -3（强）-4（弱）-5（强）-6（弱）- -7（强）-8（弱）”，即在第 2 拍和第 6 拍处放慢、延长一些即可。实践中也可以在第 3 拍和第 7 拍处放慢、延长。

八、口令在动作重复练习指挥中的技巧

动作重复练习的目的就是为了能够尽快使操化类动作练习中单个动作、单节动作、多节动作、成套动作的姿势、方向、幅度、路线、频率、速度、节奏得到巩固，以便操与音乐以及操独特风格的定型，最终达到自动化程度。因此，口令在指挥动作重复练习过程中，可以使用纠正性节拍口令，如“1-2-3-4- -两-臂-伸-直”、“1-2-3-4- -用-力-踢-腿”、“1-2-3-4- -抬-头-挺-胸”、“1-2-3-4- -方-向-正-确”。或者使用重复性节拍口令，如三拍重复练习口令“1-2-3-，2-2-3-”，四拍重复练习口令“1-2-3-4-，2-2-3-4-”，八拍重复练习口令“1-2-3-4-5-6-再-做！”。

九、口令在动作练习中进行艺术指挥的技巧

在操化类动作练习过程中，人们经过不断地创新探索将中国的语言文字、文学艺术等内容，巧妙地组合在操化类动作练习的口令中，它不但可以起到健身锻炼的作用，而且还能够提高练习者的艺术欣赏能力。同时，还可以通过团体操、大型文体表演等活动给观众带来震撼的影响和美的享受。因此，口令在动作练习的艺术指挥过程中，可以这样使用：

1. 口令与击掌结合运用及其变化

“1-2-啪！-啪！5-6-啪！-啪！”

“2-2-3-4-啪！-啪！-啪！-啪！”

“3-2-啪！-啪！5-6-啪！-啪！”

"4-2-3-4-啪！-啪！-啪！-啪！"

2. 口令与虚词结合运用及其变化

"1-2-3-4-嗨！-嗨！-嗨！-嗨！"
"2-2-3-4-5-嗨！-嗨！-嗨！"
"3-2-3-4-5-6-嗨！-嗨！"
"4-2-3-4-5-6-7-嗨！"

3. 口令与文字结合运用及其变化（棍操带有刺杀声）

"1-2-3-杀！-5-6-7-杀！"
"2-2-3-杀！-5-6-7-杀！"
"3-2-杀！-杀！-5-6-杀！-杀！"
"4-2-3-4-杀！-杀！-杀！-杀！"

4. 口令与动作声结合运用及其变化（旗操带有挥旗声）

"1-2-3-4-5-6-7-唰！"
"2-2-3-4-5-6-唰！-唰！"
"3-2-3-4-5-唰！-唰！-唰！"
"4-2-3-4-唰！-唰！-唰！-唰！"

第二节　口令在指挥队列队形练习中的方法和技巧

队列队形练习的一切行动都是通过队列口令的指挥来实现的。因此，队列口令就是指挥行动的口头命令。队列口令的质量直接关系到队列队形操练的质量，它不但是队列队形练习的重要组成部分，更是体育教师应具备的指挥素质和教学技能。同样，队列队形口令也要符合准确、清楚、洪亮、有节奏的要求。

队列队形练习原则上应遵照《中国人民解放军队列条令》的动作要求来做。但是，在体育教学过程中，根据教学特点、教学内容、教学环境、教学对象的具体情况，还有一些适应学校体育需要的内容和做法。如，"两臂侧举的看齐"、"奇数或偶数的报数"、"分队走、合队走"、"面向老师向左向右转"等。虽然这些有别于《中国人民解放军队列条令》，但是，也应该按照《中国人民解放军队列条令》的基本方法来做。

一、在队列队形练习的口令指挥中对指挥员的总要求

（一）指挥员下达口令的位置

原地队列队形练习时，指挥员的位置应在队伍中前方，以便观察全貌；行进间练习一般站在既能通观全局又不妨碍队伍行进的位置。指挥员的位置应相对固定，确需变动时应迅速变动，一般用跑步的方式变动指挥员的位置。

（二）指挥员下达口令的方法

由于队列口令是指挥员在队列操练中所发出的口头命令，因此，要求口令准确、清楚、洪亮、节奏感强。一般下达口令时要求“起音”要低，“止音”适当高些。在呼预令和动令时，不但预令应略有拖音（拖音长短与队伍的大小成正比），而且还要突出主音（如动令）略往上拔，以保证全体被指挥对象能听清楚。较长的口令中间应有短暂的停顿（微歇），如“成一路纵队、左转弯、齐步－－走！”。

二、口令在指挥列队形练习中的形式与节奏技巧

（一）口令在指挥列队形练习中的形式

在队列队形练习口令的实践中，人们一般把队列队形练习时口令的形式分为：

1. 均衡性节拍口令

如：“1－2－1－”、“1－2－1－”、“1－2－”“1－2－”。

2. 队列步伐变化口令

如：“踏步－－走！”、“齐步－－走！”、“立定！”、“跑步－－走！”、“立定！”、“向右（后）转－－走！”“成二列（路）横队（纵队）－－走！”。

3. 队形变化口令

如：“分队－－走！”、“成两路纵队绕场齐步－－走！”、“交叉行进－－走！”、“8字形行进－－走！”、“成四路纵队、向左转－－走！”。

（4）纠正性节拍口令

如：“1－2－1－左－右－左！”、“1－2－左－右！”、“1－2－1－抬－头－挺胸－1－2－1！”、“1－2－1－臂－摆－起来－1－2－1！”。

（二）队列队形练习中口令的节奏技巧

口令指挥中要注重节拍的强弱，一般来说，重拍落在左脚上，弱拍落在右脚上，预令稍弱，而动令要强。这样才能体现口令的节奏感。掌握好口令的节奏是指挥队列队形练习的关键，其艺术性就在于学生能与老师的指挥口令达成默契，达到学生与老师之间心灵融通。

如：“1－2－1－”“1－2－1－”、“1（强）－2（弱）－1（强）　1（强）－2（弱）－1（强）！”、“齐步（弱）－－走（强）”。

“数字调整口令”是为了统一队伍整齐的步伐、统一队伍均匀的节奏。“文字口令”是为了统一队伍某一队列队形的整齐动作。在队列队形练中，“数字调整口令”不是每时每刻指挥员都在呼，但是更不能在下达“文字口令”很久后，没有“数字调整口令”去统一整齐的步伐。因此，指挥员应该根据队伍大小、训练水平等情况把握好“数字调整口令”与“文字口令”之间的联系与结合。同时，要把重点的“数字词”、“方向词”、“做法词”等音量加大并呼清楚。

三、口令在指挥队列基本动作练习中的方法和技巧

队列基本动作练习一般包括集合、立正、稍息、报数、解散、蹲下、坐下、起立、前进等。指挥这类动作练习的口令很简单，不分预令和动令，具有快速性特点，通常又叫“快速口令”、“无预令口令”。因此，呼此类口令时要求短促有力、不拖延且洪亮。如“立正！”。

（一）集合口令在队伍指挥中的方法和技巧

1. 一个班的集合。通常老师针对学生一贯采用的队形或者是约定成俗的队伍，直接喊“集合！”的口令。

2. 当几个班在一起，需要对其中一个班集合时，老师可以喊“×班面向我成四列横队-集合！”的口令。

3. 一个年级的集合。老师可以喊“面向主席台、以班为单位、一班在左、其余班在右、班与班左右间隔 2 米- -集合！”的口令。

4. 多个年级的集合。老师可以喊“面向主席台、以班为单位、　班在左、其余班在右、班与班左右间隔 2 米、年级与年级前后距离 1 米- -集合！”的口令。

5. 全校集合。可以以此类推。

6. 在学校体育工作中，有时因为组织教学、训练的需要，老师可以喊“面向我成二列横队-集合！”、或者“面向我成二路纵队-集合！

7. 教学实践中，老师对经常采用的队形或者是约定成俗的队伍，可以直接喊“全校- -集合！”、“全年级- -集合！”、“全班- -集合！”或者直接喊“集合”的口令。

（二）立正口令在队伍指挥中的方法和技巧

1. 当老师需要将学生集中起来的时候，就必须先喊“立正！”的口令，再喊看齐的口令。

2. 在学生自由活动时需要避险，就必须立刻喊“立正！”的口令，引起学生注意后，尽快指挥学生离开危险地。

（三）稍息口令在队伍指挥中的方法和技巧

稍息主要是在队伍集合和队列队形操练的过程中，缓冲学生心理、身体的紧张状态，让学生有一个缓冲小息的口令。

1. 通常老师用“一脚小息、一脚支撑”的队列条令，直接喊“稍息！”的口令。

2. 在学校体育工作中，为了促进学生身体脊柱均衡发展，老师也常指挥学生“两脚左右开立”的稍息。这时，老师可以喊“左脚侧出一步-跨立！” 的口令。

（四）报数口令在队伍指挥中的方法和技巧

报数主要用于清点人数、教学分组、游戏等教学组织活动。

1. 如果是常采用的队形，并且队伍相对整齐，通常老师直接喊“报数！”的口令，学生的第一排报数。

2. 教学中由于各排的学生人数相对独立，并且人数参差不齐，老师就要喊“各排报数！”的口令。

3. 根据教学需要和教学队形变换，老师常用指定人数报数。如：

（1） 一列横队变二列横队、一路纵队变二路纵队，老师可以喊“1～2、1～2 报数！”的口令，并指挥队形变换。

（2） 一列横队变三列横队，一路纵队变三路纵队，老师可以喊“1～3、1～3 报数！”的口令，并指挥队形变换。

（3）一列横队变四列梯形队形，老师可以喊“1、3、5、7 报数！” 的口令，并指挥队形变换。

（4）乘二减一分队法（或成刺杀队形散开）报数。以队伍集中场地左上角基本点、队伍先向前、再向左方向散开为例。老师可以喊“纵队由后至前报数！”、“横队从左至右报数！”的口令。学生每人按照自己所报的数经“乘二减一”后的两个数，就是学生先向前、再向左方向散开前进的步数。

（5）教学中，老师还可以用奇数或者偶数的报数，进行“报数接力”等游戏比赛，锻炼学生报数的快速、准确的能力。

（五）解散口令在队伍指挥中的方法和技巧

1. 当全部教学活动结束时，老师要喊“解散！”的口令，然后学生迅速离开原位。

① 有时为了激发学生兴趣，全体学生异口同声喊出“刹”声后，迅速离开原位。

② 有时为了展现学生的精神面貌，全体学生异口同声喊出“刹”声的同时，双手击掌一次，然后迅速离开原位。

2. 当学生正在进行体育活动，如遇紧急情况，这时老师要喊“停止活动，解散！”口令。

3. 学生队伍正在行进中需要立即解散时，老师要喊“立定，解散！”的口令。

4. 根据学校体育活动、集会活动等工作需要，有时可以指定地方解散。当一个较长队伍参加集会后回学校，老师可以指定地点和范围自行解散。如：喊“全体学生回学校后，不出校门、自行解散！”的口令，也可以喊“到体育馆内、自行解散！”的口令。

（六）蹲下和坐下口令在队伍指挥中的方法和技巧

1. 当老师面向学生四列横队讲解、示范动作练习时，老师可以喊“前两列蹲下！”的口令。

2. 当老师面向学生多列横队讲解、示范动作练习时，老师可以喊“前两列坐下！、三、四列蹲下！、最后两列直立！”的口令。

3. 当老师侧对左右各两个面向对的学生横队讲解、示范动作练习时，老师可以喊“左右第一列（排）蹲下！”的口令。

4. 当教学需要较长时间的讲解或者体育组织工作需要较长时间等待时，老师可以喊“成班纵队全体坐下！”或者喊“成班横队全体坐下！”的口令。

5. 当老师面向左中右成“U”字形的三个班（或者三个队）讲解、示范动作练习时，老师可以喊“三个班前两列蹲下！”或者喊“三个班全体坐下！”的口令。

（七）起立口令在队伍指挥中的方法和技巧

根据教学需要，老师可以喊“前两列起立！”、“后两列起立！”以及“全体起立！”的口令。

（八）前进口令在队伍指挥中的方法和技巧

1. 当老师指挥学生队伍原地踏步，调整好了队伍前行队形时，老师可以喊“前进！”的口令。

2. 当老师正在指挥的队伍行进过程中经过原地踏步，调整好了队伍继续前行队形时，老师仍然要喊“前进！”的口令。

四、口令在指挥队列原地动作练习中的应用技巧

队列原地动作练习中一般包括看齐、转法动作以及踏步。指挥原地动作练习的口令，如：“向右（左、中）看齐”、“向前看”、“向右（左、后）转”、“半面向右（左）转”、“踏步”等。

这类口令有预令和动令，一般又叫连续口令。因此，呼口令时，预令的拖音要与动令相连，动令要有力清楚。

（一）“向右看齐”口令在队伍指挥中的方法和技巧

看齐就是要确定学生在队伍中的位置。向右看齐一般是靠右方向，学生需要按照两个参照方位，横向要在一排、纵向要在一路的位置上。

1. 通常第一次指挥班横队看齐时，老师要喊“以右翼排头为基准，向右看-齐！”或者“以排头第一名为基准，向右看-齐！”的口令。

2. 指挥年级横队以及全校横队看齐时，老师要喊“以初一、一班为基准向右看-齐！”的口令。

3. 教学实践中，老师经常采用的队形或者是约定成俗的队伍，可以省去以谁为基准而直接喊“向右看-齐！”的口令。

（二）“向中看齐”口令在队伍指挥中的方法和技巧

向中看齐一般是靠中间方向，学生需要按照两个参照方位，横向要在一排、纵向要在一路的位置上。

1. 调整横队位置的看齐

当调整横队队伍偏左或者偏右时，老师可以喊“以第几名为基准向中看-齐！”的口令。

2. 调整多路纵队的看齐

当调整纵队队伍偏左或者偏右时，老师可以喊“以第几路为基准向中看-齐！”的口令。

（三）“向左看齐”口令在队伍指挥中的方法和技巧

向左看齐一般是靠左方向，学生横向要在一排、纵向要在一路的位置上。

1. 当调整横队队伍偏右时，老师可以喊“以第几名为基准向左-齐！”的口令。

2. 当调整多路纵队队伍偏右时，老师可以喊“以第几路为基准向左-齐！”的口令。

3. 由于向左看齐，一般是用于调整横队、纵队队形在场地中的位置指挥口令，因此，向右看齐用得较多一些，向中看齐用得要少一些，向左看齐用得相对更少一些。

（四）“向前对正”口令在队伍指挥中的方法和技巧

一路纵队看齐，一般不用“向左看齐”、“向右看齐”、“向中看齐”口令指挥队伍看齐，通常老师用“向前对正！”的口令指挥队伍，即后面的学生向前面学生对正。

1. 指挥一路纵队看齐时，由于只有前面一个参照方位，老师可以喊“向前对正！”的口令。

2. 根据教学需要，在指挥一路纵队看齐时，老师还可以喊“前后距离 2 米，向前对正！”或者“前后距离 40 厘米，向前对正！”的口令。以便调整纵队队形的长短。

（五）“指定看齐”口令在队伍指挥中的方法和技巧

在队列队形教学、体育教学以及其他体育活动和社会活动的组织过程中，老师有时需要根据情况，指定一名基准学生的位置，再指挥横队或者纵队看齐。

1. 根据教学场地器材的位置和教学内容，老师可以直接指派一个学生或者几个学生到达场地器材的具体位置，并喊“以张同学为基准向右（左）看齐！”的口令。

2. 按照游行性质、特点的需要，老师可以直接指派一个学生或者几个学生到达场地、器材具体位置，并喊“以李同学为基准，向前对正！”的口令。

（六）“向左（右、后）转”和“半面向右（左）转”口令在队伍指挥中的方法和技巧

1. 为了提高学生注意力和基本姿态的控制能力，老师可以在集合时，连续喊“向左-转！”、“向右-转！”、“向后-转！”、“半面向右-转！”、“半面向左-转”的口令，学生按照口令要求，连续做三个方向的队列动作。

2. 有时需要强化学生在队列练习中对口令的理解，老师可以喊口令，学生做反方向动作的队列练习。如：老师喊“向左-转！”的口令，学生做向右转的队列动作；老师喊“向右-转！”的口令，学生做向左转的队列动作；老师喊“向后-转！”的口令，学生则原地不动。

3. 如果还要进一步激发学生的学习兴趣和练习的积极性，老师还可以将“立正”、“稍息”、“起立”、“蹲下”与“原地的向左（右、后）转”、“半面向右（左）转”等基本队列动作口令综合起来，对学生进行喊口令，学生做反方向动作的队列练习。如：老师喊“立正！”的口令，学生做稍息的队列动作；喊“起立！”的口令，学生做蹲下的队列动作。

（七）“踏步”口令在队伍指挥中的方法和技巧

1. 当队伍需要前后左右看齐时，老师要喊“踏步-走！”的口令。需要记住的是，队伍由静止状态进入运动状态时，其动令都是用“走”字发出。

2. 当队伍（包括纵队、横队以及其他队形）在行进过程中，需要调整步伐或者等待后面的人（队伍）时，老师要喊“踏步！”的口令。此时，队伍从运动状态过渡到踏步，由于队伍本身仍然还是运动状态，所以，老师这时喊“踏步-走！”的“走”字，可以省去。

3. 如果队伍经过踏步调整结束需要继续前进时，老师要喊“前进”的口令。队伍听到“前进”口令后，继续原地踏两步，再换走步或者跑步行进。

（八）"向左（右、后）转"和"半面向右转"口令的运用技巧

1. 二路纵队变"学生面相对的二列横队"

当老师在教学中需要将二路纵队变成"学生面相对"的二列横队进行讲解示范动作时，老师要喊"**面相对向左向右- -转！**"的口令。这样老师可以站在两列横队的中间进行教学活动。

2. 二路纵队变"学生背相对的二列横队"

如果老师在教学中需要将二路纵队变成"学生背相对"的二列横队时，老师要喊"**背相对向左向右- -转！**"的口令。

3. "学生背相对的二列横队"变成"面相对的二列横队"

当老师在教学中需要将"学生背相对"的二列横队变成"面相对"的二列横队时，老师要喊"**面相对向后- -转！**"的口令。

4. "学生面相对的二列横队"变成"面向老师的二路纵队"

如果老师在教学中需要将"学生面相对"的二列横队变成"面向老师"的二路纵队时，老师要喊"**面向老师向左向右- -转！**"的口令。

5. "面向老师的二路纵队"变成"背向老师的二路纵队"

当老师在教学中需要将"面向老师"的二路纵队变成"背向老师"的二路纵队时，老师要喊"**背向老师向后- -转！**"的口令。

6. 在以上情况下，根据教学需要，有时老师还可以喊"半面向右（左）转"的口令，以方便组织教学中讲解、示范等教学方法、手段的进行。

以上口令方法，多用于老师调队、讲解、示范以及学生改变练习方式和练习内容等教学组织活动。这些口令同样具有预令和动令性特点。因此，呼口令时，除了要呼出本身预令和动令特点外，还必须把它们的"数字词"、"方向词"、"做法词"呼清楚。

五、口令在指挥队列移动练习时的应用技巧

队列移动通常又叫"数步移动"，是队伍在小范围内的调整，一般控制在五步以内。

1. 在队列教学、组织教学过程中，需要将队伍向左右调动时，老师要喊"向左（右）×步- -走！"的口令。

2. 在队列教学、组织教学过程中，需要将队伍向前后调动时，老师要喊"向前（后）×步- -走！"的口令。一般向前移动的步数最好是单数。

3. 当前进的步数是双数时，先前进单数步，再前进余下的双数步。老师要喊"向前三步- -走！""再向前一步- -走！"的口令。前进时，一般是上左脚，靠右脚。

4. 队伍前、后、左、右的移动，是队伍在小范围内的调整，因此，较长距离的调整则用齐步走调动。

六、口令在指挥队列变化中的方法和技巧

队列变化一般包括一列横队变二列横队及还原、一路纵队变二路纵队及还原、一列横

队变三列横队及还原。这类口令也具有预令和动令性特点。一般又叫表述性口令。因此，呼口令时，除了要呼出本身预令和动令特点外，还必须把变化的“数字” 呼清楚。

（一）口令在指挥队伍“停止间”队列变化的方法和技巧

1. 当需要将一列横队变成二列横队时，老师要喊“成二列横队- -走!”的口令。
2. 当需要将一路纵队变成二路纵队时，老师要喊“成二路纵队- -走!”的口令。
3. 当将一列横队变成三列横队、一路纵队变成三路纵队时，老师要喊“成三列横队- -走!”、“成三路纵队- -走!”的口令。
4. 当需要将横队变成纵队时，老师要喊“向右- -转!”的口令。
5. 当需要将纵队变成横队时，老师要喊“向左- -转!”的口令。
6. 当需要将队列还原时，老师要喊反方向口令。

（二）口令在指挥队伍“行进间”队列变化的方法和技巧

1. 当需要将一列横队变二列横队时，老师要喊“成二列横队- -走!”的口令，动令都要喊在左脚上。但是，在指挥行进间二列横队变一列横队还原时，动令都要喊在右脚上。

2. 当需要将一路纵队变二路纵队时，老师要喊“成二路纵队- -走!”的口令，动令都要喊在右脚上。但是，在指挥二路纵队变一路纵队还原时，动令都要喊在左脚上。

七、口令在指挥队伍行进间步伐及其互换时的方法和技巧

齐步、正步、跑步、便步的动作口令一般用于从人体静态到动态，因此，口令声音不但要洪亮，而且在遇见队伍的长度和宽度稍大时，呼预令的拖音要适当加长，动令声音还要更加洪亮。

（一）“齐步走”口令在指挥队伍时的方法和技巧

1. 当队伍从静止状态进入运动状态时，都要喊“齐步- -走！”的口令。
2. 当便步走的过程结束，需要调整步伐整齐划一时，要喊“齐步- -走！”的口令。
3. 当正步走、跑步走的过程结束，需要适当放松，但仍然要保持队伍步伐整齐划一时，要喊“齐步- -走！”的口令。

（二）“正步走”口令在指挥队伍时的方法和技巧

1. 在教学过程中，需要在齐步走的基础上，进一步提高学生斗志，展现学生精神面貌时，老师要喊“正步- -走！”的口令。

2. 在将队伍变化成“四列梯形队形”、“刺杀队形”以及其他做操队形和表演队形时，老师要喊“成梯形队形正步- -走！”、“成刺杀队形正步- -走！”的口令。

（三）“跑步走”口令在指挥队伍时的方法和技巧

1. 当队伍齐步走过程中，需要用“跑步走”动作完成健身锻炼任务时，要喊“跑步- -走！”的口令。

2. 当需要快速将队伍带到目的地时，老师要喊“跑步- -走！”的口令。

（四）“便步走”口令在指挥队伍时的方法和技巧

1. 当队伍行进距离长、时间久时，老师要喊“便步- -走!”的口令。

2. 如果队伍操练后需要恢复体力时，老师要喊“便步- -走!”的口令。

3. 当队伍前进遇到障碍物需要绕道或者遇到干扰物，不方便统一步伐时，老师要喊“便步- -走!”的口令。

4. 便步走虽然步伐不一定整齐，但是要保持队伍的基本队形，一定不能乱走。

（五）“立定”口令在指挥队伍时的方法和技巧

在实际指挥队伍时，喊“立定”口令的方法应该根据场地大小、人数多少、被指挥对象的年龄以及训练水平来确定。一般有以下三种方法：

1. 一拍法

一拍法多用于队伍遇障碍或者队伍需要被紧急立刻立定时。将预令和动令（**“立定”**）用一拍连在一起，呼在指挥对象的右脚上。如：“1-2-1 立定！”、“1-立定！”、“左-右-左立定！”、“左-立定！”。当然，在指挥员需要且有利于稳定指挥队伍时，也可以不在节拍上呼立定，但是要少用、慎用。

2. 二拍法

二拍法通常用于指挥的队伍人数不多，队伍的长度和宽度不大的情况下。用一拍喊预令，**“立”**落在指挥对象的左脚，再用一拍喊动令，**“定”**落在指挥对象的右脚上。如：“1-2-1-2-立-定！”、“1-2-立-定！”、“左-右-左-右-立-定！”、“左-右-立-定！”。假设喊“1-2-1”必须中间停一拍，再喊“**立-定！**”，如：“1-2-1-停-立-定！”。

3. 预令延长法

预令延长法一般用于指挥队伍人数较多、队伍较长、场地较大或者被指挥人的年龄以及训练水平相对较低的对象，指挥员可将预令“**立**”呼在指挥对象的左脚或者右脚上，并在拖长音的同时环视目测全体队伍听到后，再将动令“**定**”呼在指挥对象的右脚上。实践中，一般拖长音的节拍为3拍、最多为5拍。如：“1-2-1-立- -定！”、“1-2-立- - - -定！”、“左-右-左-立- -定！”、“左-右-立- - - -定！”

（六）口令在指挥队列行进间步伐互换时的方法和技巧

行进间步伐互换，一般是齐步与便步、踏步、跑步互换；齐步与正步互换。口令按所要变换的步伐口令下达，动令通常呼在右脚，从左脚开始变换。如果队伍较大，动令可呼在左脚上，右脚继续一步，左脚再开始换步。必须强调的是：行进间的所有口令的动令都是以“走”呼出，不能出现呼“踏步- -踏!”或者“跑步- -跑!”等不正确的口令。

1. 踏步换齐步或跑步的方法和技巧

当队伍在踏步动作状态中，需要换成齐步走时，老师要喊“前进!”的口令。而不是，“前进走”或者“齐步走”的口令。动令喊在右脚上。听到口令后，从左脚开始继续踏两步，再换齐步前进。

2. 齐步或跑步换踏步的方法和技巧

当齐步或跑步走的过程结束或者教学组织需要踏步时，或者当队伍遇到障碍物需要等待时，老师要喊“踏步！”的口令。在齐步或跑步换踏步时，因人体仍然是保持在运动状态中，故省去喊“走”字。

3. 齐步换跑步的方法和技巧

当需要快速将队伍带到指定地点时，老师要喊“跑步- -走！”的口令。

4. 跑步换齐步的方法和技巧

当跑步走的过程结束后，老师要喊“齐步- -走！”的口令。动令喊在右脚上。听到口令后，从左脚开始继续跑两步，再换齐步行进。

5. 齐步互换正步的方法和技巧

（1）指挥小队伍的技巧

指挥队伍小、人数少的齐步换正步，老师要喊“正步- -走！”。动令喊在右脚上，从左脚开始换成齐步行进。

（2）指挥大队伍的技巧

指挥队伍大、人数多的齐步换正步，老师虽然喊“正步- -走！”的口令，但是，动令喊在左脚上，右脚继续向前走一步，然后，左脚换成正步行进。

（3）指挥表演队伍、受检阅队伍的技巧

当指挥队伍大、人数多的表演队伍、受检阅的队伍时，老师还是喊“正步- -走！”口令，动令喊在左脚上，紧接着学生用齐步走的步伐向前走四步，同时喊“1-！-！2-！-！”口令后，左脚换成正步行进。

6. 齐步互换便步的方法和技巧

当需要将齐步走换成便步走时，老师喊“便步- -走！”口令。此时，老师可以不再喊“1-2-1”等调整口令。

7. 便步换齐步的方法和技巧

当需要将便步走换成齐步走时，老师喊“齐步- -走！”的口令。由于队伍换步伐前的步伐不一定整齐，因此，下达“齐步走”口令后，老师可按队伍的排头或者队伍多数人的整齐步伐，喊“1-2-1”、“左-右-左”等调整口令，统一步伐，最终达到整齐的齐步走步伐。

八、口令在指挥队列行进间转法时的方法和技巧

行进间转法的口令在实践中是一个节奏感比较强的口令，因此，指挥员在呼口令的过程中有时容易平均使用声调，加上队伍人数的步伐声，被指挥对象有时往往听不清楚口令中是“左”、是“右”、还是“后”。所以，在呼口令时，必须把“左”、“右”、“后”方向词呼清楚。一般将口令按照“三拍法”节奏来指挥队伍。

（一）“向右转走”口令在指挥队伍时的方法和技巧

当队伍在齐步、跑步走的过程中，需要将队伍向右方向转90°行进时，老师要喊“1-2-1-向右-转-走！”或者“左-右-左-向右-转-走！”的口令。“向右”喊在右脚，为第一拍；“转”

喊在左脚，为第二拍；“走”喊在右脚，为第三拍。

（二）“向后转走”口令在指挥队伍时的方法和技巧

如果队伍在齐步、跑步走的过程中，需要将队伍向后转 180° 行进时，老师要喊“1-2-1-向后-转-走！”或者“左-右-左-向后-转-走！”的口令。“向后”喊在右脚，为第一拍；“转”喊在左脚，为第二拍；“走”在右脚，为第三拍。

（三）“向左转走”口令在指挥队伍时的方法和技巧

当队伍在齐步、跑步走的过程中，需要将队伍向左转 90° 行进时，老师要喊“1-2-1-2-向左-转-走！”或“左-右-左-右-向左-转-走！”的口令。“向左”喊在左脚，为第一拍；“转”喊在右脚，为第二拍；“走”喊在左脚，为第三拍。

在行进间转法的“口令喊法”实践中，虽然还有一些人用“停顿口令”喊呼法、“延长预令”等喊法，但是，在各类学校体育教学中，指挥员用“三拍法”指挥队伍的方法更为普遍。“三拍法”节奏感强、操练难度较小、呼错和做错几率较少，因此，“三拍法”已被学校体育教师、部队训练教官广泛使用。同时，在所有队列行进和变化中，要注意及时运用“1-2-1-1-2-1！”或者“左-右-左-左-右-左！”的口令，统一整齐的步伐。但是，这种“调整口令”出现的时间不宜过长、次数不宜过多。

九、口令在指挥队形练习时的方法和技巧

在指挥队形练习时，指挥员和队员的主要精力都集中在现场当时的队形和图形上，指挥员的口令显示出方向性、形状性和数量性的特点。在队形、图形行进与变化的操练过程中，由于常常使用“齐步走”来完成队形、图形的行进与变化，加之各种队形、图形的行进与变化大多是在保持人体动态中的原来步伐的情况下完成的，因此，有时会下达具有“省略性”的口令。这类口令不多，只用于左、右转弯走和左、右后转弯走。由于转弯时不限哪只脚开始，因此，“走”字可以省略不呼，只喊“左（右）转弯”和“右后转弯”就可以了。

（一）口令在指挥队形变换中的方法和技巧

1. 当学生初次学习队形变换时，老师通常将队伍停止在变换地点，如果需要分队（合队、裂队、并队）时，老师要喊“分队- -齐步走！”的口令。

2. 当学习队形变换进入提高阶段时，老师有时将队伍指挥到变换地点前 2～3 步并保持原地踏步状态等待变换，如果需要分队（合队、裂队、并队）时，老师先要喊“前进！”后，再喊“分队！”的口令。这时，分队走口令中的“走”字可以省去。

3. 当学习队形变换进入巩固阶段时，通常在队伍到达变换地点需要分队（合队、裂队、并队）时，老师要直接喊“分队！”的口令。这时，分队走口令中的“走”字可以省去。

4. 实际操作中，要在队伍行进至场地变换地点前 2～3 米时下达预令，动令提前 2～3 步下达。

（二）口令在指挥一路纵队变多路纵队及其还原的方法和技巧

1. 当组织教学需要将一路纵队变四路纵队时，老师要在队伍到达变换地点 2～3 步处喊“成四路纵队，向左转- -走！”的口令。喊口令时必须把“成四路纵队”的变换数据首先让学生听清楚，不能喊成“向左转、成四路纵队- -走！”，也不能喊成“左转弯，成四路纵队- -走！”的口令。

2. 如果组织教学需要将四路纵队变一路纵队时，老师要在队伍到达变换地点 2～3 步处喊“成一路纵队，向右转- -走！”的口令。同理，也必须把“成一路纵队”的变换数据首先让学生听清楚，不能喊成“向左转、成一路纵队- -走！”，也不能喊成“右转弯，成一路纵队- -走！”的口令。

实际操作中，在队形行进与变化操练过程中，为了避免队伍在某个路线上拥堵，或者为了提升队形行进与变化后的精神状态，老师有时根据需要也会下达“跑步走”等口令来达到操练的目的。

（三）口令在指挥队伍的图形、直线、斜线和曲线行进中的方法和技巧

1. 口令在指挥直线行进中的方法和技巧

（1）绕场行进口令在指挥队伍时的方法和技巧

在组织教学过程中，需要队伍从静态到动态绕场行进时，老师要喊“成两路纵队绕场行进，齐步- -走！”的口令；如果队伍是从其他队形、图形行进，变化成“绕场行进”，这时，老师只须喊“绕场！”，而无需喊“绕场行进齐步- -走！”的口令，也无需喊“绕场行进- -走！”的口令，但是，此时队伍的步伐是齐步走的步伐。

（2）错肩行进口令在指挥队伍时的方法和技巧

在组织教学过程中，需要队伍错肩从左（右）边走时，老师要喊“从左（右）边- -走！”的口令；需要队伍错肩从中间（两边）走时，老师要喊“从中间（两边）- -走！”的口令；需要队伍错肩从左（右）边间隔走时，老师要喊“从左（右）边间隔- -走！”的口令。但是，在指挥错肩行进时，一定要在两队相遇相距 2～3 米时下达口令。

2. 口令在指挥斜线行进中的方法和技巧

（1）对角线行进口令在指挥队伍时的方法和技巧

在组织教学过程中，当队伍走到“对角线”的顶点前，需要队伍沿场地对角线行进时，老师要喊“沿对角线- -走！”的口令。

（2）交叉行进口令在指挥队伍时的方法和技巧

在组织教学过程中，当两支队伍走到场地中间相遇相距 2～3 米，需要队伍交叉行进时，老师要喊“交叉行进- -走！”的口令。

3. 口令在指挥曲线行进中的方法和技巧

（1）蛇形行进口令在指挥队伍时的方法和技巧

在组织教学过程中，当队伍走到边线顶点前，需要队伍成蛇形行进时，老师要喊“蛇形行进- -走!”的口令。

（2）“8”字形行进口令在指挥队伍时的方法和技巧

在组织教学过程中，当队伍走到边线中间的顶点前，需要队伍成“8”字形行进时，老师要喊“8字形行进- -走！”的口令。

（3）螺旋行进口令在指挥队伍时的方法和技巧

在组织教学过程中，当队伍走到边线中间的顶点前，需要队伍成开口螺旋行进时，老师要喊“成开口螺旋- -走！”的口令；需要队伍成闭口螺旋行进时，老师首先要喊“成闭口螺旋- -走！”的口令，当队伍基本走成闭口螺旋的图形时，老师还要再喊“向后转- -走！”的口令。这样才能达到“闭口螺旋行进”的图形行进目的。

十、口令的情感色彩在队列队形指挥中的运用

指挥口令的情感色彩是指挥艺术性表现的重要方面。在队列队形练习中，指挥口令不能自始至终只是一种声调、一种情绪，要根据练习场面的具体情况选用不同的声调、语气和情绪进行指挥。练习场面不太整齐和练习开始时，应多用命令式语气，把指挥声调提高，以求把练习内容灌输和规范练习动作；练习者都进入了角色，练习效果比较好时，就应该用柔和的语气，降低声调，用体现关怀和融洽的声音来指挥，使练习者能够轻松练习。切忌无论在什么情况下指挥口令的情感色彩都是雄赳赳气昂昂的，那样练习者就会一直处于紧张的气氛当中，不利于教育，不利于练习者的身心健康，更不利于教师与学生之间的融洽。

指挥口令情感色彩的掌握表现在教师对练习场面情况的捕捉、对学生情绪的捕捉上。指挥者要从人文关怀的角度出发，适时运用不同的声调、语气，用激昂、刚健、抒情、柔美的语调掌控练习场面。如，简简单单的原地踏步走练习的指挥口令中情感色彩的运用：在开始下达“原地踏步-走！”口令时声音要洪亮有力，教师的语气要激昂，这样才能调动学生开始行动，当看到学生都能集中精神练习和听到整齐的脚步声时，就应该降低声调，用柔和的语气进行“一二一”调节口令的指挥，适时加上有节奏的表扬语言和鼓励性语言，效果就会更好。

第三节　口笛在指挥基本体操练习中的方法和技巧

在学校体育活动开展过程中，体育教师常常要用口令组织全校学生集会、解散、队伍的前后左右移动以及年级集体、班级集体的齐步和跑步运动。通过口令的指挥使学生精神集中，动作一致。但是，由于喧闹的教学场面较大、学生人数较多、队伍队形既宽又长，易出现指挥员下达的口令学生听不清楚，且在体育课中的队列队形练习和操类动作练习过程中，指挥员完全使用呼口令的方式易造成嗓子干哑，使学生队伍不能调控到最佳位置，同时，学生的精神面貌也不能达到最佳状态。因此，正确使用口笛来传达口头命令，就显得尤为重要。口笛的声音响亮、有穿透力，能清晰、及时地传达给学生，学生就能按令行事。所以，指挥员正确使用口笛，便可使全校活动、年级活动以及体育课教学活动的组织指挥达到事半功倍、省力高效的效果。

一、使用口笛的基本方法及技巧

（一）口笛的种类

口笛的种类有两种：有核口笛、无核口笛。

（二）口笛的鸣笛方法和技巧

吹口笛的方法和技巧是，首先将笛嘴放入口中，用上、下切牙咬住笛嘴--上下凸缘的内侧，松紧度以鸣笛时笛子不被气流从上、下牙齿间吹脱为宜，舌尖稍用力堵住笛口，上、下嘴唇包紧笛的颈部以防漏气。胸腹部肌肉用力收缩，使胸腔内的压力增大，同时，鼻腔闭气，口腔两侧的肌肉紧收，形成向外吹气之势。然后，舌尖突然后缩打开笛口，使气流进入笛中而吹响笛子；需要停止吹气时，舌尖突然用力堵住笛口。这样，完整的口笛的吹气鸣笛就算完成了。口笛音量的大小、强弱由吹气力量而定；口笛声音的长短由吹气时间的长短而定。

（三）口笛指挥队伍须建立条件反射

口笛与口令虽然都可以指挥队伍，但是，由于口令是指挥员在长期的学校体育活动和体育课教学活动中，与学生建立起了的条件反射，而形成的动力定型。加上绝大多数口令是以文字和熟悉的节拍形式去指挥队伍，因此，口令的基本内涵已经早已被人们认识和接受。然而口笛指挥队伍还需要根据每一所学校的具体情况，通过指挥员与被指挥对象（学生）不断建立起暂时神经联系的条件反射。当然这种条件反射一旦建立，就会形成动力定型和约定俗成的口笛指挥命令。

（四）口笛在指挥操类练习中的鸣笛方法和技巧

1. 准备开始笛声

预备-起！“嘟嘟！- -嘟！-”。

准备！开始！“嘟嘟！-嘟嘟！”。

2. 均等性节拍笛声

“嘟！-嘟！-嘟！-嘟！-嘟！-嘟！-嘟！-嘟！”。

3. 交换性节拍笛声

“嘟！-嘟！-嘟！-嘟！-嘟！-嘟！-嘟！嘟！- -嘟！”。

4. 终止性节拍笛声

“嘟！-嘟！-嘟！-嘟！-嘟！-嘟！-嘟！- -嘟！”。

当然口笛与口令一样也应该吹出强和弱、快和慢的节奏

（1）用口笛吹出强和弱节奏的技巧

“1-2-3-4-5-6-7-8”：

“嘟（强）-嘟（弱）-嘟（强）-嘟（弱）-嘟（强）-嘟（弱）-嘟（强）-嘟（弱）”；

（2）用口笛吹出快和慢节奏的技巧

“1-2- -3-4”：

“嘟（强）-嘟（弱）- -嘟（强）-嘟（弱）”。

“5-6- -7-8”：

“嘟（强）-嘟（弱）- -嘟（强）-嘟（弱）”。

在第 2 拍和第 6 拍处放慢、延长一些即可。实践中也可第 3 拍和第 7 拍处放慢、延长。

二、口笛在指挥操类练习中的方法和技巧

在学校体育课和其他体育运动中，特别是在户外进行集体操化练习时，常采用口笛声代替口令节拍声来指挥。口笛声既能达到指挥效果，同时又能保护指挥员的声音。

（一）口笛在指挥操类“练习开始”时的鸣笛技巧

1. 当口笛指挥操类练习动作需要鸣“预备- -起！”时，老师要鸣出“嘟嘟！- -嘟！-”的笛声。

2. 当口笛指挥操类练习动作需要鸣“准备！开始！”时，老师要鸣出“嘟嘟！-嘟嘟！”的笛声。

3. 当口笛指挥队伍成做操队形散开需要鸣“1-2-1”、“立-定！”时，老师要鸣出“嘟！-嘟！-嘟！”、“嘟！-嘟！-嘟！”、“嘟！-嘟！”的笛声。

（二）口笛在指挥操类“练习中”的鸣笛技巧

1. 当口笛指挥操类均等性节拍动作需要鸣“1-2-3-4-5-6-7-8”时，老师要鸣出“1嘟！-2 嘟！-3 嘟！-4 嘟！-5 嘟！-6 嘟！-7 嘟！-8 嘟！”的笛声。

2. 当口笛指挥操类交换性节拍动作需要鸣“4-2-3-4-5-6-交- -换”时，老师要鸣出“4 嘟！-2 嘟！-3 嘟！-4 嘟！-5 嘟！-6 嘟！-7 嘟！- -8 嘟！”的笛声。在第 7 拍用一长声，在第 8 拍用一短声表示交换，如“嘟！ ——嘟！”

3. 当口笛指挥操类终止性节拍动作需要鸣“1-2-3-4-5-7- - -停”时，老师要鸣出“嘟！-嘟！-嘟！-嘟！-嘟！-嘟！-嘟！嘟！-嘟！”，在第 7 拍连续“嘟！嘟！”两声并稍拖长一下，在第 8 拍用一短声表示停止，如“嘟！嘟！- -嘟！”

操化类练习是人体按照一定的节拍，遵循一定的规律编排成动作连贯（单节、组合、或成套）、多有重复、常以对称形式出现的一类基本动作练习。它可以徒手进行，也可以持轻器械进行。它通常是在口令或音乐伴奏下进行的。但是，在实践教学过程中，用口笛指挥操化类练习也是人们广泛而又经常采用的方法。因此在各种操化类练习的过程中，还有很多口笛指挥操化类练习的鸣笛方法，需要我们在口笛指挥操化类练习的探索中不断创新和发展。

三、口笛在指挥队列队形练习中的方法和技巧

在学校体育活动和体育课教学活动中，一般来讲，鸣笛的时机有：上课前集合，队伍解散后再集合；准备活动时，用鸣笛音来指挥学生做动作；分组练习时的换项、暂停练习，调动指挥队伍，变换队形，各种变向跑、滑步练习等方面。口笛的内涵非常丰富，可通过次数、高低、长短变化来表达不同的语言。

（一）在队列队形练习中鸣笛的作用和方法

通常指挥员鸣笛的作用和鸣笛方法包括：用于招集目的有“多个短音”，如“嘟！-嘟！-嘟！-嘟！-嘟！-”；用于催促目的有“三个短音”，如“嘟！嘟！嘟！”；用于注意、警示目的有“两个短音”，如“嘟！-嘟！-”；用于停止目的有“一长一短音”，如“嘟！--嘟！-”；用于集合目的有“一短二短后稍长一短音”，如“嘟！嘟！- -嘟！-”；用于统一步伐目的有“调整性节拍音”，如“嘟！- -嘟！- -嘟！- -”等方法。

（二）在指挥组织学生“集中和集合”中鸣笛的方法和技巧

1. 当学生人数比较多、学生所处的位置比较分散，需要在一个地方集中，老师要鸣出“嘟！-嘟！-嘟！-嘟！-嘟！-”的笛声。

2. 当学生人数较少，学生所处的位置范围相对较小，需要尽快集合起来时，老师要鸣出“嘟！嘟！- -嘟！-”的笛声。

3. 在用口笛指挥学生集中、集合过程中，当需要催促一些动作比较慢的学生时，老师要鸣出“嘟！嘟！嘟！”的笛声。此法有时也用于教学中集中讲解、示范、纠正错误动作和布置新的教学任务内容。

（三）在队列练习“约定俗成”中鸣笛的方法和技巧

1. 通常在统一步伐，需要调整性节拍音“1-2-1-！”“1-2-1-”时，如：在“齐步- -走！”、“正步- -走！”、“跑步- -走！”，老师要鸣出“嘟！嘟！- -嘟！”的笛声。

2. 通常需要指挥“1-2-1-立定！”时，老师要鸣出“嘟！-嘟！-嘟！-嘟！嘟！”的笛声。

（四）在队列练习“事先约定”中鸣笛的方法和技巧

1. 当需要连续用同一口令、同一节奏指挥“原地队列”动作时，老师先约定，然后鸣出“嘟！嘟！- -嘟！”的笛声。如：“向右- -转！”、“向左- -转！”、“向后- -转！”。

2. 当需要连续用同一口令、同一节奏指挥“行进队列”动作时，老师先约定，然后鸣出“嘟！嘟嘟！-嘟！的笛声。如：“向右转-走！”、“向左转-走！”、“向后转-走！”等。

3. 在指挥队伍表演通过主席台、队伍接受检阅时，老师先约定“正步- -走！”时是用口笛声法出，然后鸣出“嘟！嘟！- -嘟！”的笛声，这样指挥队伍的效果会更好一些。

（五）在队列练习时，口笛与手势配合的鸣笛方法和技巧

在指挥只有“动令”的队列动作，同时伴有老师的手势时，这时老师要鸣出“嘟！-嘟！-”的笛声。如：鸣出“蹲-下！-”的笛声，同时，老师的手由上往下运动；鸣出“起-立！-”的笛声，同时，老师的手由下往上运动；鸣出“前-进！”的笛声，同时，老师的手指向前方等。

在实际的队列队形指挥过程中，在每次口笛指挥前，还需要对将要下达的口笛命令进行一个简要的提示或说明，否则，口笛指挥队列队形不会顺利成功。同时，经过教学实践证明，有一些队列队形的口令是不宜用口笛指挥的。但是，只要老师根据学校、学生具体情况以及队列队形一般教学规律和要求，是可以在学校体育活动和体育课教学活动中，建立起更多的用口笛指挥队列队形的鸣笛方法的。

四、提高口笛和口令指挥能力的练习方法

（一）看

通过现场看课，一是看上课学生的队列队形和操化类动作（如走步、跑步和学生做操等），二是看上课老师用口笛和口令怎样指挥队列队形和操化类动作。

（二）呼

一边看一边默喊学生的队列队形、操化类动作的口令。同时，还可以一边看一边模仿老师小声呼口令指挥队列队形、操化类动作。如默喊“1-2-1”；“1-2-1-立-定！”；小声呼“跑步- -走！”、“1-2-3-4-5-6-7-8”。

（三）练

1. 自呼自做、自吹自做。就是用口笛和口令指挥自己。

口笛和口令要反复并经常练习，要根据口笛和口令的种类、特点以及规律，有计划有目的的实际操练，达到口笛和口令准确、清楚、洪亮、节奏感强的要求。教学实践证明，能够用口笛和口令指挥自己，一般也能够用口笛和口令指挥他人。

2. 一人指挥一人、一个人指挥一个小组。就是用口笛和口令指挥一个学生和指挥一个小组学生进行练习。

3. 口令和口笛经过反复练习达到基本熟练后，要尽快从指挥一名学生向指挥一个小组学生过渡，接着再从指挥一个小组学生过渡到指挥全班、全年级和全校学生。

（四）在教学中提高

在队列队形教学、学校体育教学、学校体育活动以及社会活动过程中，不断学习、提高和巩固口令和口笛指挥队伍的能力。

综上所述，用口笛和口令指挥队伍，不但要全神贯注、沉着果断，而且还要运用熟练、胆大心细；不但要有一定提前量，而且还要准确及时地下达指挥命令。

第二章　音乐在基本体操练习中的应用

音乐是世上最美的声音，好的音乐能够给人一种至高的精神享受。在基本体操练习中采用音乐不仅能做到节拍的统一，还可以达到情感的共鸣。按照选定音乐的节拍和音乐表达的情绪进行基本体操创编，呈现出来的就是一个生动、富有感染力的表演作品。通过在音乐伴奏下的基本体操练习，不仅能提高基本体操练习的艺术性和美感，还能使练习者在锻炼身体的过程中陶冶性情，提高练习的积极性和参与程度。

第一节　音乐在行进间队列队形练习中的应用

在队列队形练习中音乐一般都是用于行进间练习，因为行进间练习有一定的时间长度，可以使音乐的作用得到充分体现。

一、音乐的选择

（一）音乐速度的选择

行进间队列队形练习中绝大多数情况下采用两种步伐——跑步走和齐步走。跑步走的步速一般是 180 步 / 分钟，所以，如果运用于跑步走的步伐练习，音乐的速度应该是 180 拍 / 分钟左右；而齐步走的步速是 120 步 / 分钟，音乐的速度也应该是 120 拍 / 分钟左右。音乐速度关系到步伐的适应度和练习的舒服感。

（二）音乐情绪的选择

队列队形练习都是集体练习，音乐的情绪一定要大气，用饱满的音乐激情调动全体练习者的情绪，使得练习者的步伐整齐有力，行进中热情高涨。音乐选择既可是纯音乐，也可以用歌曲。但是，歌曲的歌词要用积极向上、充满激情的，不能用过于情感细腻的歌词。

（三）音乐拍子的选择

队列队形练习都是正常的走步，两个脚踏地的力量要求一致，因此，选用音乐节拍的强弱也应是一致的。实际选用时，选择 2/4 拍和 4/4 拍最好，因为这两种节拍的音乐可以保持重拍都在一只脚上，走步比较舒服。3/4 拍子的音乐是重拍轮流在左右脚上，这样的走步形式不适合队列队形练习。

（四）音乐乐句节拍的选择

音乐的乐句节拍多种多样，有 8 拍的，12 拍的等。为了众多练习者容易掌握和练习的整齐，一般都采用完整的一个 8 拍接一个完整的 8 拍的音乐，也就是口令中的

“12345678！”。从头到尾都是完整的 8 拍一小段 8 拍一小段的音乐有利于练习内容的设计和满足练习者的行为习惯。

二、练习内容与音乐的设计

第一步：确定练习的内容。队列队形练习的内容很多，一般要根据练习的人数、场地大小和上课的任务进行选择，同时，还要考虑是整齐方块的练习、图形练习，还是行进中变化队形的练习等。

第二步：选好音乐的长度。音乐不宜过长，一般情况下选用 1 分 30 秒左右的音乐即可。音乐长度包括准备部分和行动部分，也就是说要有一定的准备音乐，用明显的前奏音乐提高全体练习者的注意后再开始集体行动。通常准备音乐以一到两个八拍为宜。准备音乐也要有一个明显的起势，这样全体练习者才能整齐地做出第一步。

第三步：记录音乐的节拍段落。只有记录下音乐的节拍，才能根据音乐设计练习的内容。如，| 1 2 | 1 2 3 4 | 1 2 3 4 | 1 2 3 4 |。这段音乐共有十四个八拍，由两个八拍前奏和每段四个八拍三段音乐组成。

第四步：音乐与练习内容分配。有了音乐节拍的记录，就可以根据音乐的情绪分配各个节拍分别做什么练习。如果圆形行进及变太阳图案练习范例：

| 1 2 | 1 2 3 4 | 1 2 3 4 | 1 2 3 4 |

准备　纵队齐步走　圆形行进　走太阳　踏步　回圆上

通过上面的分配就能确定哪个音乐节拍上应该做什么动作。

第五步：进行练习动作的详细设计。详细设计包括每个音乐节拍应做什么动作，有了详细设计才能确定练习者练习什么。如，第四步范例的详细设计如下：

准备：2×8 拍，全体立正。

纵队齐步走：2×8 拍，一路纵队绕场行进两个八拍。

圆形行进：4×8 拍，一路纵队在排头带领下走成一个圆形。

走太阳：2×8 拍，在八个排头带领下转弯走成一个太阳。

踏步：2×8 拍，第一个八拍：全体原地踏步；第二个八拍：1～4 拍：继续踏步，5～8 拍：踏步后转。

回圆上：2×8 拍，八路排尾变排头回到圆上。

第六步：训练。有了详细设计就可以训练练习对象。根据设计好的节拍与动作对应进行训练，交代好每个节拍做什么。训练后，首先用口令指挥练习，再在音乐伴奏下练习，最后过渡到只用音乐指挥练习。

第二节　音乐在徒手体操练习中的应用

一、音乐的选择

（一）音乐速度的选择

徒手体操音乐速度可以是任何练习者能够接受的速度。徒手体操动作可以一拍一动，也可以两拍一动，或者多拍一动和一拍多动。所以，任何音乐的速度都可以使用在徒手体操练习上。在音乐速度的使用上要考虑操的特点和对象，儿童练习可以让动作快些，老年人就得把动作适当放慢。

（二）音乐情绪的选择

做操一般选择节奏明快、旋律清晰、节奏有力的音乐。这样，练习者就很容易抓住动作节拍的音乐点。应该说，徒手体操的音乐多采用阳光、积极向上的音乐旋律或歌曲。在实践中，常常是根据练习对象来选择音乐的情绪。如欢快的儿童歌曲适用于小学生练习；中学生的练习最好选用他们喜欢的、节奏感强的歌曲，这样会提高他们的练习兴趣。在徒手体操练习音乐的选择中，选用练习对象喜欢和熟悉的音乐或歌曲对练习的效果有极大的帮助。

（三）音乐拍子的选择

徒手体操练习可以用任何拍子的音乐，无论是 2/4 拍、4/4 拍，还是 3/4 拍的音乐拍子都可以用于徒手体操练习。但是，在一般的练习中多用 2/4 拍和 4/4 拍的音乐，因为这两种更有利于练习对象的掌握。高级徒手体操练习才采用 3/4 拍的音乐，这样的音乐拍子多在女生练习或者有表演成分的编排中选用。

（四）音乐乐句节拍的选择

音乐的乐句节拍多种多样，有 8 拍的，12 拍的等。为了众多练习者容易掌握和练习的整齐，一般都采用完整的一个 8 拍接一个完整的 8 拍的音乐，也就是口令中的“12345678！”。从头到尾都是完整的 8 拍一小段 8 拍一小段的音乐有利于练习内容的设计和满足练习者的行为习惯。但根据练习对象不同也可以采用不同的节拍，如女生就可以选用 3/4 节拍型的音乐。

二、练习内容与音乐的设计

第一步：确定练习的内容。徒手体操练习人数可多可少，一个人或上千人都可进行练习。在常规练习中，徒手体操每个练习者都是站在原地进行同样的动作，不进行队形变化。因此，只考虑个人动作就可以了。练习的内容考虑用常规的基本体操的肢体部位来组合，设计好练习的长度和练习的节序。

第二步：选好音乐的长度。音乐不宜过长，一般情况下用 4 分钟左右的音乐即可。音乐长度包括准备部分和行动部分，也就是说要有一定的准备，用明显的前奏音乐提高全体练习者的注意后再开始集体动作。用一到两个八拍进行准备为宜。准备音乐要有一个明显的起势，这样全体练习者才能整齐启动。

第三步：记录音乐的节拍段落。只有记录下音乐的节拍才能根据音乐设计练习的内容。如，| 1 2 | 1 2 3 4 | 1 2 3 4 | 1 2 3 4 |，这段音乐共有十四个八拍，由两个八拍前奏和每段四个八拍三个音乐段组成。

第四步：音乐与练习内容分配。有了音乐节拍记录，就可以根据音乐的情绪分配各个节拍上做哪节操。如下面的练习范例：

| 1 2 | 1 2 3 4 | 1 2 3 4 | 1 2 3 4 |

踏步　第一节　第二节　第三节　第四节　第五节　第六节

这套操有六节，每节操有两个八拍练习。

第五步：进行练习动作的详细设计。详细设计就是具体到每个音乐节拍上要做什么动作，有了详细设计才能确定练习者练习什么。如第四步范例的详细设计如下：

准备：2×8拍，踏步。

第一节　头颈运动

第一个八拍：1拍：左脚侧出，双手叉腰，同时头前屈。2拍：头正直。3拍：头后屈。4拍：头正直。5～8拍：同1～4拍，反向。

第二个八拍：同第一个八拍，但最后一拍收脚立正。

第二节　上肢运动

第一个八拍：1拍：左脚侧出双臂前举。2拍：双臂上举。3拍：双手握拳肩上侧屈。4拍：立正。5拍：侧出右脚双臂侧平举。6拍：同3拍。7拍：双手前伸成前平举。8拍：立正。

第二个八拍：同第一个八拍。

第三节　踢腿运动

第一个八拍：1拍：左脚上前一步重心前移，同时双臂侧平举。2拍：前踢右腿至90°，同时双手握拳腰侧屈尽量向后。3拍：右腿还原，两臂上举。4拍：立正。5～8拍：同1～4拍，换脚做。

第二个八拍：同第一个八拍。

第四节　体侧运动

第一个八拍：1拍：左脚侧出，同时两臂侧平举。2拍：上体左侧屈振动一次，同时右臂上举左臂腰后屈。3拍：同2，方向相反。4拍：立正。5～8拍：同1～4拍。

第二个八拍：同第一个八拍。

第五节　全身运动

第一个八拍：1拍：侧出左脚，双臂上举。2拍：双臂侧平举同时上体前屈90°。3拍：收脚蹲下同时双手扶膝。4拍：起立。5拍：双脚跳开分腿，双手侧举。6拍：双腿跳并腿，双臂上举。7～8拍：同5～6拍。

第二个八拍：同第一个八拍。

第六节　整理运动

第一个八拍：1～4拍：踏步，双手握拳慢慢经胸前放到下举。5～8拍：踏步，双臂经内交叉绕环到下举。

第二个八拍：1～4拍：踏步，双臂经侧慢慢到上举。5～8拍：踏步，双臂经胸前慢慢放下到立正。

第六步：训练。有了练习动作的详细设计就可以训练练习对象了。一般要根据设计好的节拍与动作对应进行训练，并交代好每个节拍做什么。训练时，首先要用口令指挥练习，再在音乐和口令提示下练习，最后过渡到只用音乐练习。

第三节　音乐在轻器械练习中的应用

一、音乐的选择

（一）音乐速度的选择

轻器械体操练习的音乐速度应慢一些，不能太快。轻器械体操采用了器械进行练习，动作幅度比较大，器械之间有可能产生碰撞，因此，在节拍上要留有动作之间的可控的时间。在选择音乐速度时，一般要根据不同的轻器械练习选择不同的速度，棍棒操、板凳操等较长、较重的器械练习，其音乐速度要慢些，而旗操、绳操练习的音乐速度则可以快些。

（二）音乐情绪的选择

轻器械体操练习一般选择节奏明快、弦律清晰、节奏有力、感染力强的音乐。此类音乐的运用让练习者很容易根据音乐的情绪表现出轻器械体操的动作特点，达到锻炼的目的。

（三）音乐拍子的选择

轻器械体操练习可以选用任何音乐的拍子，无论是 2/4 拍、4/4 拍，还是 3/4 拍都可以用来创编轻器械体操。练习对象不同，采用的音乐拍子不同。一般情况下，练习中选用 2/4 拍和 4/4 拍的音乐更有利于练习对象对音乐节拍的掌握。另外，练习对象素质较高的可以选用复杂点的拍子，如 3/4 拍、6/8 拍或 4/8 拍等。

（四）音乐乐句节拍的选择

为了集体练习容易掌握和练习效果的整齐，且不给练习者适应音乐增加难度，一般都选用完整的一个 8 拍接一个完整的 8 拍的音乐。从头到尾都是完整的 8 拍一小段的音乐有利于练习内容的设计和满足练习者的行为习惯。

二、练习内容与音乐的设计

第一步，确定练习的内容。第二步，选好音乐的长度。第三步，记录音乐的节拍段落。第四步，音乐与练习内容分配。第五步，进行练习动作的详细设计。第六步，训练。

第四节　音乐在医疗性体操中的应用

一、音乐的选择

（一）音乐速度的选择

医疗性体操练习的音乐速度应尽量慢，不能快。医疗性体操采用的都是缓慢的动作进行练习，动作幅度比较大，因此音乐的速度也要尽量拉长。

（二）音乐情绪的选择

医疗性体操练习一般选择弦律感强而又舒缓悠扬的音乐，如太极拳般的音乐。在中国人的文化中大多数人喜欢用民乐。当然，创编医疗性体操的时候也要根据不同的对象来选择音乐。如果是针对性极强的练习，如对个人就得选择个人喜欢而又带有一定情感经历的音乐。音乐在医疗性体操中不仅仅是起到节拍的作用，还带有愉悦身心的作用。让音乐在指挥其练习的同时又健康了练习者的心情。良好的心情加上有效的动作锻炼一定能达到最佳的治疗效果。

二、音乐与动作的结合

医疗性体操应该采用幅度大、形式简单的动作。在练习中采用多次重复同样动作来进行。医疗性体操的动作一定要灌满音乐的弦律时值，让动作与音乐充分结合，如舞蹈般来表现音乐。这样有利于动作的到位，从而加强动作的医疗效果。

第三章　肢体语言在基本体操练习中的应用

在基本体操练习中除了用有效的语言进行指挥外，有时还用指挥者的肢体语言进行指挥练习。当然，肢体语言的运用是建立在指挥员与练习者有很好的默契的基础上的。无论是操类练习还是队列队形练习，在熟练阶段都可以根据练习时的状况采用有力而又洒脱的肢体语言（手势）进行指挥，这样会调动练习者的情绪和增强练习效果。

第一节　肢体语言的运用原则

肢体语言在指挥中的运用原则如下：

（1）采用生活中常规的肢体语言。这样的肢体语言大家都能看懂，来源于生活的容易达到默契。

（2）肢体语言所展示的动作要大方有力度。大方的手势指挥让练习者容易接受，力度强的手势有威严和命令性。

（3）对象不同采用的肢体语言应有所不同。针对成人就得用成熟的手势，而儿童就应该多采用有趣和各种象形肢体语言，从而感染练习对象的情绪。

（4）肢体语言要形象生动。形象生动的肢体语言才能感染学生，起到事半功倍的作用。

第二节　肢体语言在操类练习中的应用

一、操类练习中肢体语言的设计

各种操类练习到一定程度后就可以用肢体语言（各种手势）代替部分口头语言。比如双手向下表示全部蹲下；双手抬起表示全部起立；一只手下压一只手抬起表示一部分向下做动作一部分向上做动作；手指指向的方向表示动作的方向；节拍击掌后加倍快速击掌表示下一个动作练习的开始提示，如，“× × ×× ×”的掌声节奏；用简单的代表动作作为动作的提醒，如双臂绕环和下肢配合的动作，就用双臂绕环作为动作的提示等。

在肢体语言设计中，除了大众肢体语言外，其他肢体语言一定要结合操类练习的特点和风格，即每一套操总有代表本套操特色的肢体语言。如流畅风格操类练习的肢体语言就运用弧线或圆形的手势指挥，这样有利于学生感受操的动作特点和风格；而有力度的操类练习，就应用充满力量和钢炼的指挥手势。但是，对小学生的指挥时不能太过于威严和过于霸道，在采用手势的基础上还要加上丰富的表情来引导学生的情绪。

二、操类练习中肢体语言的应用时机

在操类练习中，肢体语言不是一开始就用，而是在一定条件下使用。第一，在教单个动作的复习时使用。此时，指挥者和练习者已开始对肢体语言熟悉并形成认同，为成套练习的指挥做好了充分的准备。此阶段使用肢体语言的同时一定要加上口头语言，练习者才能明白，重复几次就可以仅用肢体语言指挥。第二，在完整练习阶段。此阶段开头几遍也要肢体语言和口头语言并用，依据练习者对肢体语言的理解程度慢慢过渡到仅用肢体语言，最后做到指挥者一个举手投足练习者都能明白该做什么，此时，已建立指挥者和练习者之间高度协同。

在操类练习中，指挥员下达肢体语言的时机非常重要。下达时机准确及时，练习者就会有预知感，练习中也会觉得非常舒服、流畅。如果下达的肢体语言不在动作练习的节拍上，那么练习者就会无法适从，练习效果也会大打折扣。因此，指挥者一定要把控好节拍，尤其是用音乐练习的情况下更是如此。这就要求指挥员对练习动作的节拍熟悉和对音乐的节拍熟悉。

第三节　肢体语言在队列队形练习中的应用

一、队列队形练习中肢体语言的设计

指挥队列队形练习的肢体语言不如操类练习那样丰富，但要非常准确。目前，在指挥队列队形练习中绝大多数还是靠口头语言进行指挥，肢体语言仅仅是指挥队形合拢分开和指引方向。如双手合拢表示合并，双手分开表示分队进行等。

二、队列队形练习中肢体语言的应用时机

一般来说，在队列队形练习中肢体语言不能单独使用，一定要与口头语言同时使用才能调动全部队员。如果使用音乐指挥队列队形练习，那就应该是在全部队员对音乐非常熟悉，并达到自动化的程度后再用简单的肢体语言来提醒练习者。

第四章　队形站位与操类练习

一般情况下，基本体操的操类练习都是集体的练习，那么，操类练习时就存在一个站位的问题。什么类型的操采用什么队形，什么队形上适合做什么动作，虽然在实践中关系不是特别大，但是，它们之间也存在着一些微妙的关系。比如，人多地方小、人与人之间的距离不够宽时就不宜练习大幅度的动作，以避免手臂之间的相互干扰，影响练习的效果。而练习幅度较大的动作，就要求练习者之间的站位距离要有足够的空间。另外，轻器械体操的练习一定要安排好站位距离，否则，练习者之间就容易出现不安全的现象，影响教学效果及课堂质量。

第一节　队形站位的注意事项

在操类练习中，首先要考虑的问题就是练习时的站位问题，队形站位的注意事项如下：

第一，根据人数的多少、场地的大小选择队形。

人数多场地小的情况下应该采用正方形或者长方形队形，这样的队形能容纳最多的人数。场地大可以采用圆形、半圆形、三角形等队形，但人数较多时最好采用正方形或者长方形队形，有利于指挥员对练习场面的把控。如果是场地够大、人数较少的情况，则可以根据具体情况来选用练习队形。比较有趣的队形有圆形、弧形、扇形等。

第二，选择的队形既要便于大家看清领操员的示范动作，又要有利于领操员的指挥。

队形的组织让练习者和指挥员都能相互看清最好，队员看不清指挥员的动作或者指挥员看不清整个场面的情况都不好，当然指挥员站在较高的地方最为理想。在没有高台的情况下就得好好设计队形与指挥员之间的位置关系。

第三，练习者的前、后、左、右不能相碰。

徒手体操的队形一般左右为两臂长一点的间隔，前后为两步多一点的距离。轻器械体操的队形还要加上器械的长度或抛掷练习的范围。这一点在操类练习中很重要，前、后、左、右的距离不够将会发生碰撞或产生踢人的可能。有器械练习时特别要强调人与人之间的距离，以免器械伤人。

第四，队形的方向要注意风向、阳光和环境干扰的影响。

队形方向选择的总原则是，不能让练习者面对风向、面向阳光和面对非常喧闹的环境。面对风向，风会吹来沙子灌入眼睛；面向阳光，阳光会直射眼睛造成什么都看不见；身处喧闹的环境，会分散练习者的注意力。在实践中，这些因素往往也是指挥员在站位时应注意的。

第二节　操类练习的队形

一、常用队形

常用队形是指在操类练习中经常采用的队形。其特点是指挥员较易把控练习场面，队形的站位容易组织，通过简单的指挥学生就能站好练习位置。如图 3-4-1～图 3-4-13 所示。

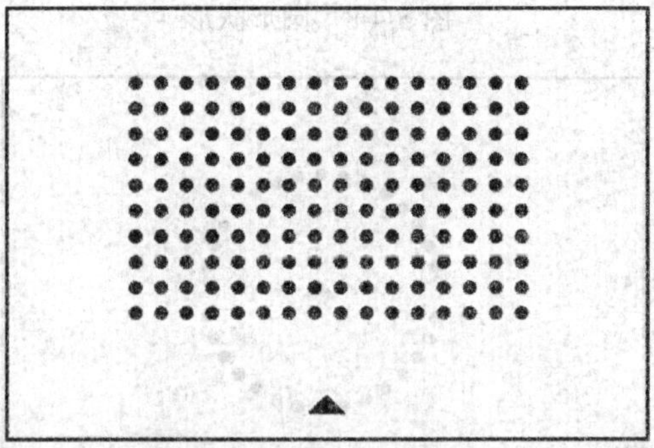

图 3-4-1　长方形队形

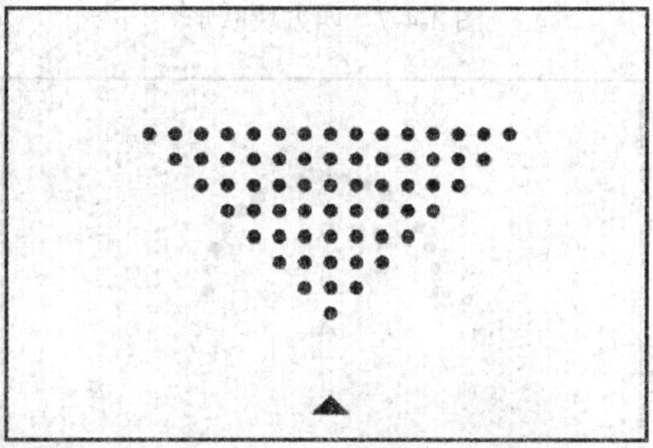

图 3-4-2　三角形形队形

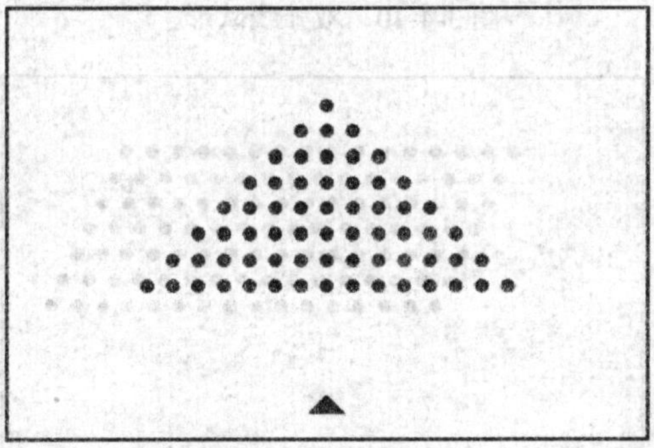

图 3-4-3　三角形队形

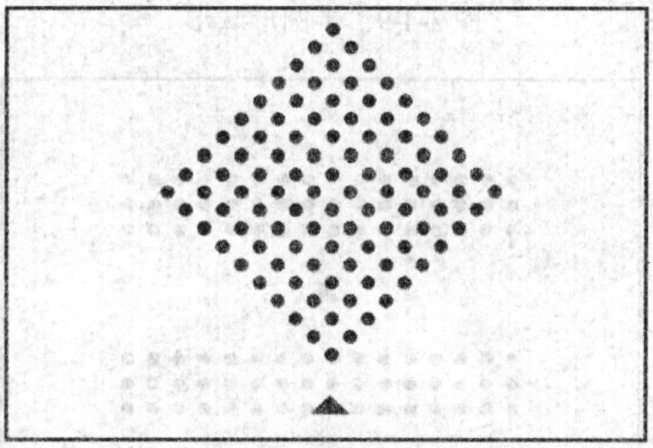

图 3-4-4　菱形队形

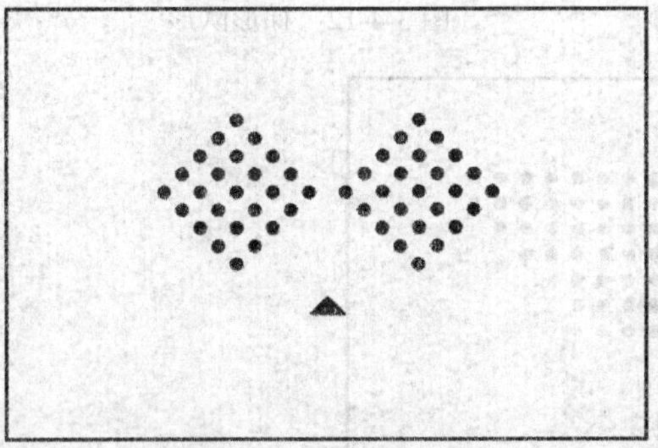

图 3-4-5　双菱形队形

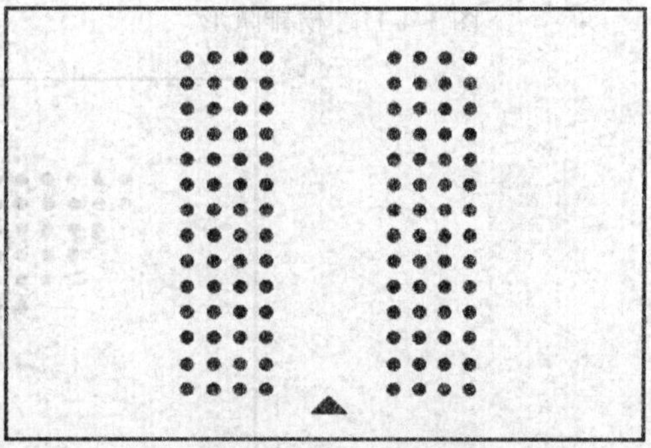

图 3-4-6　纵队队形

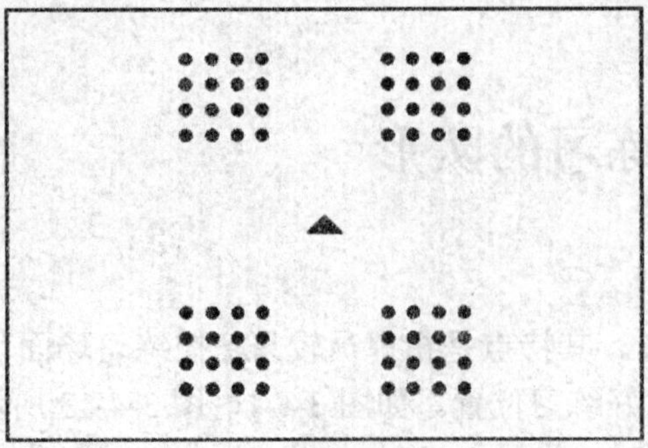

图 3-4-7　四方块队形

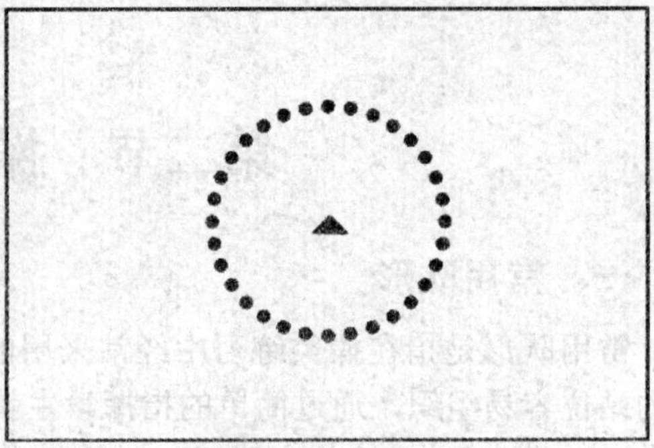

图 3-4-8　圆形队形

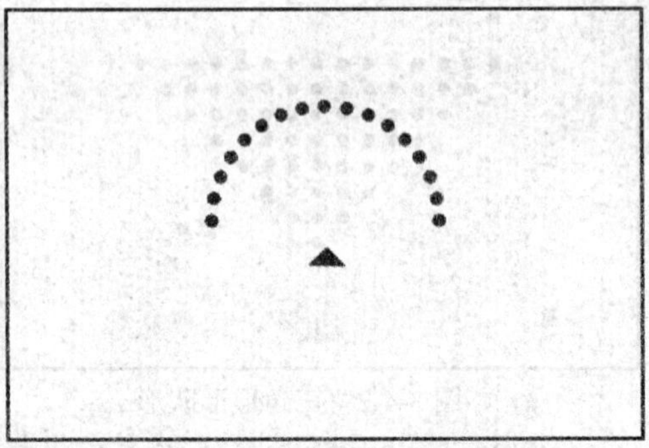

图 3-4-9　半圆形队形

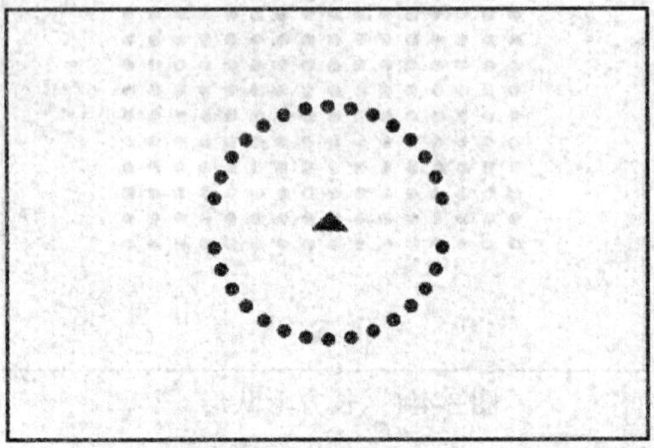

图 3-4-10　双弧线队形

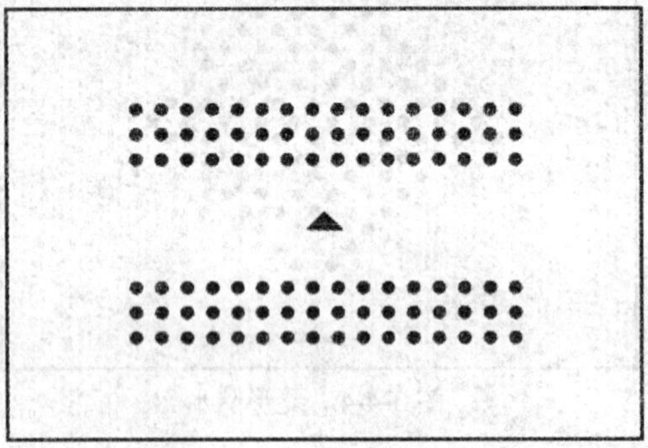

图 3-4-11　横排队形

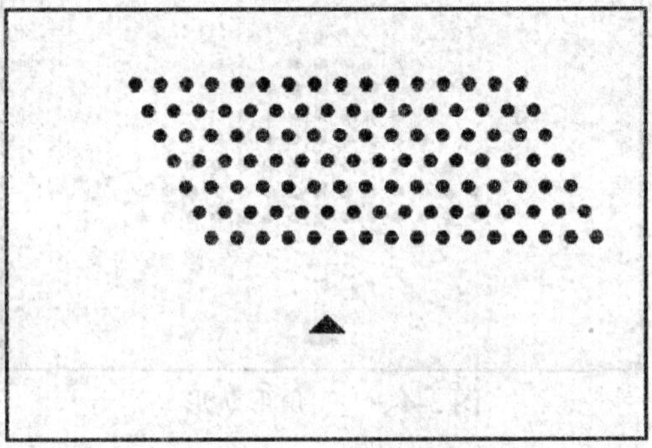

图 3-4-12　梯形队形

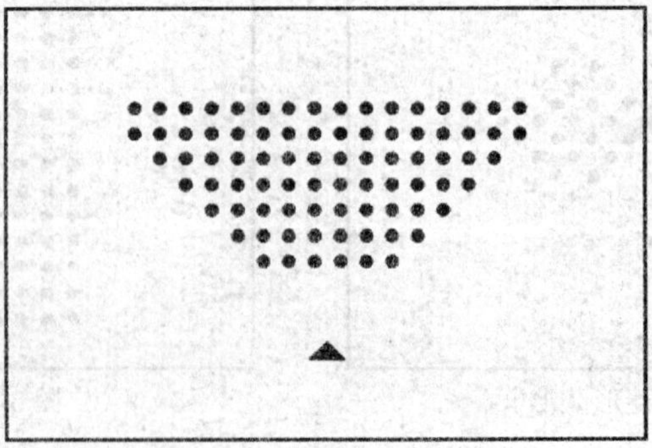

图 3-4-13　倒梯形队形

二、特殊队形

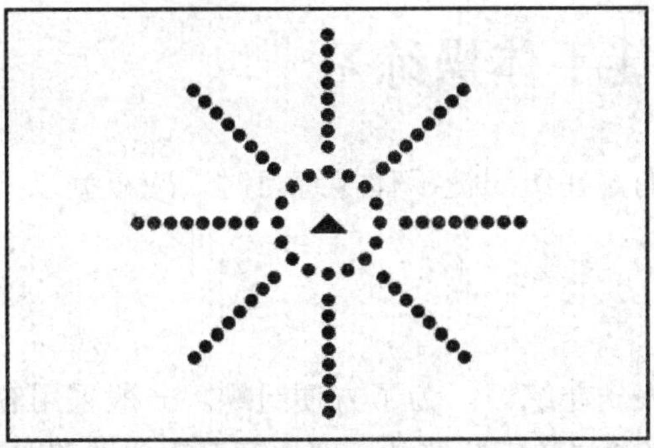

图 3-4-14　太阳队形

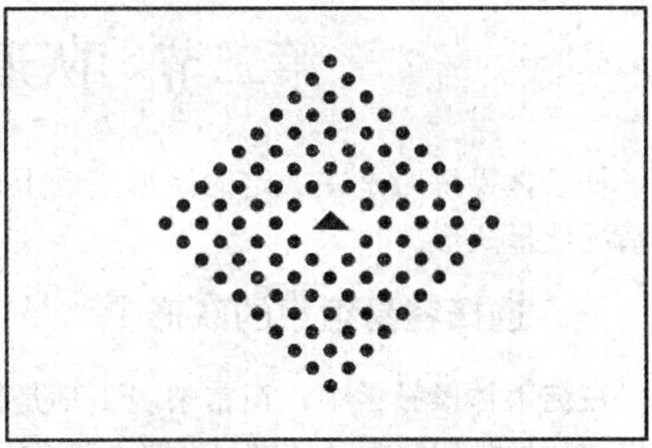

图 3-4-15　空菱形队形

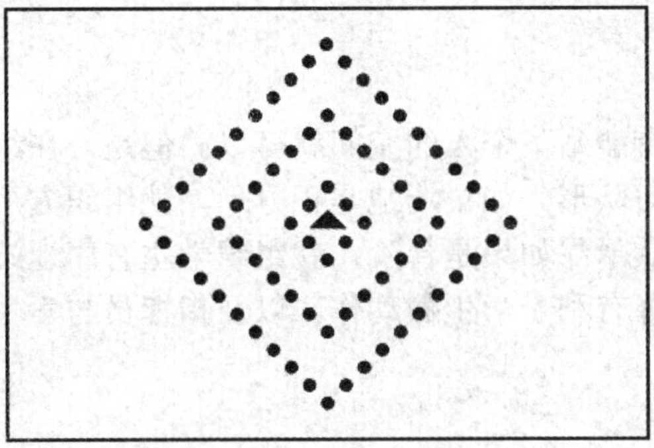

图 3-4-16　回形线队形

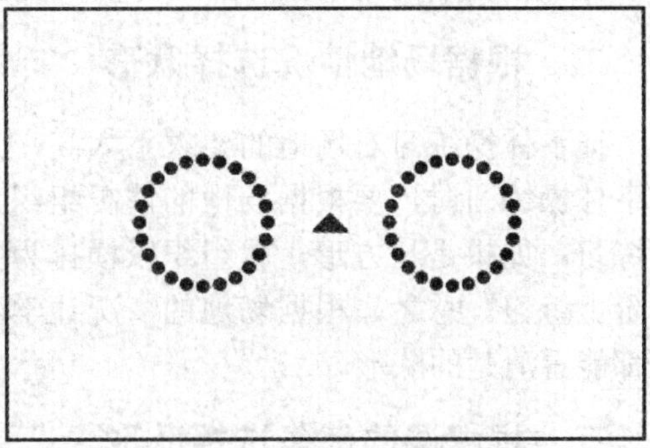

图 3-4-17　双圆队形

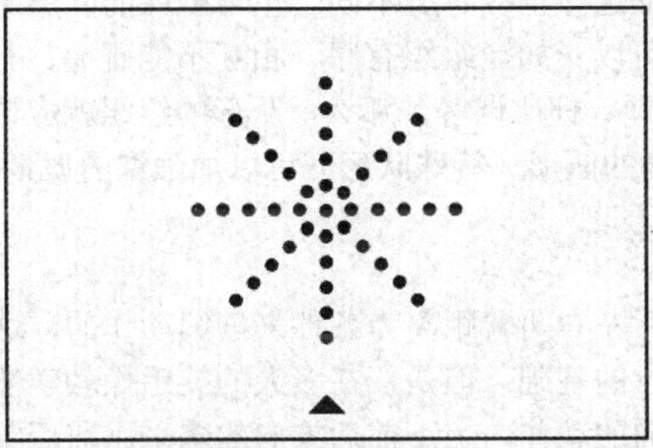

图 3-4-18　米字队形

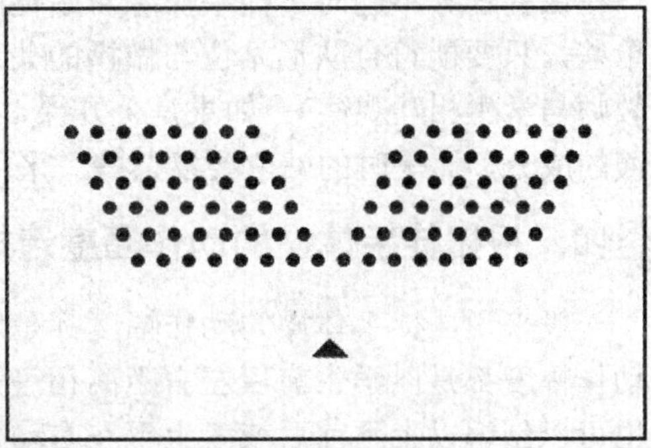

图 3-4-19　双梯形队形

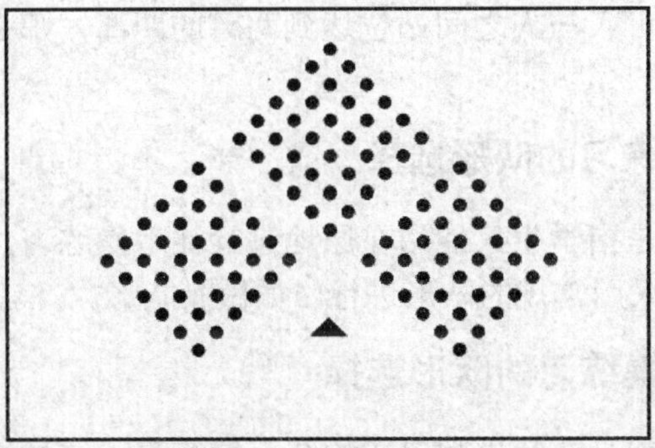

图 3-4-20　三菱形队形

第三节　队形与徒手体操练习

徒手体操练习是在一定的队形基础上进行的，在组织徒手体操练习时，应根据以下几种情况选择队形：

一、选择容易组织的队形

在徒手体操教学中，正常情况下都是很多人一起练习。为了方便组织，一般采用容易站位的队形。如体操（做操）队形，即学生站成多列横排后散开，前后左右取两臂的距离。组织这种队形不会花很多时间，有利于徒手体操练习的顺利进行。

二、根据场地情况选择队形

徒手体操练习对场地的要求不太高，只要有能站下个人的空间就可以。但是，在组织徒手体操练习时，要根据场地的情况组织好练习队形。如果场地是正方形，就组织方形队形练习；如果是长方形，就组织以横排为主的队形；如果是台阶，就组织学生有序地站在台阶上练习。总之，根据场地的情况让学生选择有利于学生做动作，以及指挥员与学生相互都能看清楚的队形。

三、根据课的任务选择队形

在课的任务不同时，徒手操练习站位的队形选择也应有所不同。正常上课的队形可以简单些，只要能符合队形站位与做操的关系就可以（如，组织有序、相互不能碰撞、有利于教师与学生相互观察）。如果是公开课、检查课、评比课等，那么，队形的组织就应该有表演的成分，比平时的站位要复杂些。采用复杂的队形（特殊队形）可以加强课的质量。

四、根据徒手体操的动作幅度选择队形

一般来说，徒手体操的动作幅度都是以前后左右两臂距离为条件来创编动作的，这样的动作幅度都是以学生前后左右距离相等为站位的基础。但是，在多人的徒手操教学情况下也可以创编以上下前后或者上下左右动作方向的动作，上下前后方向的多采用前后距离比左右距离大的队形进行练习；上下左右动作方向多采用左右距离比前后距离大的队形站位进行。如果场地不许可人与人之间站位达到两臂的距离，那么，创编的动作只能用小幅度的动作来练习。

五、定位徒手操练习的队形选择

定位徒手操练习就是指学生只能站在原地进行徒手操练习，移动的距离只能是前后左右一步。定位练习一般采用常规的队形进行，如做操队形。

六、行进间徒手操练习的队形选择

行进间徒手操练习就是在行进间完成的徒手操练习。这种徒手操一般采用上下左右动

作幅度大、前后动作幅度小的动作结构来创编。多采用一路（或二路）纵队、圆形队形在行进间完成。

七、特殊队形的动作创编

在较为重要的课上一般都会采用特殊的队形。特殊队形上的动作创编不仅仅是创编个人的动作，还要考虑队形效果的动作。需根据不同的队形创编出不同的表演效果。如，横队上多采用上下前后的动作；纵队上多采用左右上下的动作；圆形上，圆的缩小与扩大及像花一样开放的动作较好；菱形上依次蹲下和起立的动作形式较好。在特色队形上还应多考虑各种依次、轮换、交替等动作形式来求得表演效果达到最佳。

第四节　队形与轻器械体操练习

轻器械体操是手持各种轻器械中的一种进行练习的基本体操。在组织轻器械体操练习时，要注意如下几种情况：

一、根据器械的长度确定练习者的站位距离

传统的轻器械有体操棍、小红旗、木哑铃、实习球等，而目前又采用了多种道具，如带响声的手掌、颜色丰富的手套等。基本体操用的轻器械有长有短，不同的器械需要不同的站位。体操棍和小红旗是较长的器械，而且在练习中存在器械相碰及伤及人的危险，因此，练习者之间的前后左右距离要比体操棍的长度大一些，采用安全距离，一般采用距离较大的做操队形进行练习。进行器械在手上占用的空间较小的练习时，练习者之间站位的距离可以小一些，以不影响手臂活动为准。

二、根据轻器械练习的动作确定练习者的站位距离

轻器械练习的动作也是确定练习者站位的因素。如，体操棍较长，但是，在动作创编时只采用把体操棍立起来进行动作练习，而不用体操棍的横向及大幅度动作时，就可以采用练习者之间的站位小一些，特别是人多场地小的情况下就要采用这种方式；实心球，如果采用传接的动作，在传接方向上的站位就应近到练习者可以方便接器械的距离；在圆上进行实心球练习是较为理想的站位，可以在圆上进行左右传接和前后传接练习动作。

三、根据队形站位确定采用的器械及器械动作的创编

在教学实践中，教学场地常常是不变的，而教学人数是动态的，有些班级人多，有些人少，不同的年级班上人数也有不同。如果是人数多，站位之间的距离不够大，在进行轻器械练习时就要考虑好采用的器械及器械练习的动作。站位距离不够大最好用小器械，如，用手掌或手套进行练习；如果非要采用长器械练习，那就得考虑好长器械的动作创编，动作幅度不能过大，动作速度不能过快，在保证安全的前提下完成练习。

第四篇

范例篇

FANLIPIAN

第一章　表演性队列队形的理论基础

第一节　表演性队列队形练习的现状

队列练习是指全体学生按照一定的队形，做协调一致的动作。队列操练必须严格按照《中国人民解放军队列条令》进行。队形练习是指在队列练习的基础上再进行的各种队形和图形的变化。而队列队形练习则是结合队列、队形的规范要求与程序方法所实施的操作演练。队列练习与队形练习虽然在概念和内容上有所区别，但在实际运用中二者又有紧密的联系。在队列练习中包含着基本队形变化的因素，如集合、解散、报数等都是以一定的队形为前提的，队形练习的基础则是各种队列动作，如分队走、裂队走等队形变化都是通过齐步走、跑步的队列动作来完成的。因此，没有统一的队列动作，就不可能有各种各样的协调一致的队形和图形变化。

新中国成立之前，我国没有一个完整统一的队列条令，在抗日战争和解放战争时期，中国人民解放军的主要任务是打仗，因此，在部队中主要运用于战术需要的战斗队形（前后三角，左（右）梯形，一路、一字队形等）练习。在当时，全国各地方学校的队列队形练习也不统一。1951 年我国正式颁发了第一部《中国人民解放军队列条令》，之后又分别于 1953 年、1955 年、1964 年、1972 年相继进行了修改，其内容也进行了精简，某些具体条款也有所变动，例如“报数”，1953 年的《中国人民解放军队列条令》规定：“由右向左以洪亮短促的声音逐次向左转头（最后一名不转头）迅速传递，随即将头转正”，1964 年的《中国人民解放军队列条令》规定：“从右至左依次以洪亮短促的声音报数，不转头”，1972 年的《中国人民解放军队列条令》又规定：“从右至左以短促洪亮的声音转头报数（最后一名不转头）”。1981 年中国人民解放军总参谋部军训部印发了一本队列训练专辑，对有些内容再次作了修改，例如，齐步走、正步走、踏步走等。1990 年对《中国人民解放军队列条令》进行了一次较大的删改，现行的《中国人民解放军队列条令》分为九章五十三条。因此，队列队形练习是在不断发展的过程中不断完善的。

表演性队列队形练习在各级各类学校中被广泛运用（如早操、课间操、学校大会、运动会的开闭幕式、学生军训等）。它既是体育教学中的重要内容，也是体育课组织教学的重要措施。它能快速、合理、有效地调动队伍，是体育课中每个学生必须接受的基本训练内容。通过队列队形练习，可训练学生身体的正确姿势；能振奋精神，使学生养成良好的训练作风；能培养学生的组织纪律性及整体观念；能训练动作的节奏感和提高学生协同一致的集体动作能力；能培养学生辨别方向、位置和图形造型的能力，并可起到集中学生注意力，提高兴奋性的作用。由于队列队形的整齐划一性、对称性、匀称性以及多变性等，会使观赏者产生美的视觉效应。同时，在队列队形变化的活动过程中所呈现出的图案也具有鲜明的外在形态，其规范统一的动作和鲜明的主题等，也能给观赏者带来无尽的美的享受。所以，一般来说，表演性队列队形就是主要表现为队列队形的整体美、队列队形的动作灵动美、队列队形的图案诗意的美三个方面。

第二节　表演性队列队形的基本形式与方法

一、队形变化的基本形式

散点队形：表演者平均分布在表演场内，一般距离为2～2.5米左右，也可以交替分布。

线条队形：包括纵队、横队和斜队等。可以是单路、单列，也可以双路、双列或多路、多列。线的长短按需要而定，每路或每列人的间距要密、路或列之间的距离要大。

角形：包括三角形、菱形、方形、锯齿形等。

弧形和圆形。

综合队形：创造性地将各种队形综合运用。

二、队形变化的基本方法

根据队列队形表演内容的需要，将表演人数、行数合理地划分若干小区，在小区内找出所需队形的变化方法。然后其它各区按同一方法进行变化，就会形成全场的变化效果。

（一）散点变纵队

【方法】

1. 在散点的队形上，由右向左“1”至“3”报数。

2. 报“2”数的不动，报“1”数的向左插到“2”数的前面，报“3”数的向右插到“2数的后面即成。按上述方法退回，即还原成散点。

（二）散点变横队

【方法】

1. 每行由前向后“1”至“3”报数。

2. 报“1”数的不动，报“2”数的向前插在“1”数的右侧，报“3”数的向前插在“1数的左侧即成。按此方法退回散开成散点。

（三）散点变短斜线

【方法】

1. 先分单、双行。

2. 单行由前向后“1”至“2”报数。

3. 双行由前向后“2”至“1”报数。

4. 单行“2”数的向斜前方、双行“2”数的向斜后方走到两行斜向“1”数的中间即成。

（四）散点变大斜线：

【方法】

1. 单数排“1”至“2”报数，双数排“2”至“1”报数。

2. 散点全体板面向左转，“2”数向前走至斜向的两个“1”数中间即成。

（五）密集横队变锯齿形

【方法】
1. 将大横排分成若干小横排。
2. 每个小横排中根据需要固定两个基准人。
3. 基准的两端人向后，中间人向前快速移动即成锯齿形。

（六）散点变菱形

【方法】
1. 将散点分成 5×5 若干方区。
2. 确定菱形的上、下、左、右顶点的基准人。
3. 四个顶点连线的外面人向里，里面人向外移动看齐即成。

（七）一列横队变圆

【方法】规定圆心后，确定一中间人不动，由两端向前围圆。

（八）密集方队扩散成散点

【方法】
1. 密集方队面向外。
2. 一层一层地（每隔四拍）向外扩散，到自己的位置后成散点队形。

（九）四十人的单圆变三层圆

【方法】单圆“1”至“4”报数，四人为一组，“1”、“3”数不动，“2”数进内圆，“4”数进中圆即成。

第三节　表演性队列队形的设计基础与训练

一、表演性队列队形设计基础

（一）表演性队列队形练习场地

根据表演性队列队形的特点，一般练习场地为长方形，按照黄金分割率，其长宽比一般为 1:0.618。为便于教师指挥和学生明辨方向位置，可将场地分为六线（四条边线及两条互为垂直平分的假设中线）、九点、两区（以学生冠状面延长线为界，延长线以前为前区，以后为后区）、一个正方形（以场地横中线为正方形的横中线及边长做的假设正方形）。假设是指不画出来的假设标记。

表演性队列队形场地的标记有线、点、角。线：有上、下、左、右边线。点：有上中、下中点，左中、右中点，中点。角：有左上、右上角，左下、右下角。场地的上、下、左、右，是根据学生开始集合队形确定的。学生面向的方向为上，背向的为下。队形的左侧为左，右侧为右。

表演性队列队形变换原则上要求“同时”、“对称”，但行进间队形由于受行进节奏和脚步的限制，且行进间队形变化时不能有退步，故变化时有先后，一般要求四拍完成。

（二）表演性队列队形设计的注意事项

（1）注意各个队形之间变化的合理性和巧妙性，快速有规律地自然过渡。做到移动位置小而变化的效果大。可以分段、分区、分散或合并进行。做到前一个队形的变化给后一个队形变化创造有利条件，如散点变圆，可先变小圆再变大圆。

（2）队形的过渡要迅速，走最近的路线，就近变化。

（3）队形的表演安排上，要注意间隔距离，队形计算上要考虑表演人数、行数与排数的分配。

二、表演性队列队形训练

为使队形变化准确、迅速、整齐，首先将编排的队形和队形变化模式图讲给表演者听，使之心中有数。训练方法通常采用基准人、基准列（路）、基准点和边示范边讲解的方法，对变化复杂的队形和图案，可事先在场内画出图案轮廓或设置特殊标记，采用一部分一部分有层次的、由走到跑逐渐过渡的方法。

（一）队形训练

队形变换有队形变、方向不变；方向变、队形不变和队形、方向同时变三种。

1. 队形变、方向不变

（1）　停止间队形变换

① 横队变换：如一列横队变二列横队、一列横队变三列横队、二列横队变一列横队、三列横队变一列横队等。

② 纵队变换：如一路纵队变二路纵队、一路纵队变三路纵队、二路纵队变一路纵队、二路纵队变三路纵队等。

（2）行进间队形变换

① 横队变换：如一列横队变二列横队走、一列横队变三列横队走、二列横队变一列横队走、三列横队变一列横队走等。

② 纵队变换：如一路纵队变二路纵队走、一路纵队变三路纵队走、二路纵队变一路纵队走、二路纵队变三路纵队走等。

2. 方向变、队形不变

（1）停止间方向变换

① 横队方向变换：如一列横队转弯走、数列横队和并列纵队转弯走等。

② 纵队方向变换：如一路纵队转弯走、数路纵队转弯走等。

（2）行进间队形的方向变换

① 横队方向变换：如一列横队转弯走、数列横队和并列纵队转弯走等。

② 纵队方向变换：如一路纵队转弯走、数路纵队转弯走等。

3. 队形、方向同时变

（1）停止间队形、方向同时变换

① 横队变换：如一列横队变数列横队、少列横队变多列横队。

② 纵队变换：如一路纵队变数路纵队、少路纵队变多路纵队。

③ 横队变纵队。

④ 纵队变横队。

（2）行进间队形、方向同时变换

① 横队变换：如一列横队变数列横队、少列横队变多列横队、数列横队变一列横队等。

② 纵队变换：如一路纵队变数路纵队、少路纵队变多路纵队、一路纵队变二路反向纵队等。

③ 横队变纵队：如一（数）列横队变一（数）路纵队等。

④ 纵队变横队：如一（数）路纵队变一（数）列横队等。

【教法与注意】

（1）准确地移动步伐是队形变换整齐的基础。准确则要求方向准，步幅、步速准。在教学中，移动步伐应作为队形变换的一项基本技术抓好抓扎实。停止间队形变换的移动步伐有前进步、后退步、侧前方进步、侧后方退步、侧跨步等；行进间队形变换的移动步伐有齐步（或特定步伐）、侧前方进步、小步和踏步等。以上各种步伐既可单一地也可几种步伐组成组合反复地进行练习。

（2）队形变换训练，除使学生能了解自己的变换方法和移动位置外，重要的在于让他们了解整个队形的变换方法和自己在变换中的位置与要求，启发他们的学习积极性和主动性。因此，在训练中应讲解队形变换的意义、要求与变换方法，并用图示说明每个"数"在队形变换中的位置、移动步伐、方向及要求。

（3）一、二、三列（路）横（纵）队间的互换是停止间和行进间各队形变换的基础，在队形变换训练计划与措施上应列为重点。

（4）同一种队形变换，在停止间和行进间进行时其变换方向是不一样的，因为行进间队形变换要受行进步伐、节奏的制约，难度较停止间队形变换大，但是，二者的变换形式仍是一致的。

（5）指挥员的位置必须随队形宽度、深度的改变而适当调整。

（二）图形变换训练

图形变换有直线队形、转角队形、弧形和圆形等队形的相互变换。分为停止间图形变换和行进间图形变换两种。

1. 停止间图形变换

（1）直线队形变斜线队形。

（2）直线队形变折角队形。

（3）直线队形变弧形、圆形队形：一列横队变弧形队、一列横队变波浪形队、一列横队变拐形队、一列横队变圆形队、二列横队变圆形队、二列横队变马蹄铁形队、多列横队变蛇形大转弯队形、圆形变多边形、弧圆形集合。

2. 行进间图形变换

（1）直线行进：包括直向行进变换与斜向行进变换两类，如，绕场行进、错肩行进等。斜向行进：行进路线与场地边线成一定角度，如，直角行进、锐角行进等。直线行进图形集合：如，斜向行进成散点（花）形、直角行进成方形、交叉行进成方形等。

（2）直线、弧线结合行进：直线行进中，用小弧转 180°，回转，再循直线行进。有通场回转和半场回转两种回转方式。如，向内一次回转行进等。

（3）弧线行进：沿弧形、半圆形和圆形路线行进。如，S 形行进、圆形行进、8 字行进、螺旋形行进等。

【教法与注意】

（1）图形变换是队形变换的深化，是在基本队列和队形练习基础上进行的更加艺术化的队列队形变换，因此，必须重视基本队列和队形练习的准确性、熟练性训练。

（2）在运用场地标记时，可根据需要增加标记符号，或指示学生站在某两点间的中点、三分之一、四分之一处等。

（3）为提高图形变换的准确性，可分小组、按规定节拍完成固定方向路线的局部图形或基本队形，反复练习。

（4）图形变化时，可用音乐伴奏、音响指挥培养学生的韵律感、节奏感，激发学生朝气蓬勃、奋发向上的热烈情绪。

（5）图形变化时，除用齐步、跑步等队列基本步伐外，还可用跳步、舞步等。

（三）标志点训练

1. 坐标点排列的位置应在图纸的纵横坐标线交叉点位上

在队列队形练习中，为了使表演者能够准确找到自己表演位置、明确变化的方位、保持变队的整齐而在场地内所做的标记叫做“点”，它包括“基本点”（白色）、“辅助点”（红色）与“特殊点”（除红、白颜色以外的其他颜色）。“基本点”是场地纵横坐标号相交的点。由于表演场地上标注有“基本点”，因而在图纸上将纵横坐标号所对的坐标线交叉的点作为参照点（即基本点），无论是简单的散点、线条以及块面图形等。每一坐标点绘制的具体位置，一般都应绘制在纵横坐标线的交叉点位上（特殊情况除外，如密集队形）。纵横坐标线的交叉点位应理解为“明位”和“暗位”两种。

“明位”：在坐标图纸上纵横坐标号所对的坐标线交叉点的位置（既表演场地上的“基本点”记号位）。

“暗位”：根据需要在图纸的小方格内按 1/2、1/3、1/4 等制作的纵横坐标线交叉点的位置。

2. 坐标点面积的大小以一小方格内排列 4 个坐标点，点与点之间有小空隙为益

图纸上“坐标点”面积的大小要依据图纸小方格的大小来设计。在实际的表演场地上，一个小方格内的长度和宽度通常是 2～2.5 米（散点在距离内）。根据成人的肩宽，一般情况下，最多能站立 4 个表演队员（特殊的密集队形除外），因而在“坐标图”的一个小方格内，以能排列 4 个“点”（人），人与人之间有小空隙来确定其大小，坐标点面积适合示意图。

如果“点”的面积太大或太小，绘制好的图形效果会形成一种错觉，最终造成图纸上图形的视觉效果和表演场地上图形的视觉效果差距太大，而达不到理想的表演效果。

3. 图形的排列是以小方格为单位固定相同的数量进行

（1）每一方格内坐标点排列的数量原则上是相对越多，点与点之间的空隙越小，表演队形或图形的视觉效果越好。

“坐标点位图”中每一个点代表的是场地上具体的每一个字，因而它只能通过“点”，这种唯一的图案来表现“点、线、面”三种图形的效果，在不考虑其他因素的前提下，每一小方格内排列的坐标点（人员）数量越多，其图形上点与点的间隙就越小，队形或图形表演展示时的效果就越好。如一方格内排列三人和一方格内排列两人，两者对照，前者比后者图形的清晰效果更好。

（2）设计每一方格内坐标点的数量需要考虑表演总人数多少和图形的大小。

在进行坐标点排列时首先需要考虑演员总人数的多少，以及每一场景中所有图形的大小，由于总人数是不变的因素，因而排列时，首先应初略地设定图形的大小，然而根据人员总数来设定每一方格内排列的人数：

① 排列的人数不够：如果人数相差较多，可采用两种方法进行调整，一是将图形按比例适当缩小，二是减少每一个方格内排列的坐标点（人）数量。

② 排列的人数有剩余：如果剩余较多，也可采用两种方法进行调整，一是将图形按比例适当放大，二是增加每一个方格内 的坐标点（人）数量。

（四）路线的训练

1. 改变队列队形的方向位置

直线队形既可以在横、竖、斜的方向上和高低姿态上进行变化，如方阵队形可变成菱形、田字形、十字形。还可以在高低姿态上进行波浪或造型上的改变。因为队形方向位置的不同，引起的视觉效果也不同，而队列的协调一致，如统一做动作或一次匀速地按顺序要求做同一的动作，可以形成近似波浪效果的集体配合表演，不同的方向可以产生不同形式的波浪。可以用来表达不同的主题、内容、意境。如横排波浪可绘制出一个波涛起伏的海面，纵队波浪可展现出摆龙的效果，而十字形浪的美妙效果更能激发学生的练习热情。

2. 改变队列队形的组合形式

改变队列队形的组合形式是指由各种不同人数的组合和各种不同位置变化所产生的各种不同的队形图案。如可以将学生按均数分为几个小组，小组内的学生可以因不同的位置变化而产生不同的队列队形图案。以 8 人为例，可由空心的正方形变为圆形，再变为“T”字形，再变为三角形，再变为两个正方形；也可因人数的变化而改变队列队形，如 8 人的空心正方形可变成 9 人的正方形，可变成 16 人的空心正方形、可变成 25 人的田字形；当然也可进行综合性的变化，只要有利于教学任务的完成，只要有利于提高学生的学习兴趣、队列队形的组合形式是可以千变万化的。

3. 改变队列队形运动的路线

队列队形运动的路线有很多种，如直线行进、斜线行进、曲线行进（包括蛇形行进、圆形行进、螺旋行进等），还有队列的移动、分队、合队、裂队、并队、散开和靠拢等，要能够充分利用这些东西、行进方法和点、面、线的变化使队形更加丰富，并且变化更加迅速，更节约时间。如最常见的四列横队与圆形队形的转换就是运用了蛇形行进和圆形行进，使队伍达到了最完美的转换。

（五）训练的注意事项

队列队形练习的教法，通常是先提出练习的名称、口令及其下达的方法，接着进行示范、讲解，然后指挥学生操练。示范动作要清楚、准确。一般是先做完整示范，再做分解示范。为了提高示范效果，可先用慢速示范，再做分解示范，最后按常规速度示范。讲解要简明扼要、重点突出。为了提高讲解效果，可将示范与讲解结合起来进行。

在做图形行进练习时，应注意讲明场地上有关假定的标记，并选择好讲解的时机。如错肩行进，应在排头走到接近“边中点”（迎面相距约 5 米处）时停下来讲解为宜；对角线行进，应在排头走到场地一角时停下来讲解为宜；交叉行进，应在排头走到接近场地中点时停下来讲解为宜。有些图形行进练习，教师可先站在排头位置带领学生练习，如蛇形行进、螺旋行进、“8”字形行进等，并在练习过程中或形成图案时进行讲解，更便于学生接受。

第二章 表演性队列队形案例

案 例 一

设计人数：80 人　　**场地大小**：40 米×40 米

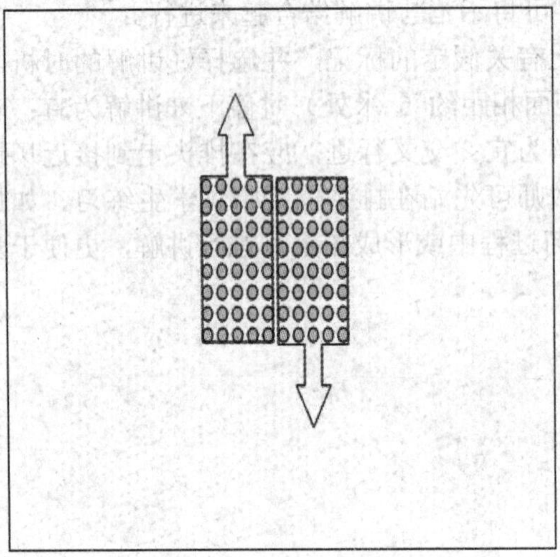

图 4-2-1

1～5路向后转，分成两个方块队背对背同时行进20步，如图4-2-1所示。

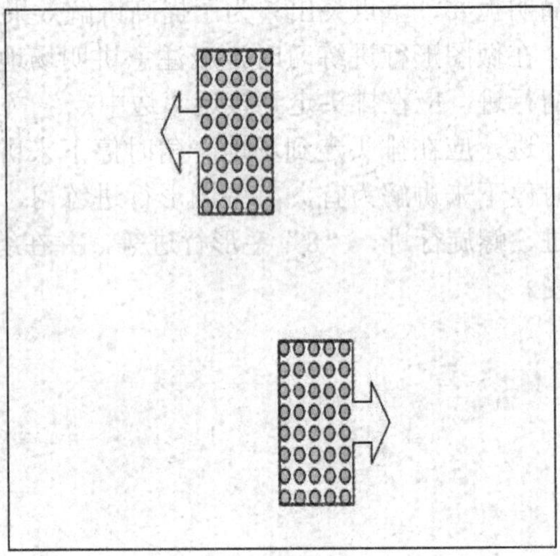

图 4-2-2

行进20步后两个方队同时向左转走，继续行进10步，如图4-2-2所示。

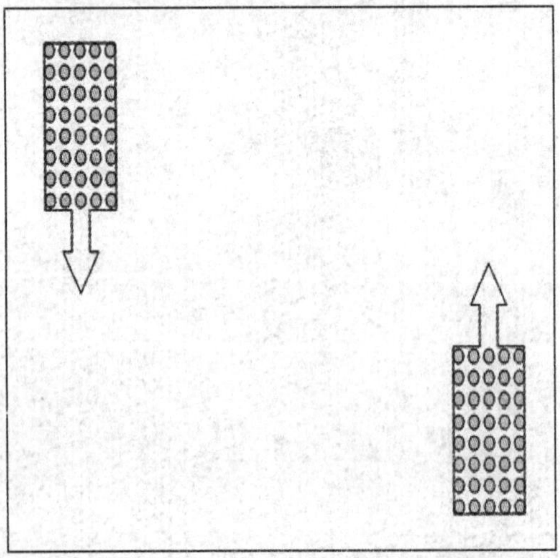

图 4-2-3

行进10步后，再向左转走行进20步，如图4-2-3所示。

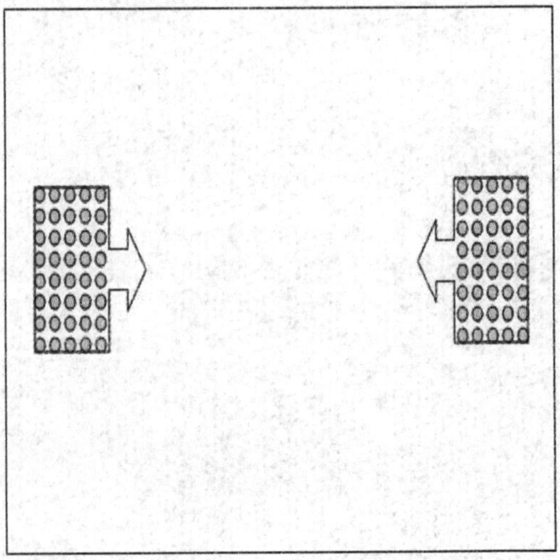

图 4-2-4

行进20步后，向左转走至两方队面对面，如图4-2-4所示。

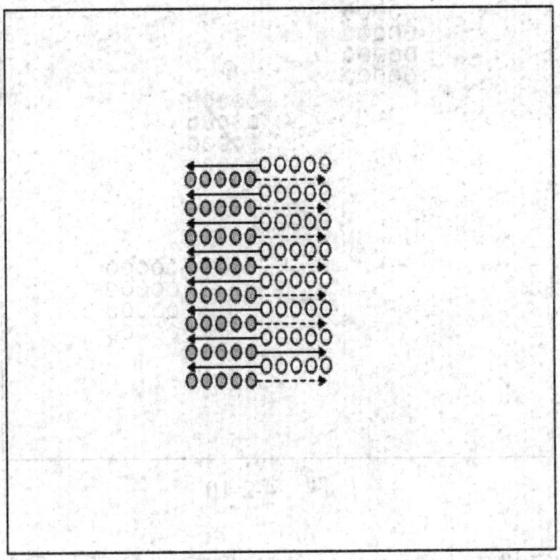

图　4-2-5

继续行进15步，两方队队员错（左或右）肩行进，如图4-2-5所示。

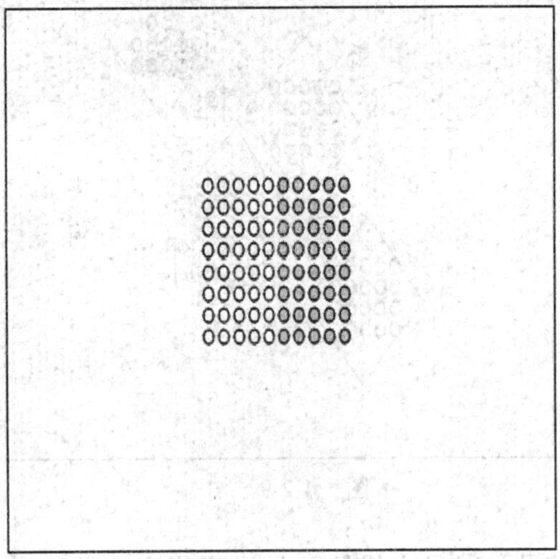

图　4-2-6

踏步4次调整至大方块队形，如图4-2-6所示。

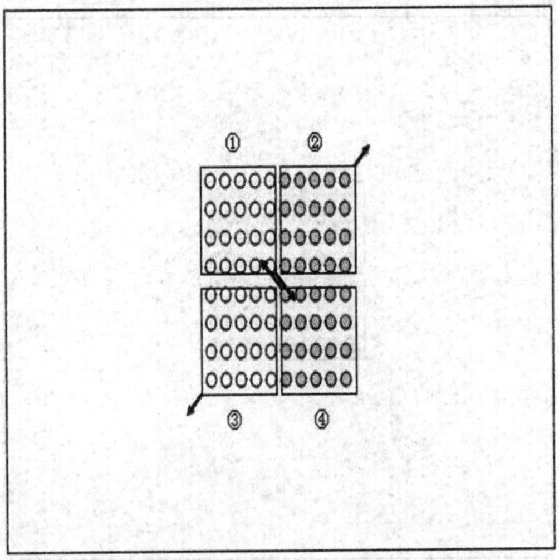

图　4-2-7

①号与④号方块的队员同时转身至面对面，保持菱形的形状错右肩行进10步；②号与③号方块的队员同时转身至背对背，行进10步，如图4-2-7所示。

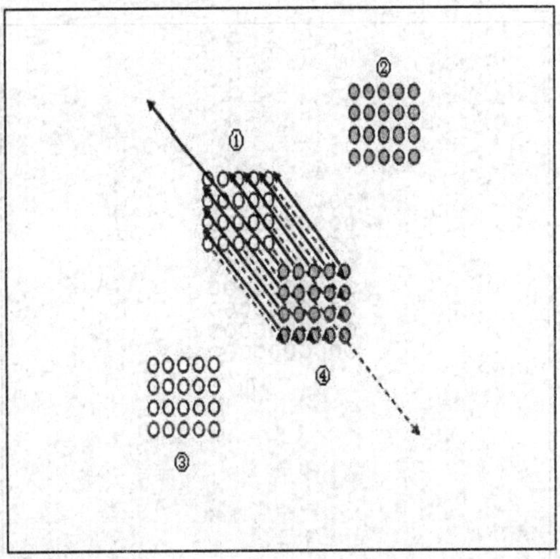

图　4-2-8

①号与④号方块的队员错肩行进后继续行进10步；②号与③号方块的队员同时向后转走至面对面行进10步，如图4-2-8所示。

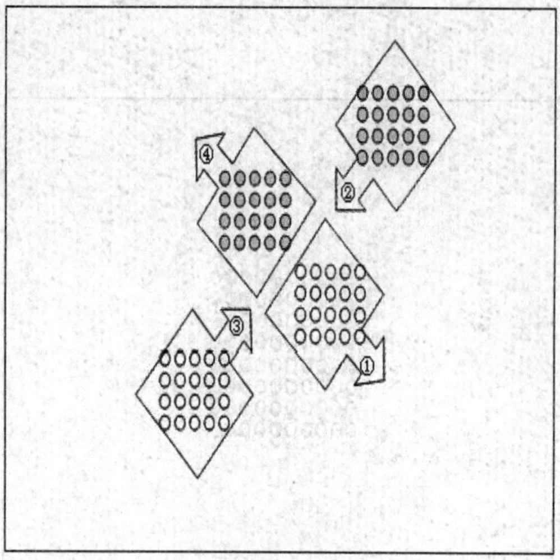

图 4-2-9

①号与④号方块的队员错肩行进后继续行进10步；②号与③号方块的队员错肩行进至如图4-2-10所示的位置。

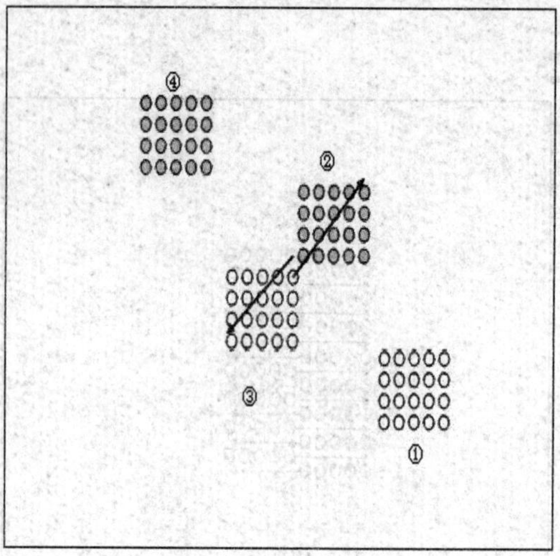

图 4-2-10

行进至如图4-2-10的位置后，①号与④号方块的队员面对面行进10步，②号与③号方块的队员错肩行进10步至大方块队形，如图4-2-11所示。

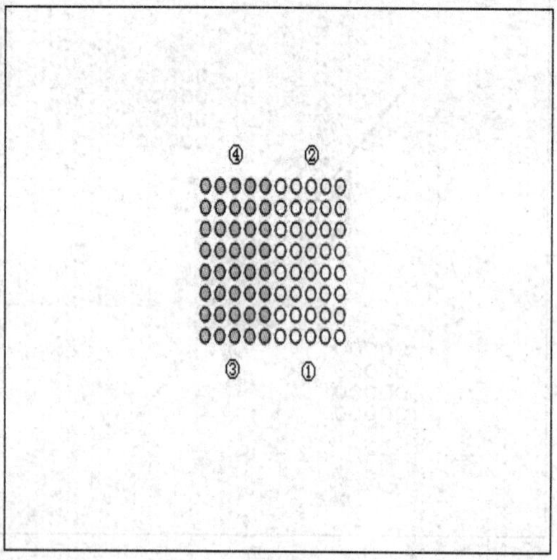

图 4-2-11

位置交换后的大方块队形，如图4-2-11所示。

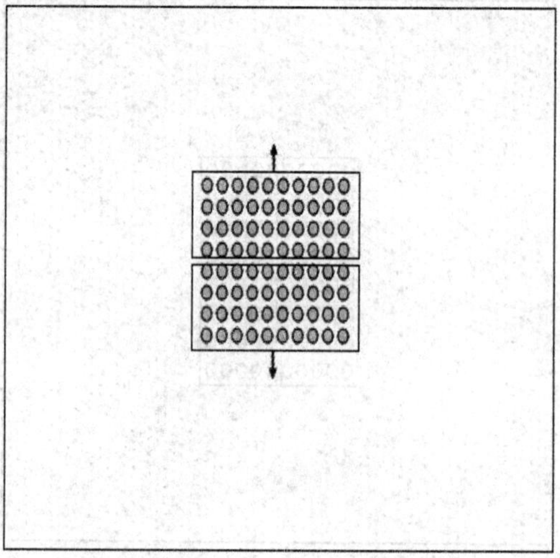

图 4-2-12

大方块队形形成后，踏步4拍至背对背，如图4-2-12所示。

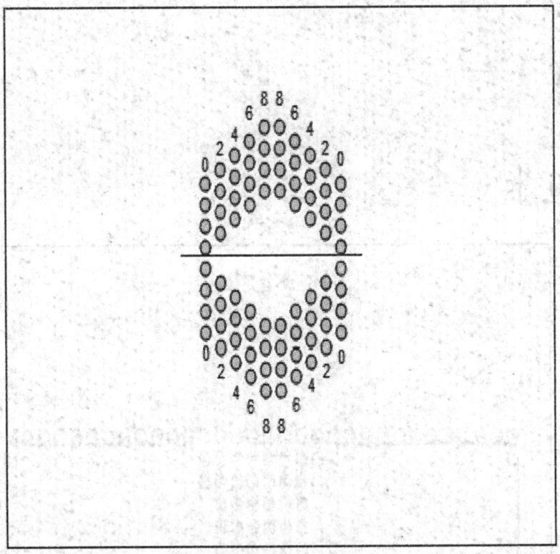

图　4-2-13

纵路依次行进，行进的步数如图4-2-13所示，行进8步的路行进两步以后，行进6步的路开始行进，以此类推。全部到位后，集体呼口号“1234”。

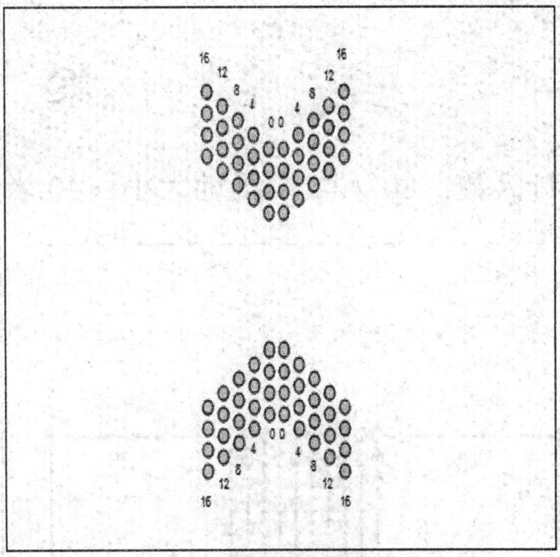

图　4-2-14

纵路依次行进，行进的步数如图4-2-1所示，行进16步的路行进4步以后，行进12步的路开始行进，以此类推。

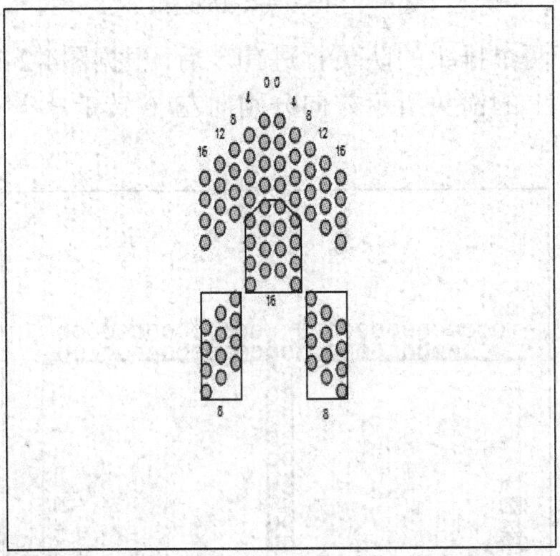

图　4-2-15

纵路依次行进，行进的步数如图4-2-15所示，行进16步的路行进4步以后，行进12步的路开始行进，以此类推。行进步数相同的路开始动作的时间一致。

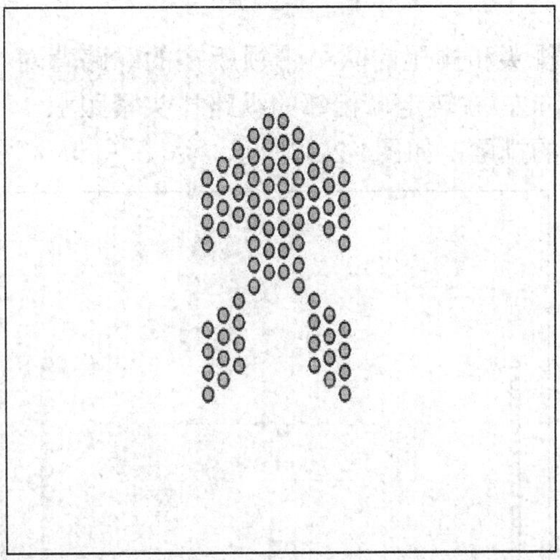

图　4-2-16

跑步朝箭头指示的方向退出场地，如图4-2-16所示。

案 例 二

设计人数：80 人　　场地大小：40 米×40 米

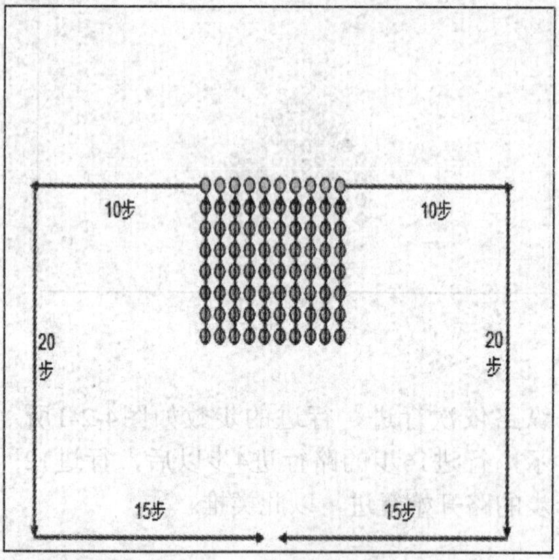

图 4-2-17

由排头和排尾的队员带领所在的纵路背对背向左/右转走，相邻的纵路排头紧跟上一路的排尾，如图4-2-17所示。

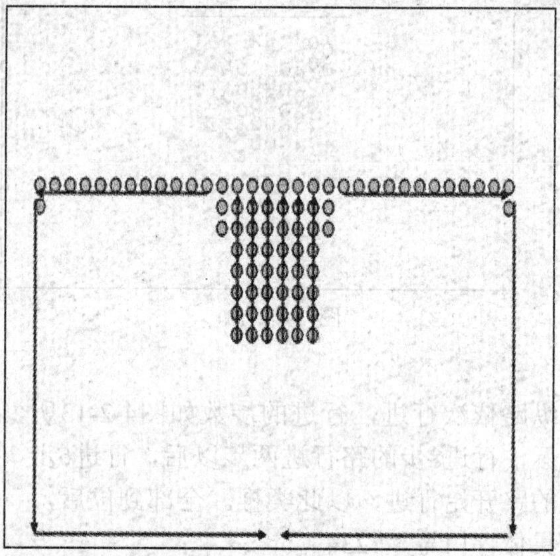

图 4-2-18

两个排头的队员行进10步后，根据图4-2-18上的箭头所示方向分别向左/右转走。

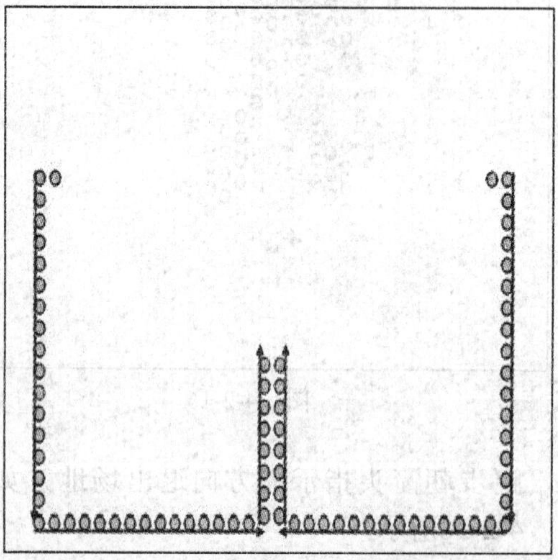

图 4-2-19

继续行进20步后，排头的队员左/右转走，并队行进，如图4-2-19所示。

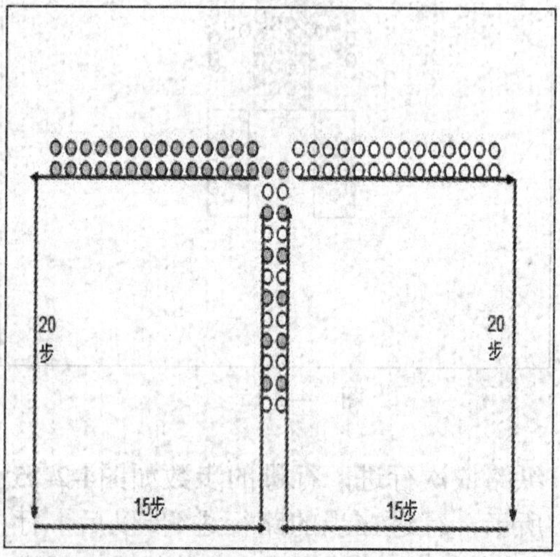

图 4-2-20

继续行进20步后分队走，即两名队员为一伍，朝箭头所指方向行进15步（单数列的两名队员向左转走，双数列的两名队员向右转走），然后朝箭头所指方向行进，行进步数如图4-2-20所示。

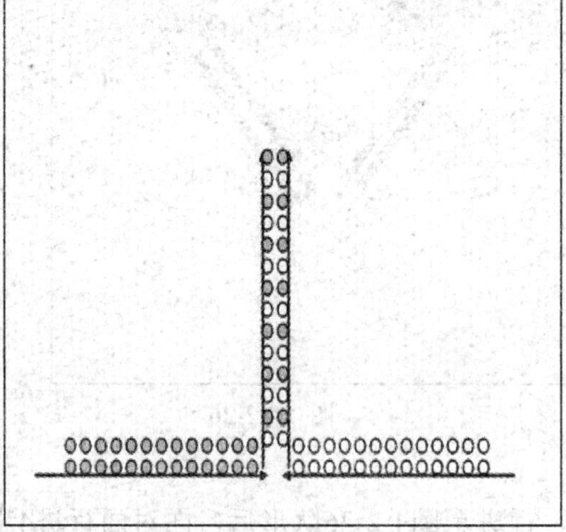

图　4-2-21

两个方向的排头队员行进至近距离面对面时，合队走，向前行进20步，如图4-2-21所示。

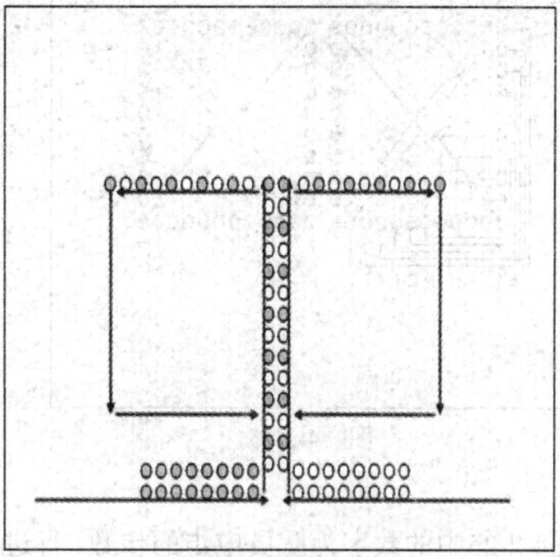

图　4-2-22

裂队走：左路向左转90°，右路向右转90°，如图4-2-22所示。行进10步后，随箭头指示的方向行进至图4-2-23所示。

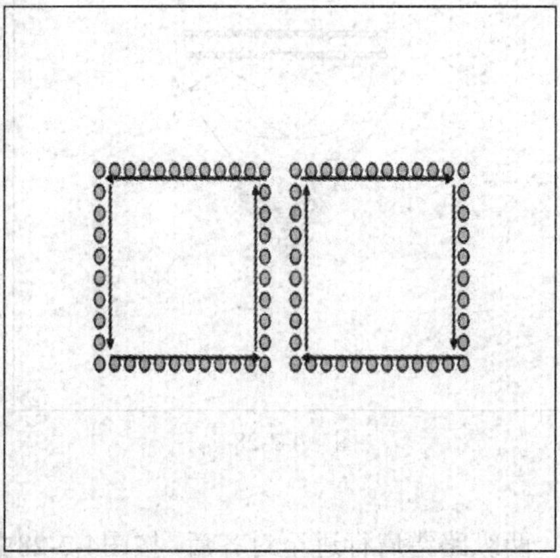

图　4-2-23

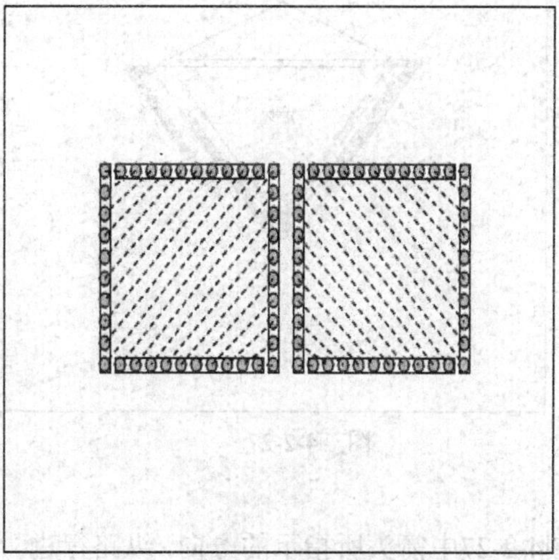

图　4-2-24

图4-2-24中虚线相接的队员相互交换位置，行进时注意排面的整齐，行进路线长的队员大步行进，路线短的队员小步行进或踏步。

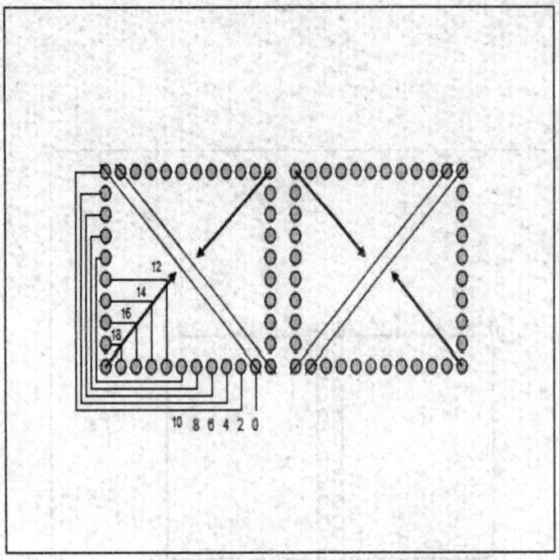

图 4-2-25

图4-2-25中的数字为队员应走的步数，行进20步的队员最先走，两步后行进18步的队员再走，以此类推。

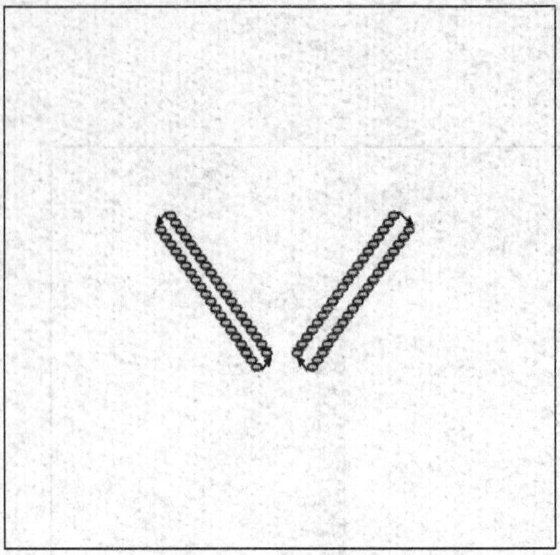

图 4-2-26

行进至图4-2-26队形后，面对面行进4步，相互交换位置。

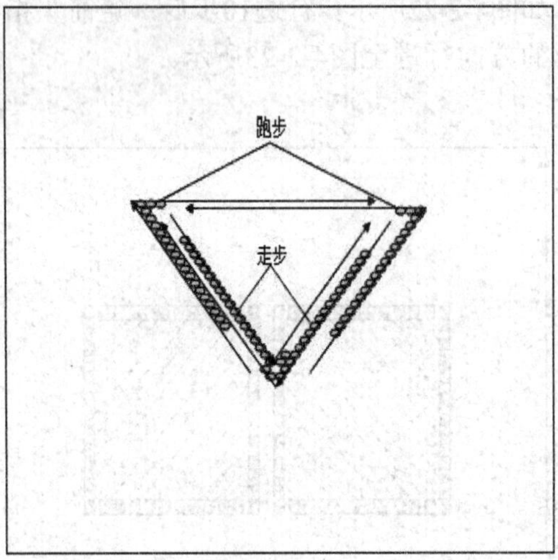

图 4-2-27

按图4-2-27中箭头所指示的方向，纵路行进至即将相遇时，错肩行进至图4-2-28所示队形。

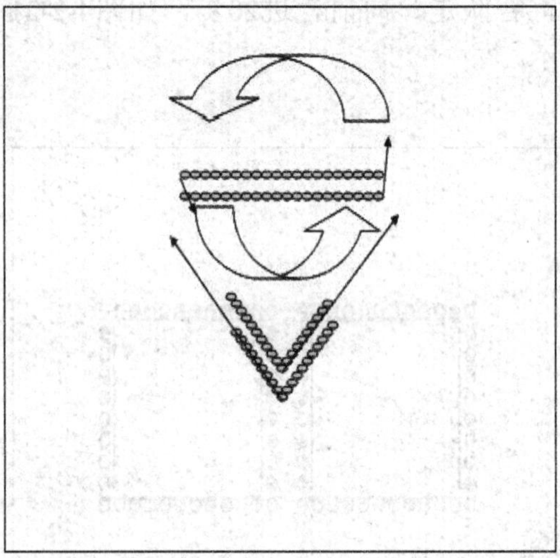

图 4-2-28

两纵路错肩行进至对齐后，按图4-2-28中箭头所指示的方向成弧形行进，至两路的首尾相接形成一个圆形。

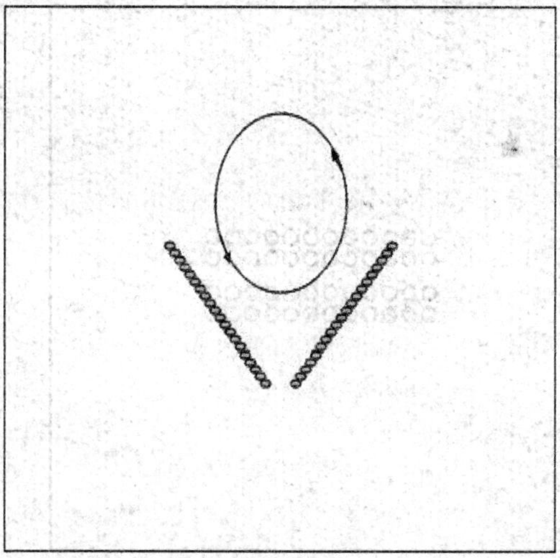

图　4-2-29

结束造型，如图4-2-29所示。

案　例　三

设计人数：80人　　**场地：**20米×20米

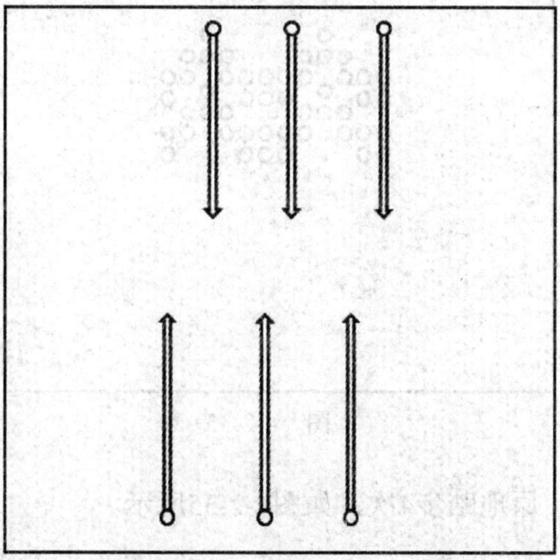

图　4-2-30

队伍在场地两端面相对而立，每路8人，间隔为2米。面相对行进15步，成如图4-2-30所示的队形。

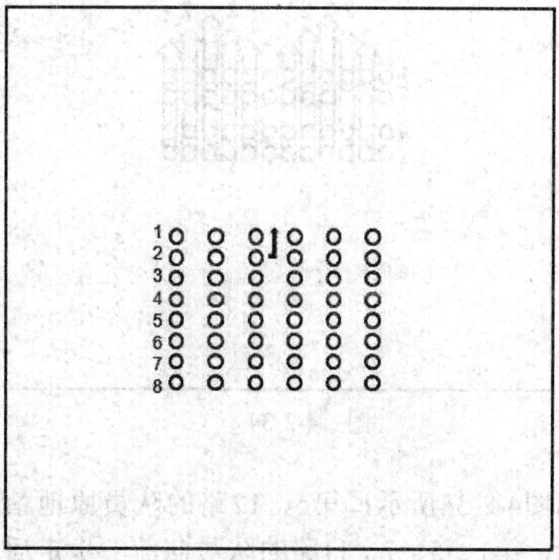

图　4-2-31

如图4-2-31所示，双数列的队员跨步到单数队员右侧，成4列横队。

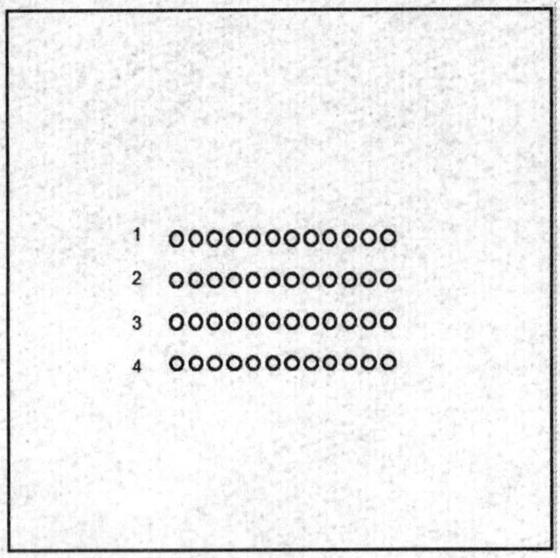

图 4-2-32

第一列原地踏步，第二列向前3步，第三列向前5步，第四列向前8步，成如图4-2-32所示的队形。

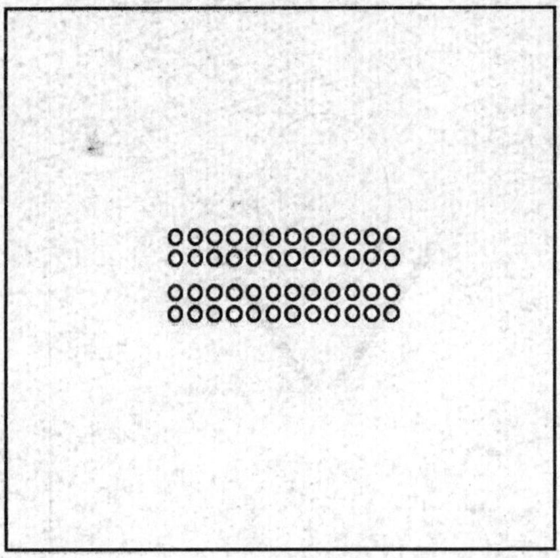

图 4-3-33

原地踏步2次，如图4-2-33所示。

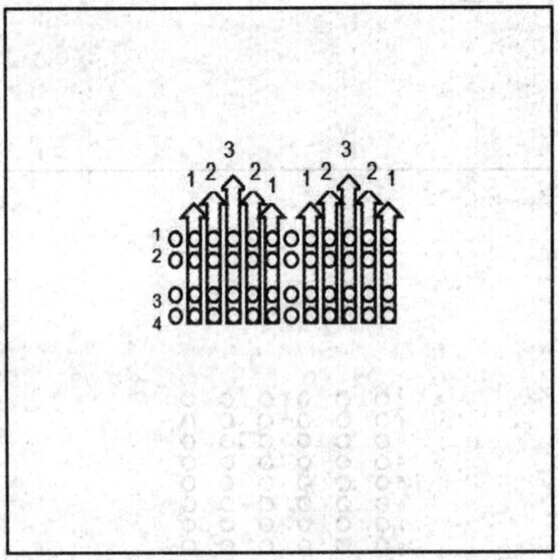

图 4-2-34

如图4-2-34所示，第6、12路的队员原地踏步，第1、5、7、11路的队员向前一步走后原地踏步2次；第2、4、8、10路的队员向前跨两步后原地踏步1次；第3、9路的队员向前3步，成如图4-2-35所示的队形。

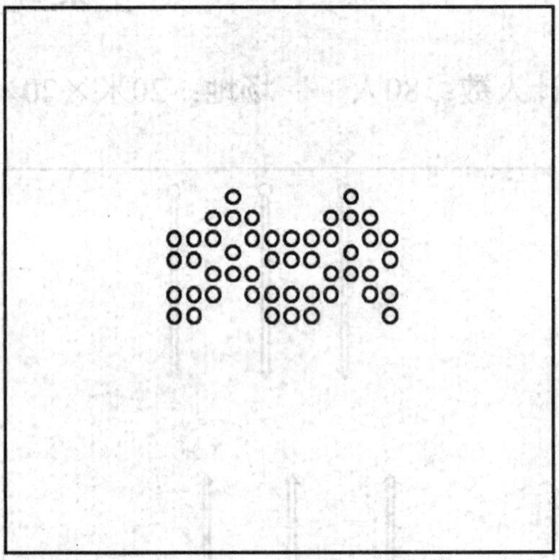

图 4-2-35

原地踏步4次，如图4-2-35所示。

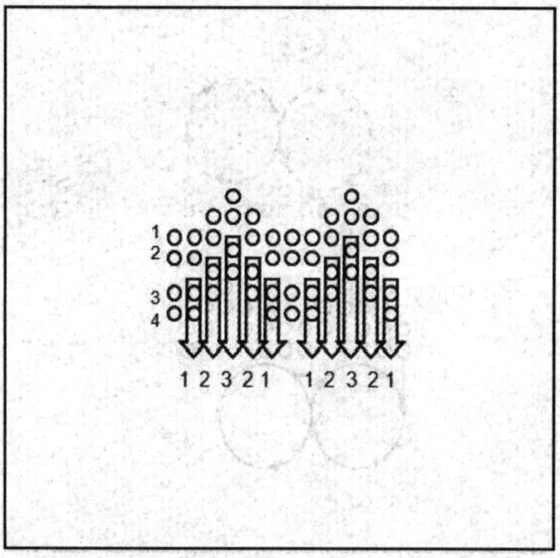

图 4-2-36

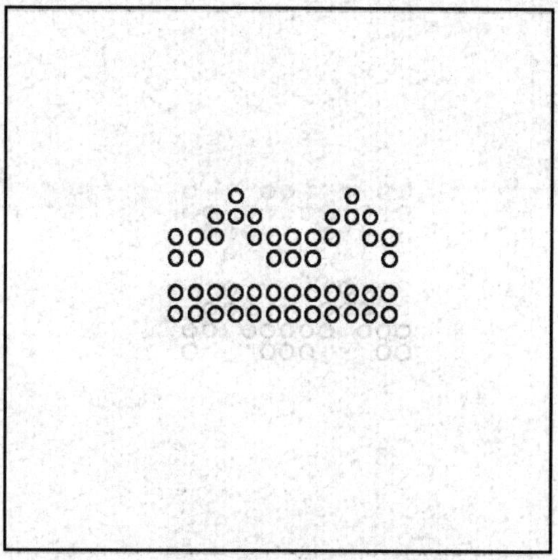

图 4-2-37

1、2单元的队员原地踏步，3、4单元的队员向后转走，依次行进图4-2-36所示的步数后成如图4-2-36所示的队形。

原地踏步4次，如图4-2-37所示。

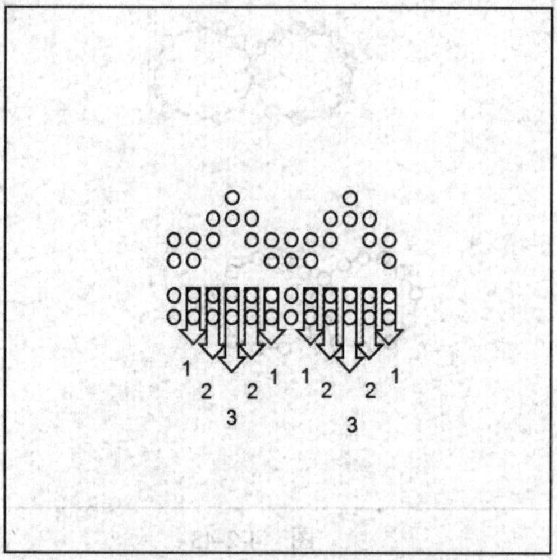

图 4-2-38

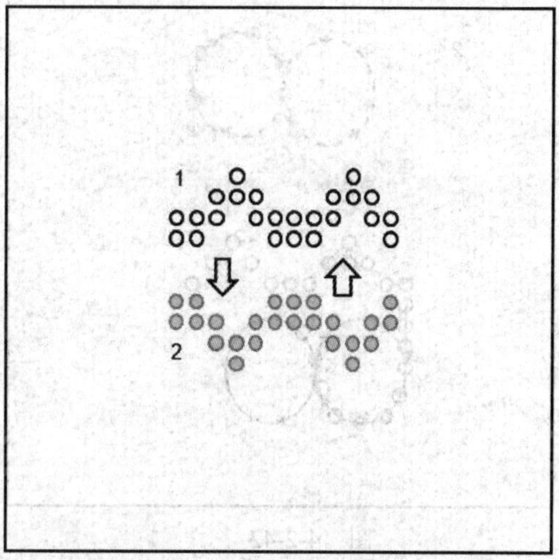

图 4-2-39

1、2单元的队员原地踏步，3、4单元的队员中第6、12名队员原地踏步4次，第1、5、7、11名队员向前走一步后原地踏步两次；第2、4、8、10名队员向前跨两步后原地踏步1次；第3、9名队员向前跨3步后成如图4-2-39所示的队形。

第1部分与第2部分面相对站立错肩行进12步，成如图4-2-40所示的队形。

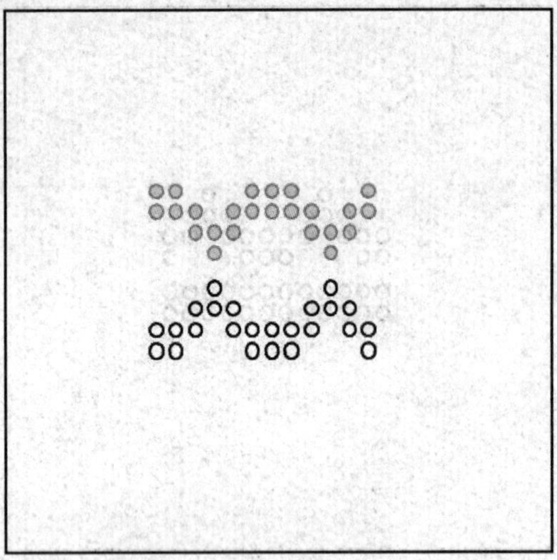

图 4-2-40

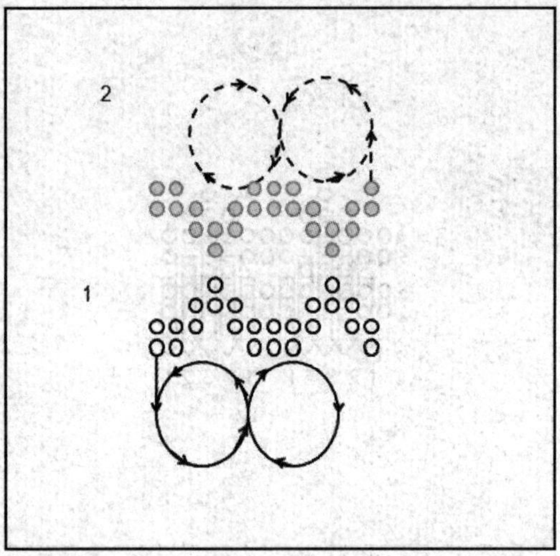

图 4-2-41

按图4-2-41所示的箭头方向，“8”字进行。

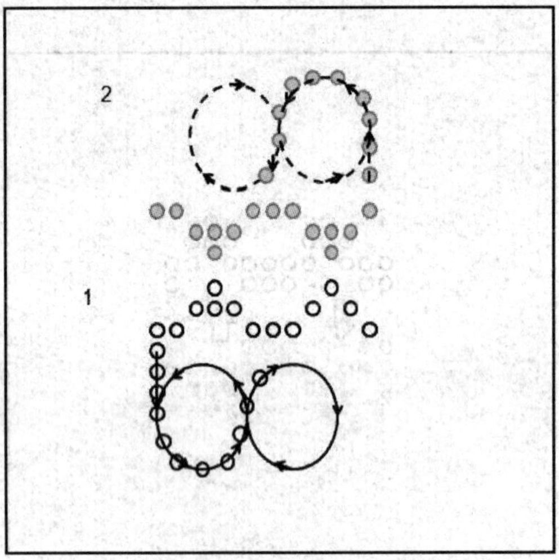

图 4-2-42

如图4-2-42所示，第2部分第一列排头的队员带领开始“8”字行进；第1部分第四列排尾的队员带领开始“8”字行进。

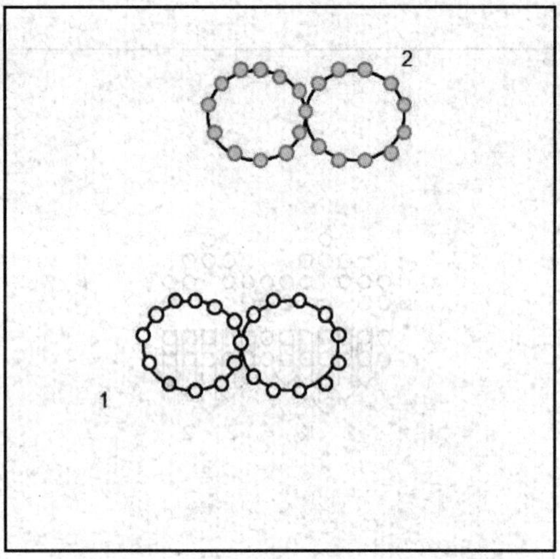

图 4-2-43

按图4-2-43所示的队形踏步4次。

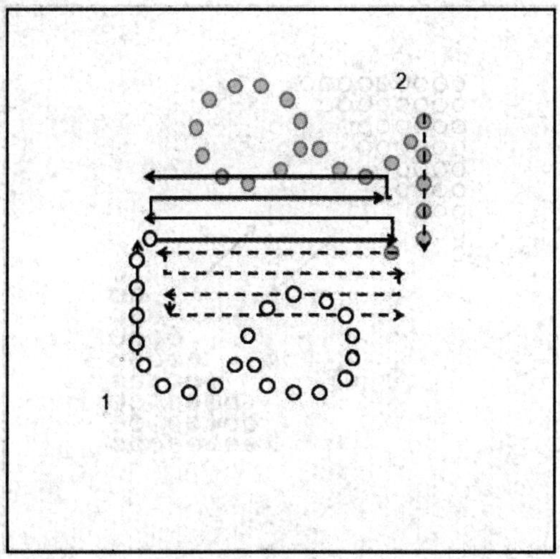

图　4-2-44

“8”字行进的排头队员带领队伍按图4-2-44中箭头的方向“蛇形”行进。

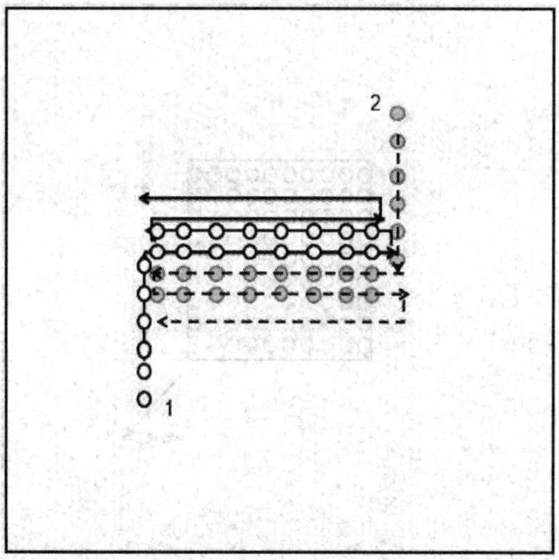

图　4-2-45

如图4-2-45所示，“8”字行进至规定位置后，队员向场地中线面相对行进6步后向左（右）转。

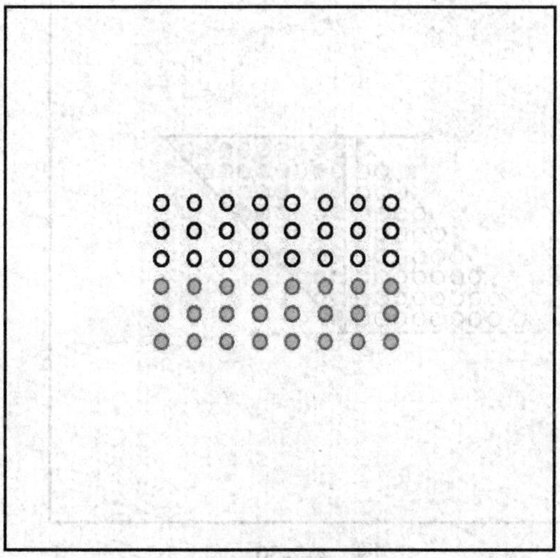

图　4-2-46

按图 4-2-46 所示队形踏步 4 次后立定。

案　例　四

设计人数：90人　　　场地：40米×40米

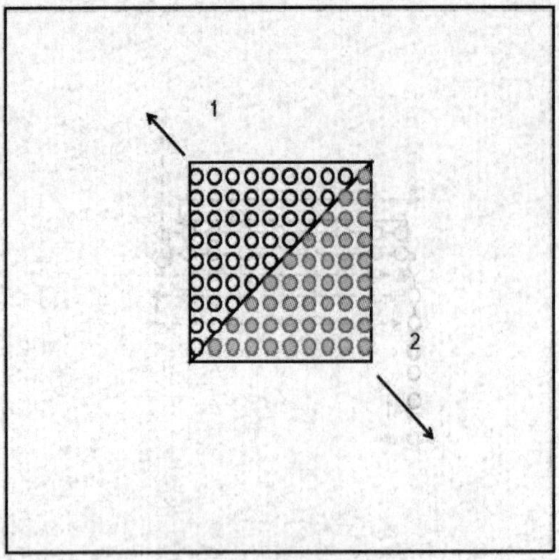

图 4-2-47

将9×10的长方形队形分成人数相等的1、2两个部分，沿图4-2-47中箭头所示的方向背对背行进30步。

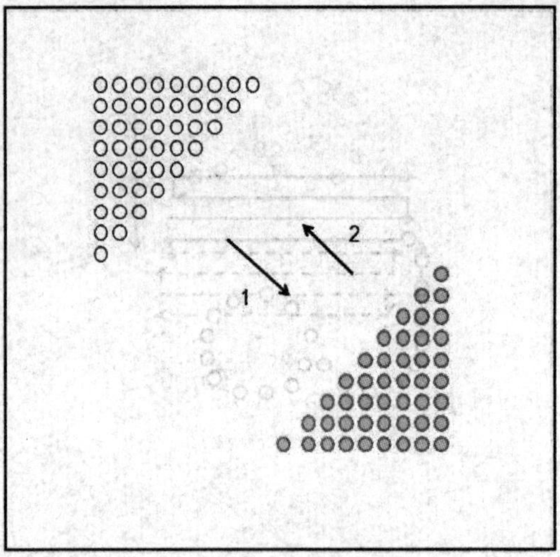

图 4-2-48

行进至如图4-2-48所示位置后，向后转走行进44步，至即将相遇时错肩行进，成如图4-2-49所示的队形。

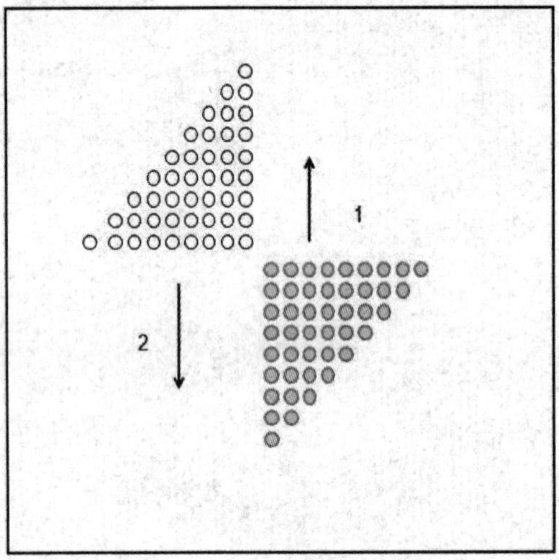

图 4-2-49

第1、2部分向左（右）转走，行进9步至图4-2-50所示的队形。

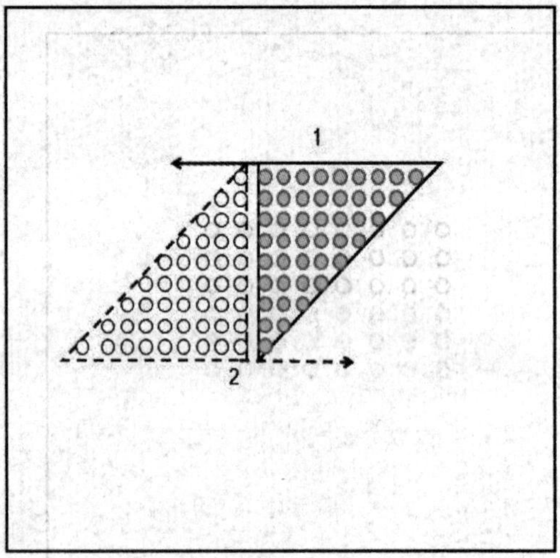

图 4-2-50

行进至图4-2-50所示的队形后，向左（右）转走，1、2部分错肩行进9步，成如图4-2-51所示的大方块队形。

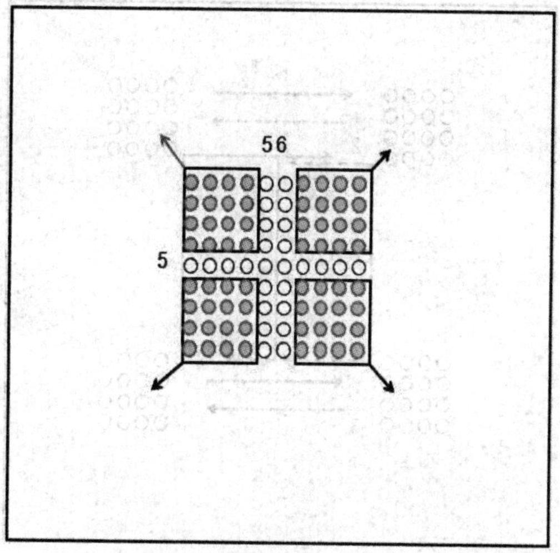

图　4-2-51

如图4-2-51所示，第5、6纵路和第5列为“十字型”和周边4个“正方形”。“十字型”原地踏步不变，4个“正方形”分别向场地的四个角方向行进6步成如图4-2-52所示。

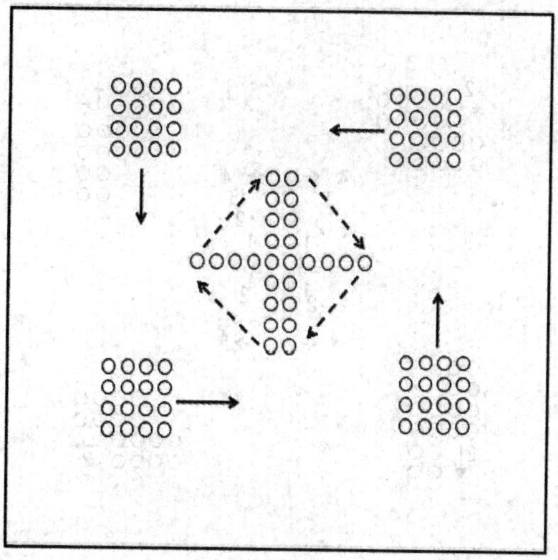

图　4-2-52

“十字型”顺时针方向（外延大步、中心小步）行进8步，4个“正方形”逆时针方向大步行进8步，成如图4-2-53所示的队形。

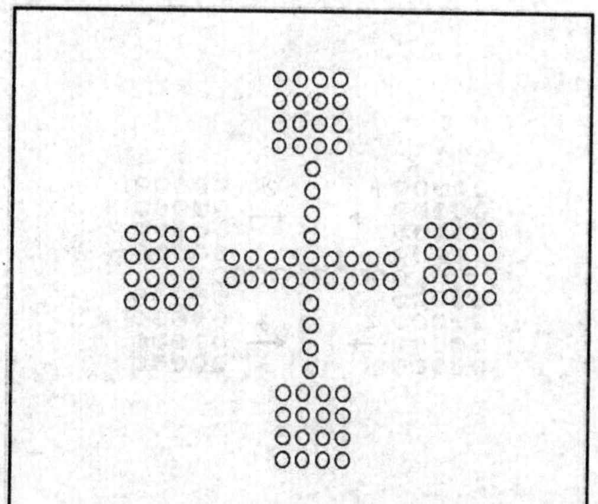

图　4-2-53

按图4-2-52所示的队形原地踏步2次。

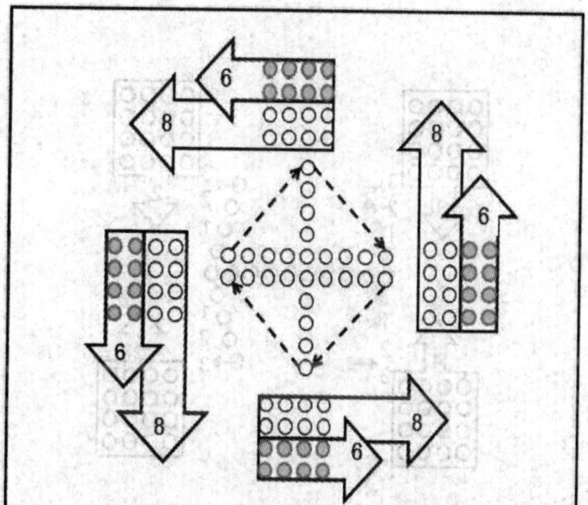

图　4-2-54

“十字型”顺时针方向行进8步，4个“正方形”逆时针方向行进，场地内侧的队员行进8步，场地外侧的队员行进6步，成如图4-2-55所示的队形。

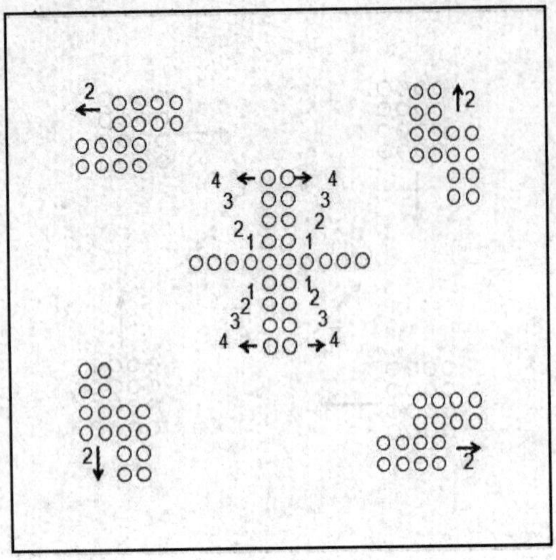

图 4-2-55

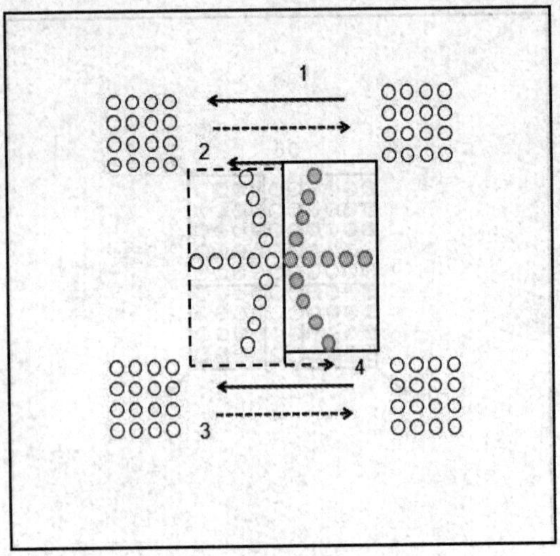

图 4-2-56

如图4-2-55所示，“十字型”的两纵路依次随箭头的方向行进所示的步数，“十字型”的横排原地踏步；4个“Z方形”内侧队员原地踏步，外侧队员向前行进2步。

“十字型”由中间分开，分成左右两部分，面对面错肩行进7步；同时1与2、3与4号方块按图4-2-56中箭头所示行进14步，相互换位。

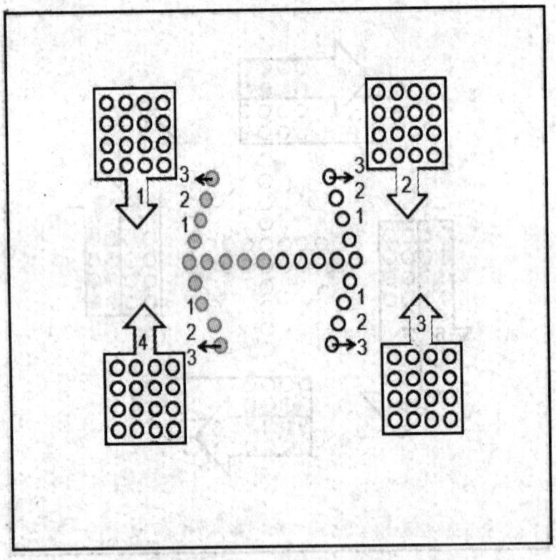

图 4-2-57

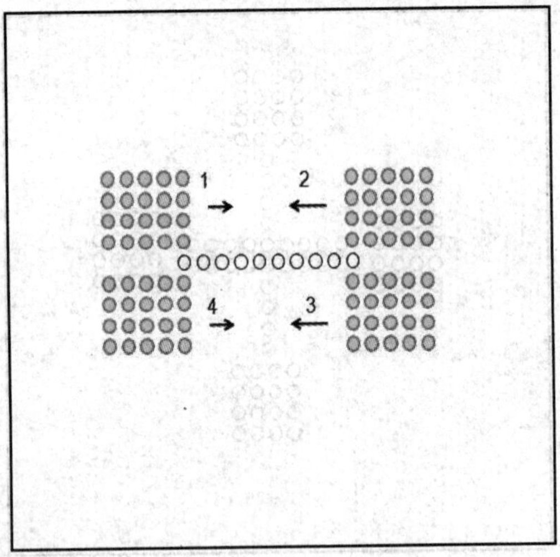

图 4-2-58

1与4、2与3号方块的队员面相对行进7步，如图4-2-57中箭头队形的纵排第3、7名队员向外侧跨1步，第2、8名队员向外侧跨2步，第1、9名队员向外侧跨3步，成如图4-2-58所示的队形。

向左（右）转，如图4-2-58所示，1、2和3、4号方块的队员面相对行进4步。

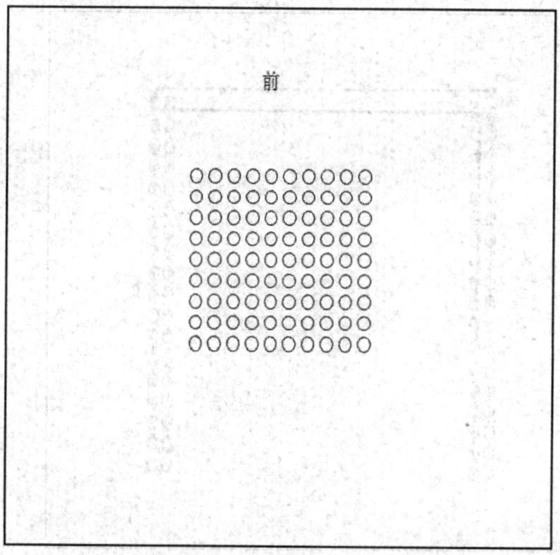

图　4-2-59

按图4-2-59所示的队形踏步4次，向左（右）转面向前方立定。

案　例　五

设计人数：80人　　**场地：**40米×35米

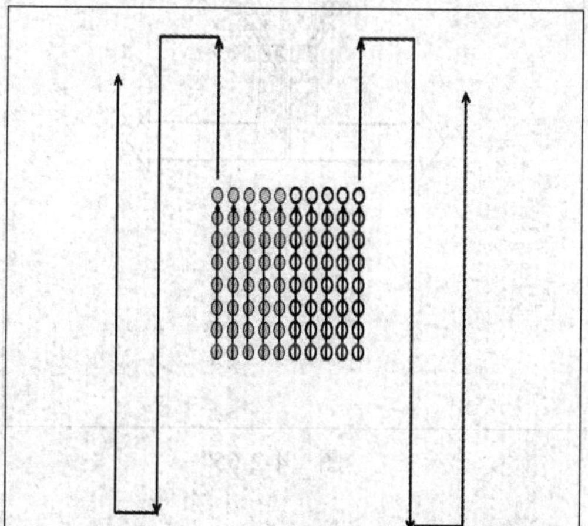

图　4-2-60

将80人平均分为两部分，由左右两纵路的排头带领，按如图4-2-60所示的蛇形行进。

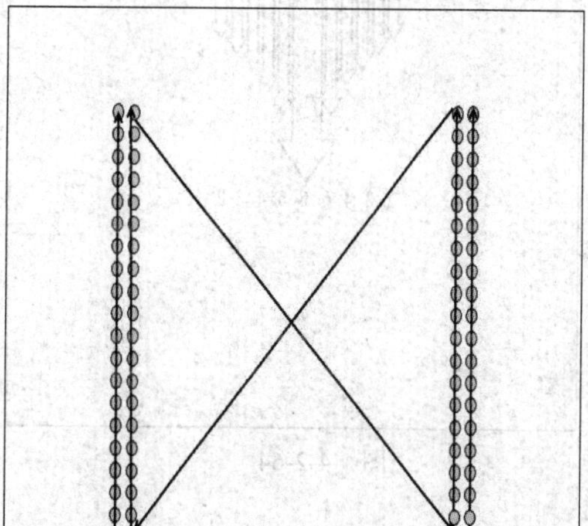

图　4-2-61

如图4-2-61所示，跑步以对角线行进。场地内侧的纵路先行。

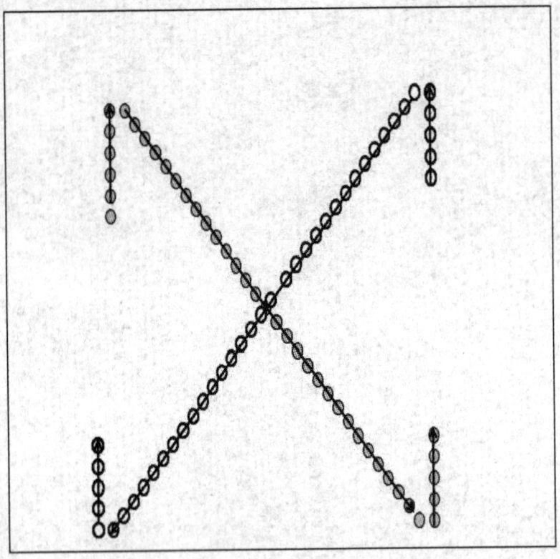

图 4-2-62

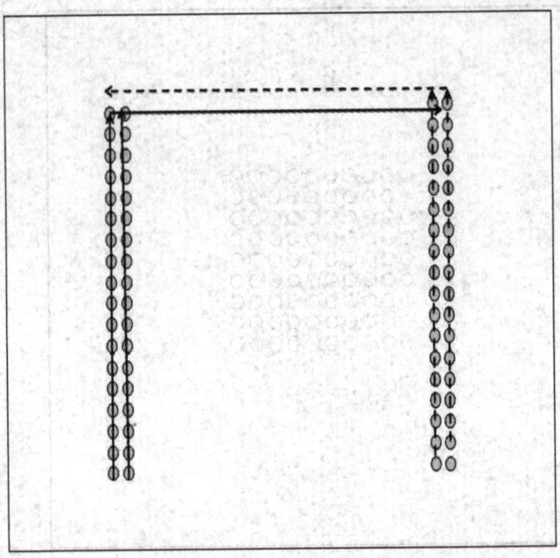

图 4-2-63

对角线行进30步后向左（右）转成两路纵队，走成如图4-2-63所示的队形。

两纵路向左（右）转、面相对行进22步，走成如图4-2-64所示的队形。

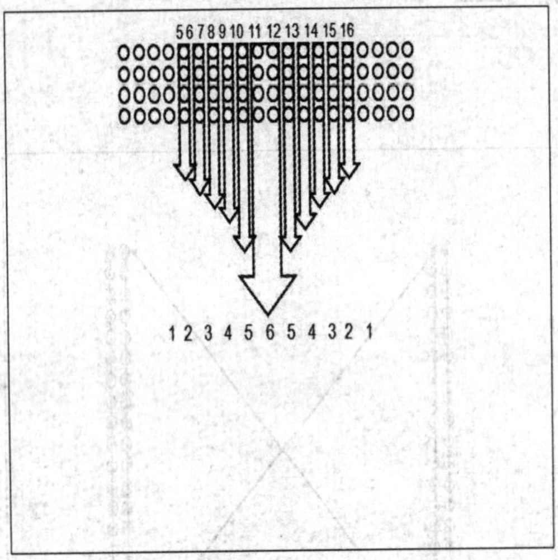

图 4-2-64

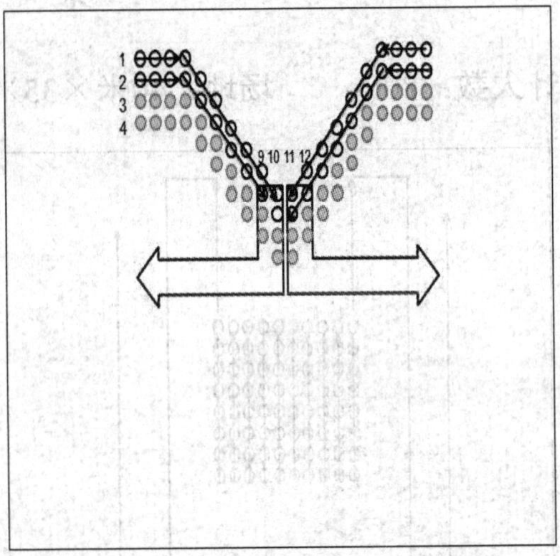

图 4-2-65

如图4-2-64所示，第5、16纵路队员向前走1步，第6、15纵路队员向前走2步，第7、14纵路队员向前走3步，第8、13纵路队员向前走4步，第9、12纵路队员向前走5 步，第10、11纵路队员向前走6步，成如图4-2-65所示的队形。

如图4-2-65所示，队伍中各列的第9、10、11、12名队员带领1、2列的队员行进3步后分别向左（右）转，再行进11步，走成如图4-2-66所示的队形。原地踏步11次。

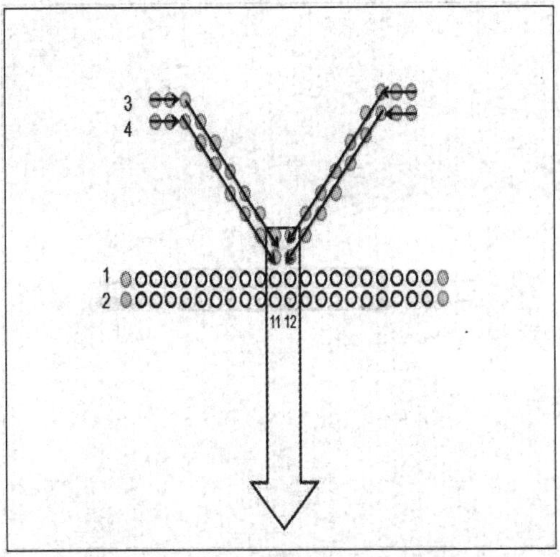

图 4-2-66

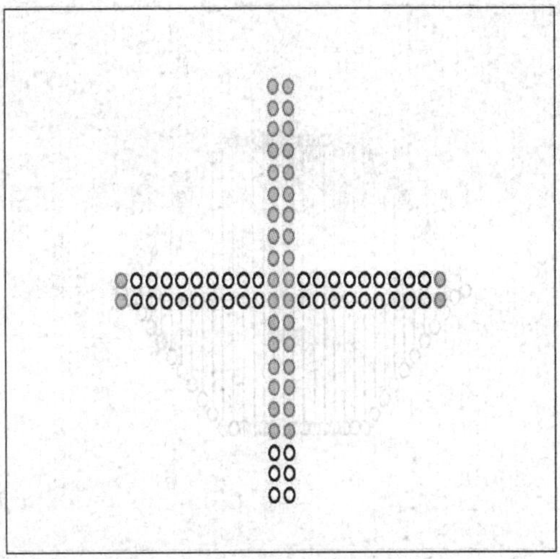

图 4-2-67

在图4-2-66中，1、2单元中第11、12纵路的队员带领3、4单元的队员向前行进14步，成如图4-2-67所示的队形。

按图4-2-67所示的队形踏步2次。

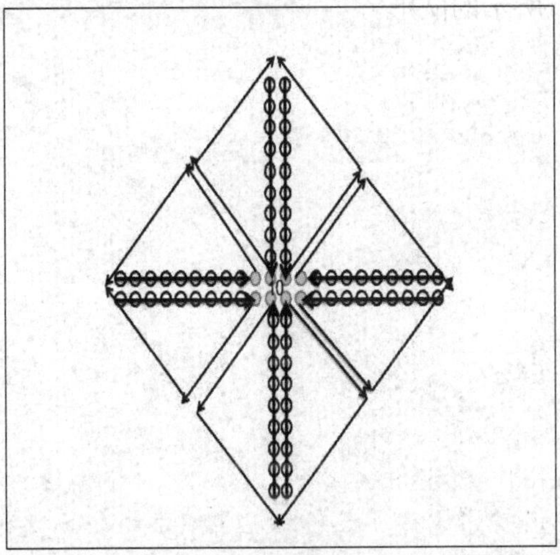

图 4-2-68

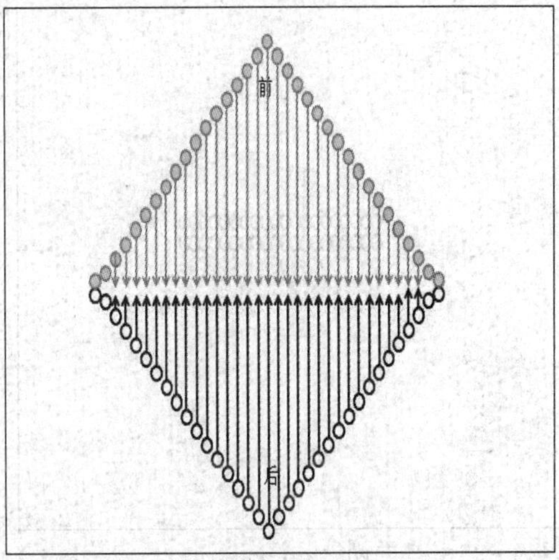

图 4-2-69

按图4-2-67所示的队形从外向内数的第10名队员带领向左（右）转行进8步后，向左（右）转行进10步，成如图4-2-68所示的菱形。

按图4-2-69所示的队形踏步4次。

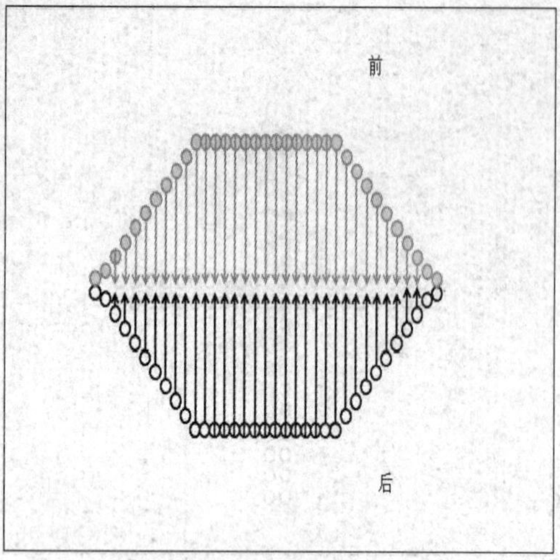

图　4-2-70

按图4-2-70中箭头所指示的方向，两部分面相对行进（依次）至如图4-2-71所示的队形。

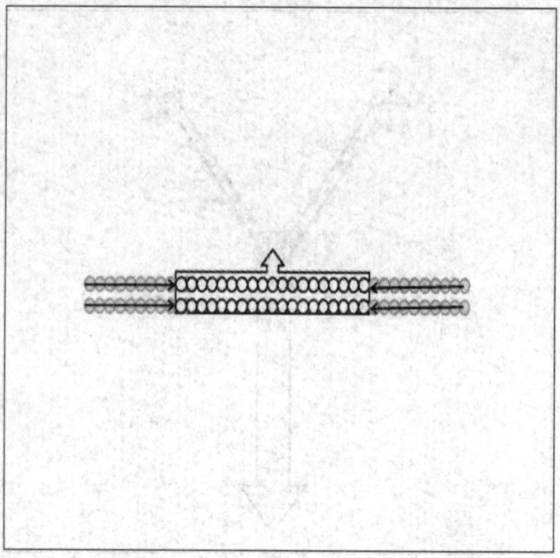

图　4-2-71

按图4-2-71所示的队形中间20名队员向前走5步后原地踏步5次，两侧的队员向左（右）转向面相对行进10步，成如图4-2-72所示的队形。

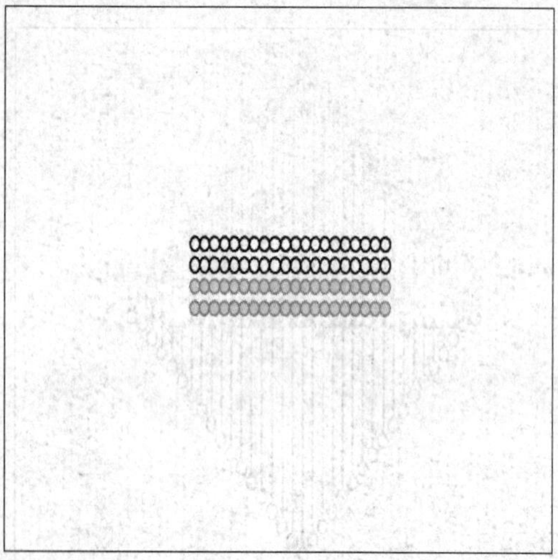

图　4-2-72

按图4-2-72所示的队形踏步4次，面向前方立定。

第三章　操类动作成套案例

第一节　徒　手　类

一、基本部位操（第一套）

预备姿势：立正姿势。

第一节（4×8 拍）

第一个八拍（如图 4-3-1 所示）：

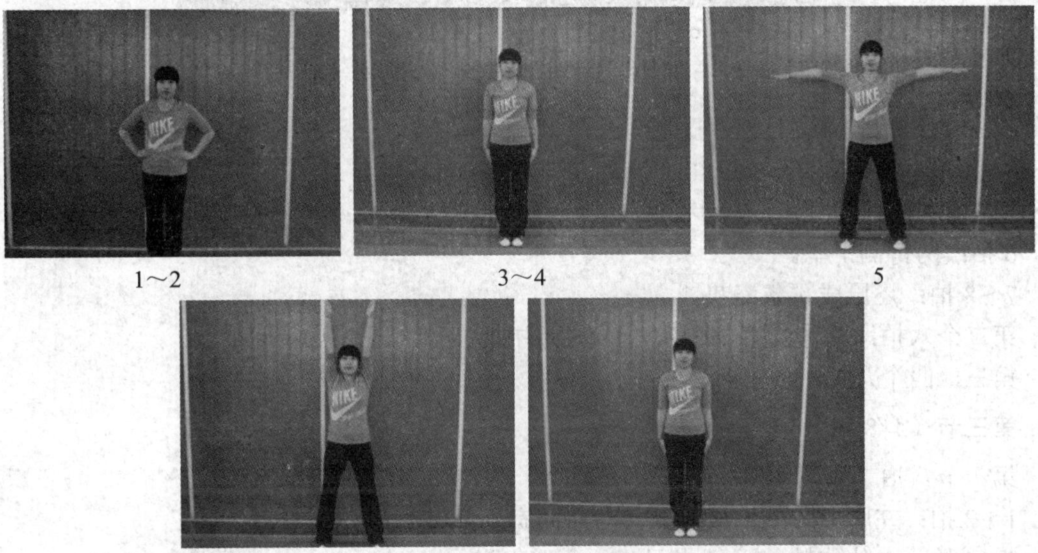

1～2　3～4　5　6　7～8

图　4-3-1

1～2 拍：两脚并立，双手叉腰。
3～4 拍：双手放下。
5 拍：左脚左跨一步成开立，与肩同宽，两臂侧平举。
6 拍：两臂经侧至上举。
7～8 拍：还原成预备正姿势。
第二个八拍：动作同第一个八拍，但换右脚。
第三、四个八拍：同第一、二个八拍。

第二节（4×8 拍）

第一个八拍（如图 4-3-2 所示）：

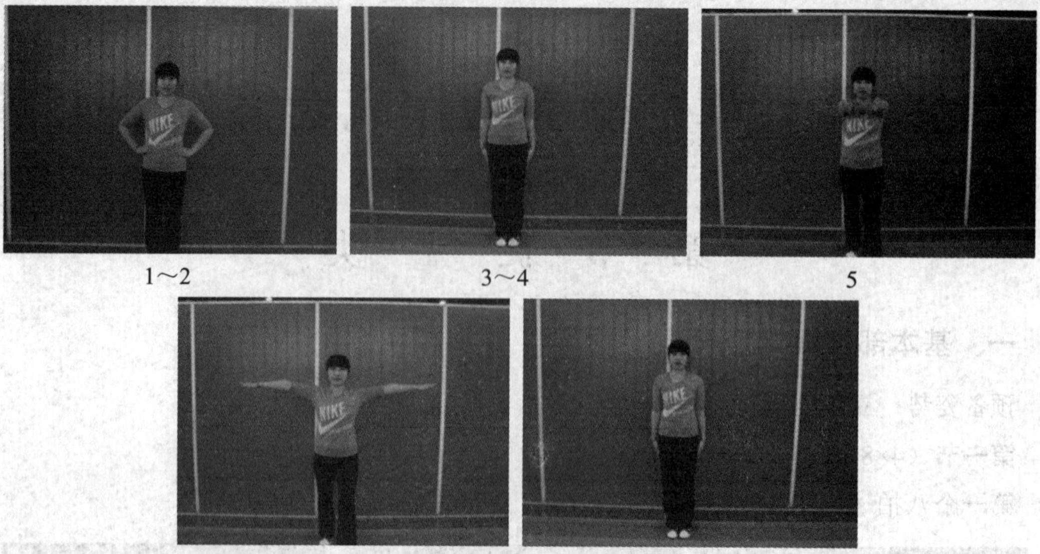

1～2　3～4　5

6　7～8

图　4-3-2

1～2 拍：两脚并立，双手叉腰。
3～4 拍：双手放下。
5 拍：左脚前跨一步成弓步，两臂前平举。
6 拍：两臂侧平举。
7～8 拍：还原成预备姿势。
第二个八拍：动作同第一个八拍，但换右脚。
第三、四个八拍：同第一、二个八拍。

第三节（4×8 拍）

第一个八拍（如图 4-3-3 所示）：
1～2 拍：左脚左跨一步成开立，与肩同宽，两臂侧平举。
3～4 拍：上体左转 90° 成左弓步，两臂上举。
5～6 拍：上体右转 90° 成开立，两臂侧平举。
7～8 拍：还原成预备姿势。
第二个八拍：动作同第一个八拍，但方向相反。
第三、四个八拍：同第一、二个八拍。

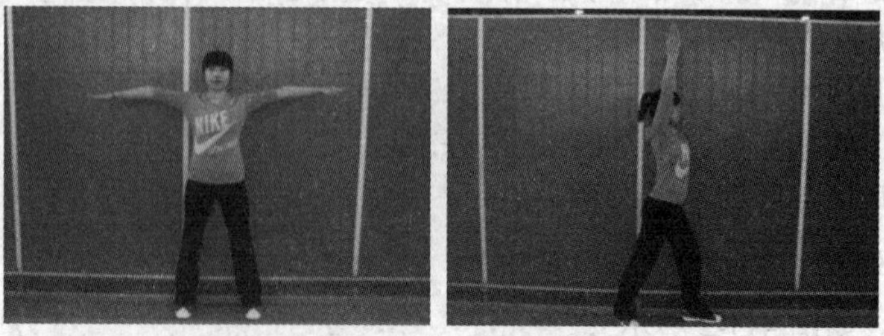

1～2　3～4

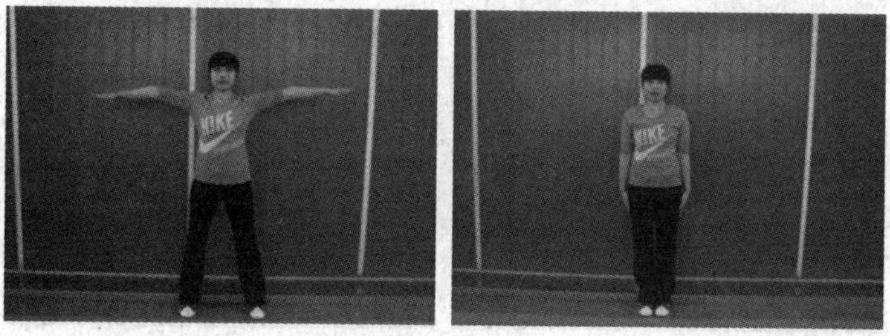

5～6　　　　7～8

图　4-3-3

第四节（4×8 拍）

第一个八拍（如图 4-3-4 所示）：

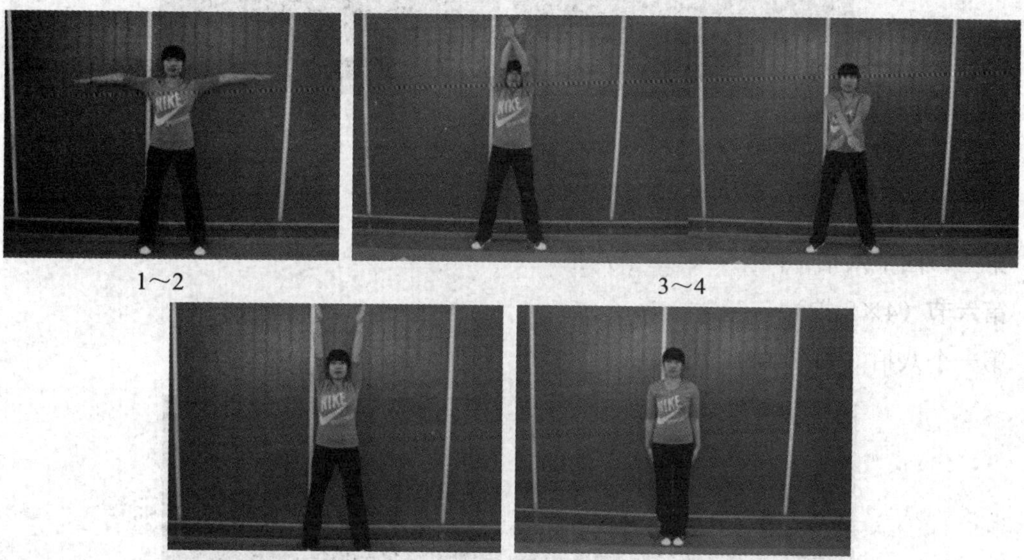

1～2　　　　3～4

5～6　　　　7～8

图　4-3-4

1～2 拍：左脚左跨一步成开立，与肩同宽，两臂侧平举。

3～4 拍：两臂经侧至上举交叉，向内绕成前下交叉。

5～6 拍：两臂打开经侧摆至上举。

7～8 拍：还原成预备姿势。

第二个八拍：动作同第一个八拍，但换右脚。

第三、四个八拍：同第一、二个八拍。

第五节（4×8 拍）

第一个八拍（如图 4-3-5 所示）：

1～2 拍：双手叉腰。

3～4 拍：左脚前跨一步成左弓步，左臂侧平举，右臂前平举。

5～6 拍：下肢动作不变，左臂经侧至上举，右臂侧平举。

7～8 拍：还原成预备姿势。

1～2

3～4

5～6

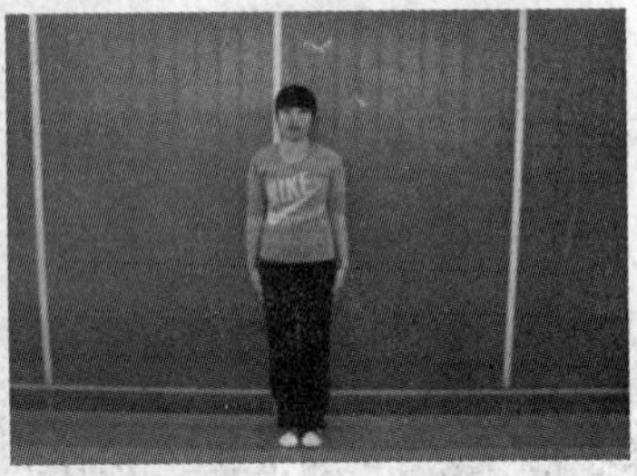
7～8

图 4-3-5

第二个八拍：动作同第一个八拍，但方向相反。

第三、四个八拍：同第一、二个八拍。

第六节（4×8 拍）

第一个八拍（如图 4-3-6 所示）：

1～2

3～4

5～6

7～8

图 4-3-6

1～2 拍：左脚左跨一步成开立，与肩同宽，两臂侧平举。

3～4 拍：上体左转 90° 成左弓步，上体前屈，两臂屈肘，双手扶左膝，低头。

5～6 拍：还原成开立，两臂经侧摆至上举。

7～8 拍：还原成预备姿势。

第二个八拍：动作同第一个八拍，但换右脚。

第三、四个八拍：同第一、二个八拍。

第七节（4×8 拍）

第一个八拍（如图 4-3-7 所示）：

1～2

3～4

5～6

7～8

图　4-3-7

1～2 拍：左脚左跨一步同时上体左转 90°成左前弓步，两臂前平举。

3～4 拍：上体右转 90°成开立，两臂打开侧平举。

5～6 拍：两臂经侧至上举。

7～8 拍：还原成预备姿势。

第二个八拍：动作同第一个八拍，但方向相反。

第三、四个八拍：同第一、二个八拍。

第八节（4×8 拍）

第一个八拍（如图 4-3-8 所示）：

1～2

3～4

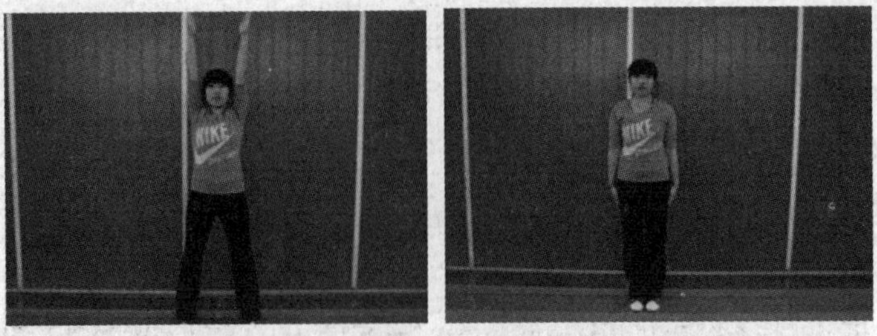

5～6　　　　7～8

图 4-3-8

1～2 拍：左脚左跨一步成开立，与肩同宽，两臂胸前平屈重叠，左臂在上。

3～4 拍：半蹲，两臂屈肘，双手扶膝，目视前方。

5～6 拍：分腿站立，两臂上举。

7～8 拍：还原成预备姿势。

第二个八拍：动作同第一个八拍，但方向相反。

第三、四个八拍：同第一、二个八拍。

二、基本部位操（第二套）

第一节（4×8 拍）

预备姿势：立正姿势。

第一个八拍（如图 4-3-9 所示）：

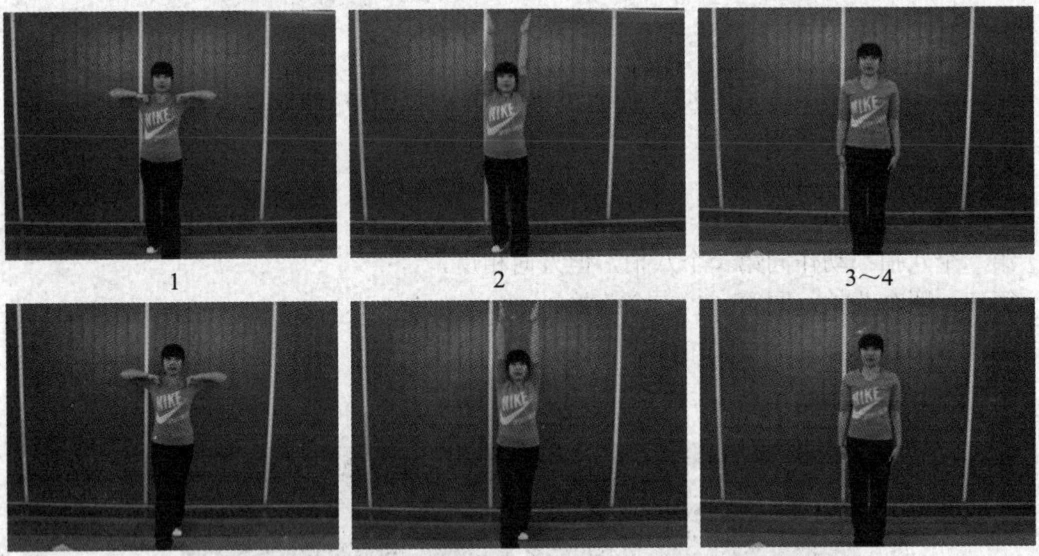

1　　　　2　　　　3～4

5　　　　6　　　　7～8

图 4-3-9

1 拍：左脚向前跨一步成左弓步，两臂胸前平屈，半握拳，拳心向下。

2 拍：两臂上举。

3～4 拍：右脚并左脚，同时两臂经前放下成预备姿势。

5 拍：左脚后撤一步成右弓步，两臂胸前平屈，半握拳，拳心向下。

6 拍：两臂上举。

7～8 拍：右脚并左脚，同时两臂经前还原成预备姿势。

第二个八拍：动作同第一个八拍，但方向相反。

第三、四个八拍：同第一、二个八拍。

第二节（4×8 拍）

第一个八拍（如图 4-3-10 所示）：

1　2～4　5～6　7～8

图　4-3-10

1 拍：左脚左跨一步成开立，与肩同宽，两臂侧平举。

2～4 拍：左膝微屈成左侧弓步，左手叉腰，右臂经体前由内向外绕至上举，上体左侧屈。

5～6 拍：还原成开立，两臂侧平举。

7～8 拍：左脚并右脚，还原成预备姿势。

第二个八拍：动作同第一个八拍，但方向相反。

第三、四个八拍：同第一、二个八拍。

第三节（4×8 拍）

第一个八拍（如图 4-3-11 所示）：

1～2 拍：左脚左跨一步成开立，与肩同宽，双手贴于脑后，并掌，掌心向前。

3～4 拍：上体前屈。

5～6 拍：上体右转，左手触右脚，掌心向内；右臂侧平举。

7～8 拍：左脚并右脚，还原成预备姿势。

第二个八拍：动作同第一个八拍，但方向相反。

第三、四个八拍：同第一、二个八拍。

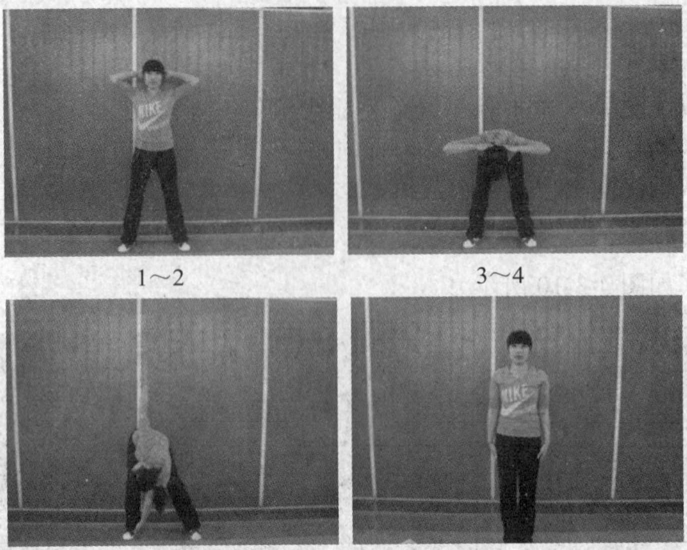

1～2　3～4

5～6　7～8

图 4-3-11

第四节（4×8 拍）

第一个八拍（如图 4-3-12 所示）：

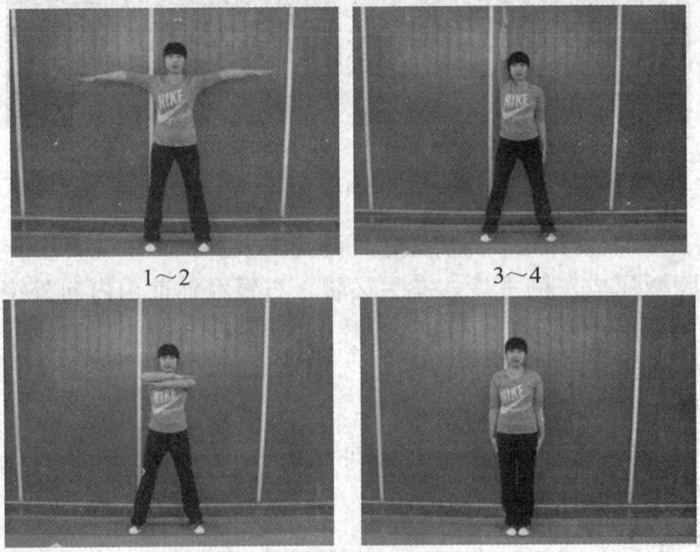

1～2　3～4

5～6　7～8

图 4-3-12

1～2 拍：左脚左跨一步成开立，与肩同宽，两臂侧平举。

3～4 拍：左臂放下至体侧，右臂上举。

5～6 拍：两臂胸前平屈，小臂重叠，右臂在上。

7～8 拍：左脚并右脚，还原成预备姿势。

第二个八拍：动作同第一个八拍，但方向相反。

第三、四个八拍：同第一、二个八拍。

第五节（4×8 拍）

第一个八拍（如图 4-3-13 所示）：

1 拍：左脚向前跨一步成左弓步，两臂胸前平屈，半握拳，拳心向下。

2 拍：两臂上举。

3 拍：左腿支撑，右腿前踢，两臂经侧下摆至侧平举。

4 拍：还原成预备姿势。

5 拍：左脚后撤一步成右弓步，两臂胸前平屈，半握拳，拳心向下。

6 拍：两臂上举。

7 拍：右腿后踢，同时两臂侧平举。

8 拍：还原成预备姿势。

图 4-3-13

第二个八拍：动作同第一个八拍，但方向相反。

第三、四个八拍：同第一、二个八拍。

第六节（4×8 拍）

第一个八拍（如图 4-3-14 所示）：

1 拍：左脚左跨一步成开立，与肩同宽，两臂前平举。

2 拍：两臂打开成侧平举。

3～4 拍：两臂由上举交叉经体前向外打开绕至上举。

5～6 拍：左膝微曲成左侧弓步，左臂胸前平屈，右臂侧平举。

7～8 拍：左脚并右脚，还原成预备姿势。

1

2

3～4

5～6

7～8

图 4-3-14

第二个八拍：动作同第一个八拍，但方向相反。

第三、四个八拍：同第一、二个八拍。

第七节（4×8 拍）

第一个八拍（如图 4-3-15 所示）：

1～2 拍：左脚左跨一步成开立，与肩同宽，两臂前平举。

3～4 拍：两臂由上举经侧绕至侧上举。

5～6 拍：半蹲，两臂体前交叉，并掌，掌心向内。

7～8 拍：左脚并右脚，还原成预备正姿势。

第二个八拍：动作同第一个八拍，但方向相反。

第三、四个八拍：同第一、二个八拍。

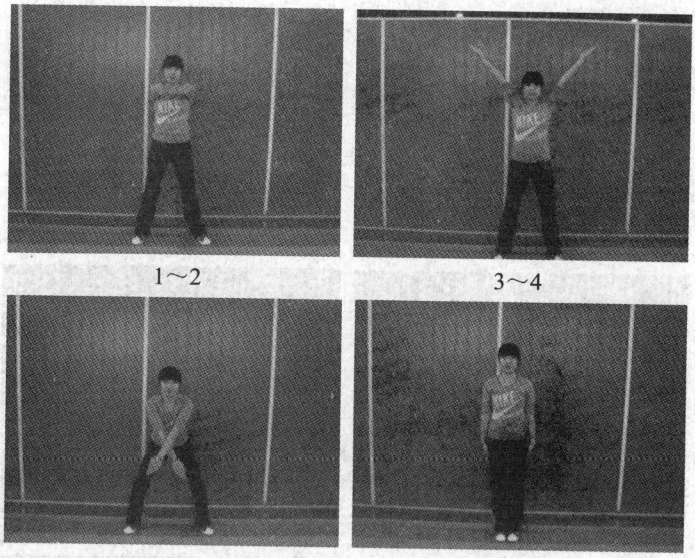

1～2　3～4

5～6　7～8

图　4-3-15

第八节（4×8 拍）

第一个八拍（如图 4-3-16 所示）：

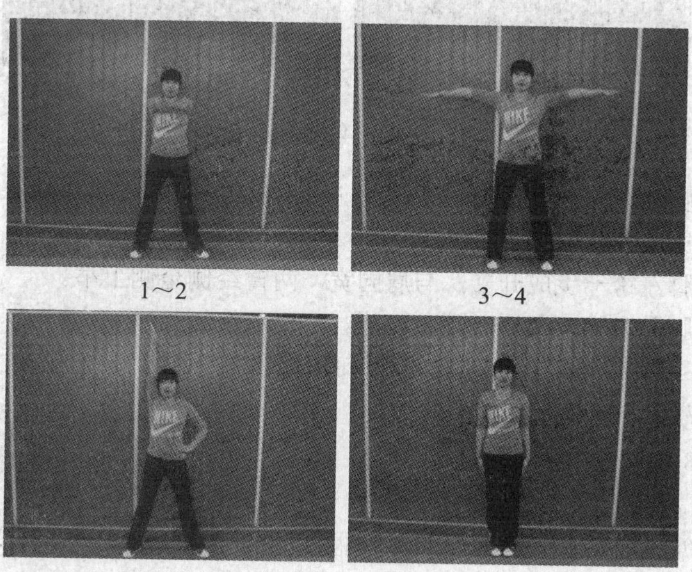

1～2　3～4

5～6　7～8

图　4-3-16

1～2 拍：左脚左跨一步成开立，与肩同宽，两臂前平举。
3～4 拍：两臂打开成侧平举，掌心向下。
5～6 拍：左手叉腰，右臂上举。
7～8 拍：左脚并右脚，还原成预备姿势。

第二个八拍：动作同第一个八拍，但方向相反。

第三、四个八拍：同第一、二个八拍。

三、中间部位操（第一套）

第一节（4×8 拍）

预备姿势：立正姿势。

第一个八拍（如图 4-3-17 所示）：

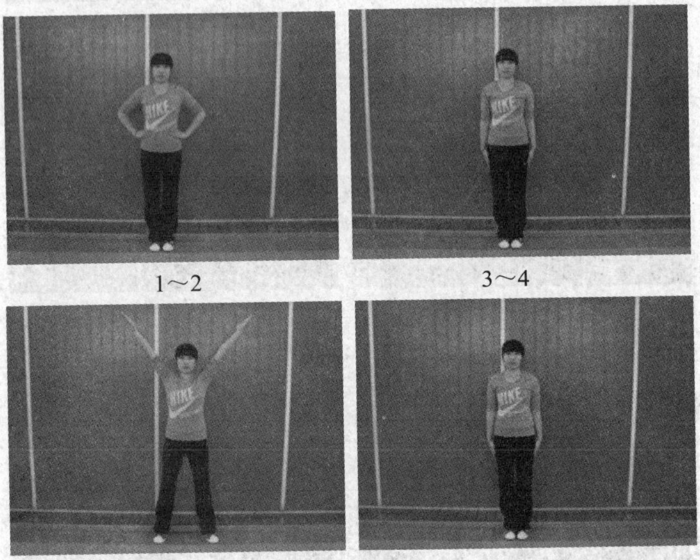

1～2　3～4　5～6　7～8

图　4-3-17

1～2 拍：两脚并立，双手叉腰。

3～4 拍：还原成预备姿势。

5～6 拍：左脚左跨一步成开立，与肩同宽，两臂经侧至侧上举。

7～8 拍：左脚并右脚，还原成预备姿势。

第二个八拍：动作同第一个八拍，但方向相反。

第三、四个八拍：同第一、二个八拍。

第二节（4×8 拍）

第一个八拍（如图 4-3-18 所示）：

1～2 拍：两臂胸前平屈，半握拳，拳心向下。

3～4 拍：还原成预备姿势。

5～6 拍：左脚左跨一步成开立，与肩同宽，两臂侧下举。

7～8 拍：左脚并右脚，还原成预备姿势。

第二个八拍：动作同第一个八拍，但方向相反。

第三、四个八拍：同第一、二个八拍。

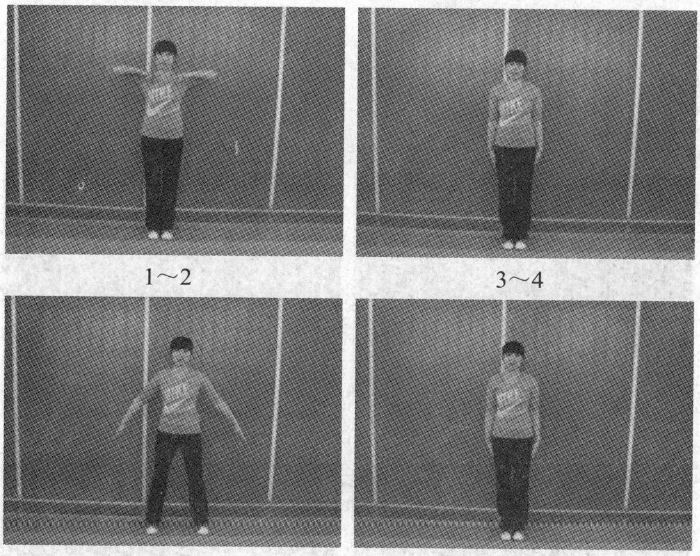

1～2 3～4

5～6 7～8

图 4-3-18

第三节（4×8 拍）

第一个八拍（如图 4-3-19 所示）：

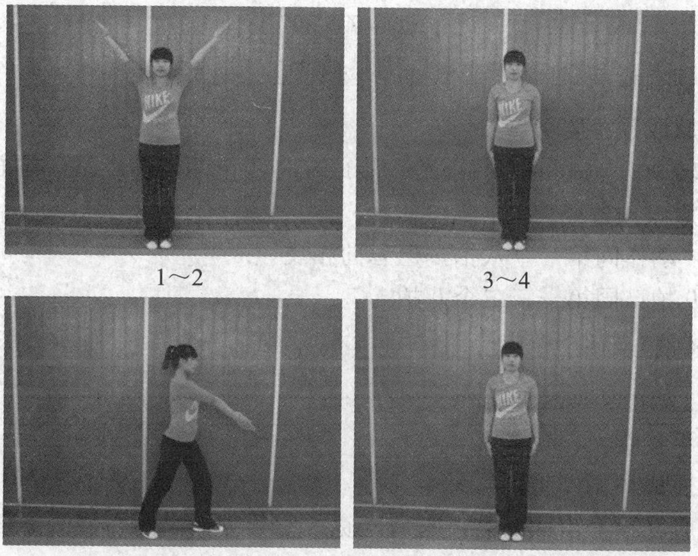

1～2 3～4

5～6 7～8

图 4-3-19

1～2 拍：两臂经侧至侧上举。

3～4 拍：还原成预备姿势。

5～6 拍：上体左转 90°，同时左脚前跨一步成左弓步，两臂前下举，掌心相对。

7～8 拍：还原成预备姿势。

第二个八拍：动作同第一个八拍，但方向相反。

第三、四个八拍：同第一、二个八拍。

第四节（4×8 拍）

第一个八拍（如图 4-3-20 所示）：

1～2

3～4

5～6

7～8

图 4-3-20

1～2 拍：两臂侧下举。
3～4 拍：还原成预备姿势。
5～6 拍：左转 90°，同时左脚前跨一步成左弓步，两臂前上举，掌心相对。
7～8 拍：还原成预备姿势。
第二个八拍：动作同第一个八拍，但方向相反。
第三、四个八拍：同第一、二个八拍。

第五节（4×8 拍）

第一个八拍（如图 4-3-21 所示）：
1～2 拍：双手叉腰。
3～4 拍：还原成预备姿势。
5～6 拍：左脚左跨一步成开立，与肩同宽，左臂侧上举，右臂侧下举。

1～2

3～4

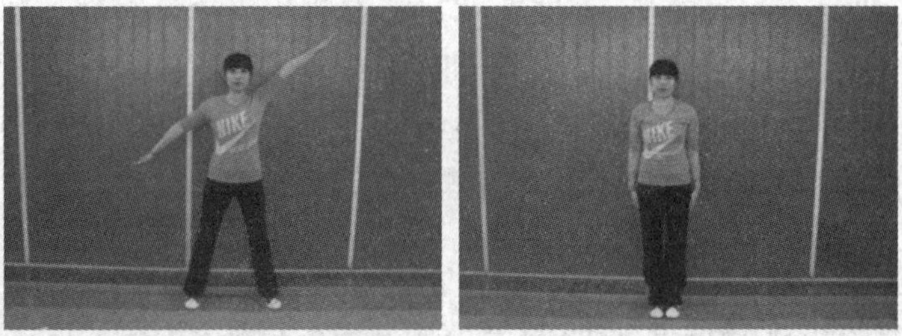

5～6　　7～8

图　4-3-21

7～8 拍：左脚并右脚，还原成预备姿势。

第二个八拍：动作同第一个八拍，但方向相反。

第三、四个八拍：同第一、二个八拍。

第六节（4×8 拍）

第一个八拍（如图 4-3-22 所示）：

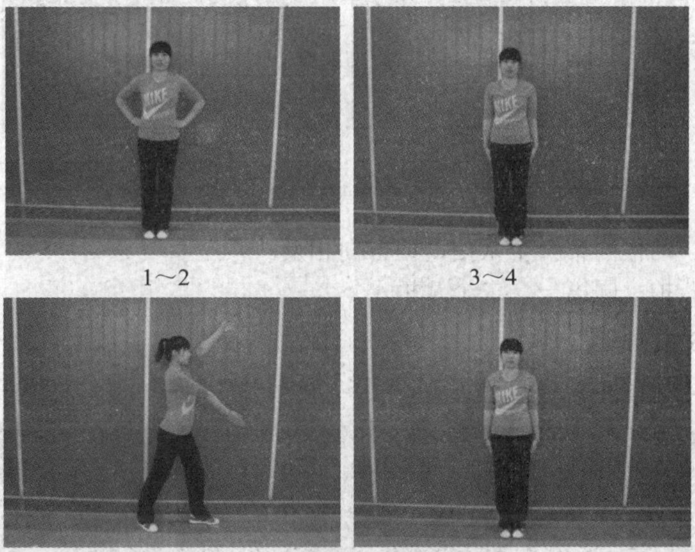

1～2　　3～4

5～6　　7～8

图　4-3-22

1～2 拍：两脚并立，双手叉腰。

3～4 拍：还原成预备姿势。

5～6 拍：左转 90°，同时左脚前跨一步成左弓步，左臂前上举，右臂前下举。

7～8 拍：还原成预备姿势。

第二个八拍：动作同第一个八拍，但方向相反。

第三、四个八拍：同第一、二个八拍。

第七节（4×8 拍）

第一个八拍（如图 4-3-23 所示）：

1～2 拍：两脚并立，双手叉腰。

3～4 拍：还原成预备姿势。

5 拍：左脚左跨一步成开立，与肩同宽，左手叉腰，右臂左前下举。

6 拍：右臂向外打开经侧摆至侧上举，并掌，掌心向下。

7～8 拍：还原成预备姿势。

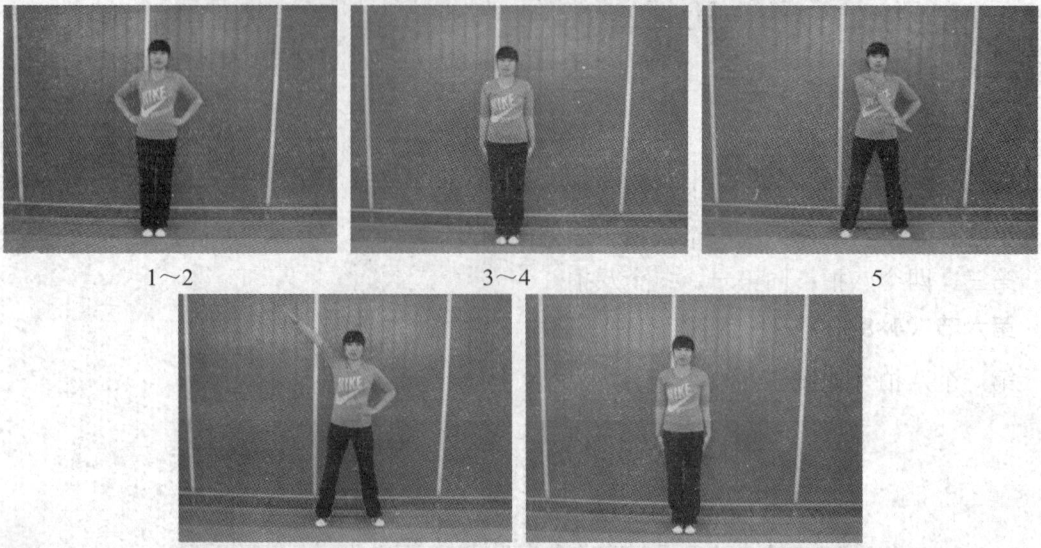

1～2　3～4　5

6　7～8

图　4-3-23

第二个八拍：动作同第一个八拍，但方向相反。

第三、四个八拍：同第一、二个八拍。

第八节（4×8 拍）

第一个八拍（如图 4-3-24 所示）：

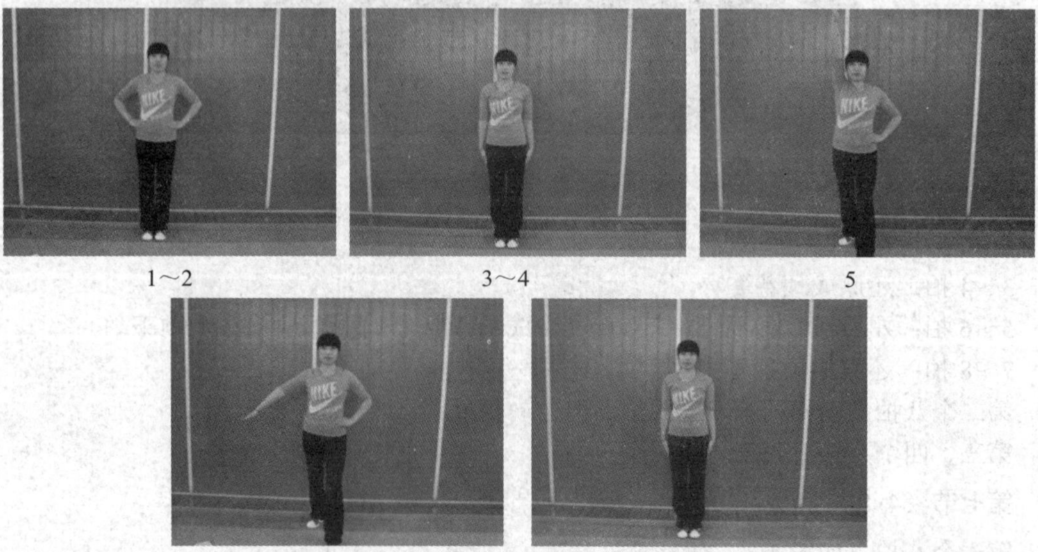

1～2　3～4　5

6　7～8

图　4-3-24

1～2 拍：双手叉腰。

3～4 拍：还原成预备姿势。

5 拍：左脚前跨一步成左弓步，左手叉腰，右臂上举。

6 拍：右臂侧下举。

7～8 拍：还原成预备姿势。

第二个八拍：动作同第一个八拍，但方向相反。

第三、四个八拍：同第一、二个八拍。

四、中间部位操（第二套）

第一节（4×8 拍）

预备姿势：立正姿势。

第一个八拍（如图 4-3-25 所示）：

1～2

3～4

5

6

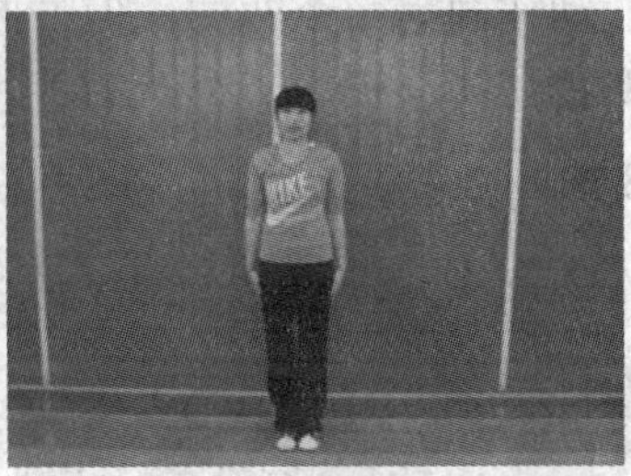

7～8

图 4-3-25

1～2 拍：两臂侧平举。

3～4 拍：还原成预备姿势。

5 拍：左脚左跨一步成开立，与肩同宽，两臂侧下举。

6 拍：两臂经侧摆至侧上举。

7～8 拍：还原成预备姿势。

第二个八拍：动作同第一个八拍，但方向相反。

第三、四个八拍：同第一、二个八拍。

第二节（4×8 拍）

第一个八拍（如图 4-3-26 所示）：

1～2 拍：两臂侧平举。

3～4 拍：还原成预备姿势。

5～6 拍：左转 90°，同时左脚前跨一步成左弓步，左臂前上举，掌心向内，右手叉腰。

7～8 拍：还原成预备姿势。

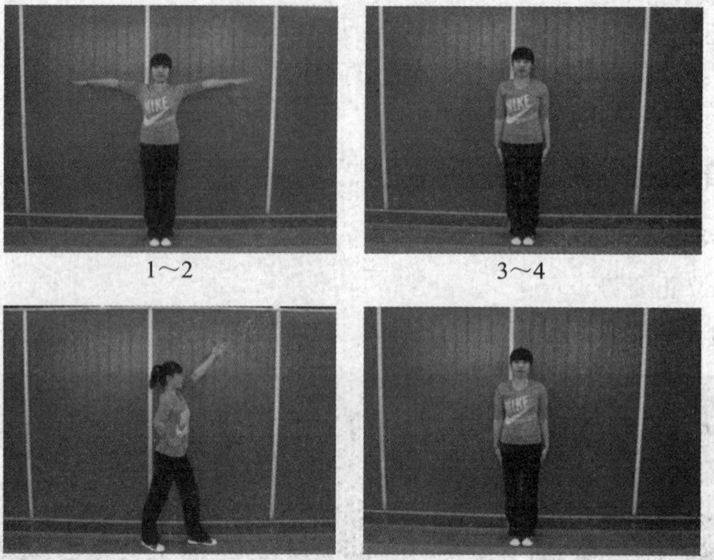

1～2　3～4

5～6　7～8

图 4-3-26

第二个八拍：动作同第一个八拍，但方向相反。

第三、四个八拍：同第一、二个八拍。

第三节（4×8 拍）

第一个八拍（如图 4-3-27 所示）：

1～2　3～4

5～6　7～8

图 4-3-27

1～2 拍：左转 90°，同时左脚前跨一步成左弓步，两臂前下举，掌心相对。
3～4 拍：两臂前上举，掌心相对。
5～6 拍：右转 90°成开立，两臂侧平举。
7～8 拍：还原成预备姿势。
第二个八拍：动作同第一个八拍，但方向相反。
第三、四个八拍：同第一、二个八拍。

第四节（4×8 拍）

第一个八拍（如图 4-3-28 所示）：

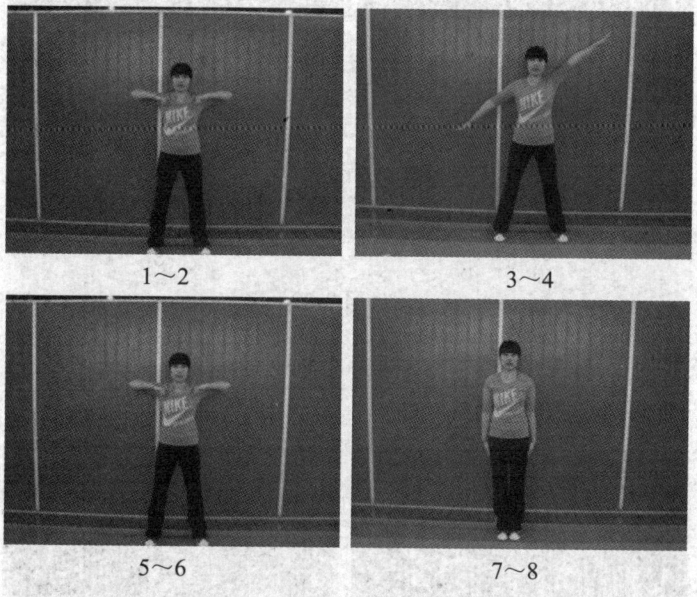

图　4-3-28

1～2 拍：左脚左跨一步成开立，与肩同宽，两臂胸前平屈，半握拳，拳心向下。
3～4 拍：左臂侧上举，右臂侧下举。
5～6 拍：两臂胸前平屈，半握拳，拳心向下。
7～8 拍：还原成预备姿势。
第二个八拍：动作同第一个八拍，但方向相反。
第三、四个八拍：同第一、二个八拍。

第五节（4×8 拍）

第一个八拍（如图 4-3-29 所示）：
1～2 拍：左脚左跨一步成开立，与肩同宽，两臂体前交叉。
3～4 拍：双手叉腰。
5～6 拍：两臂经侧摆至侧上举。
7～8 拍：还原成预备姿势。

第二个八拍：动作同第一个八拍，但方向相反。

第三、四个八拍：同第一、二个八拍。

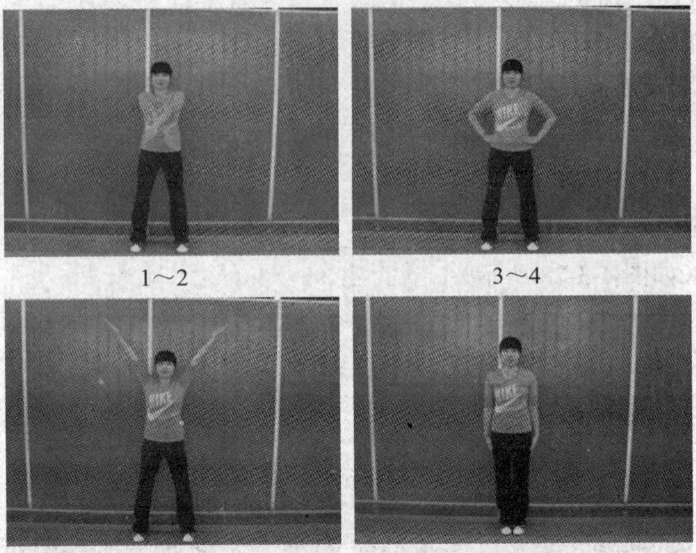

1～2　3～4

5～6　7～8

图　4-3-29

第六节（4×8 拍）

第一个八拍（如图 4-3-30 所示）：

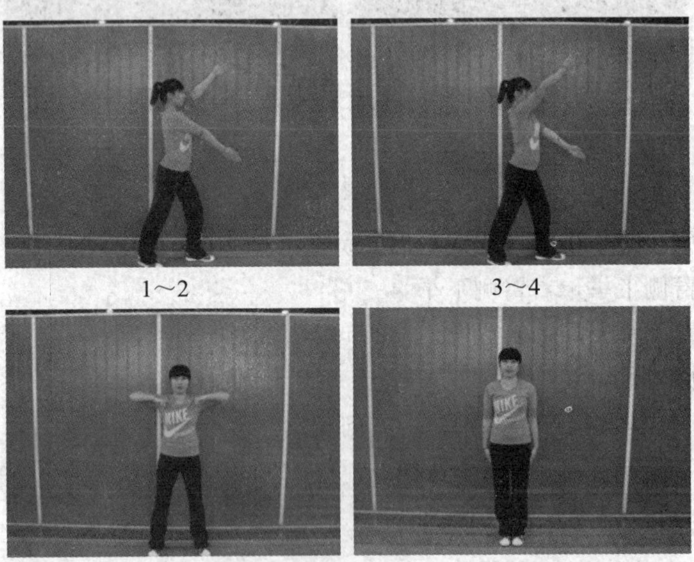

1～2　3～4

5～6　7～8

图　4-3-30

1～2 拍：左转 90°，同时左脚前跨一步成左弓步，左臂前上举，右臂前下举，掌心向内。

3～4 拍：两臂交换。

5～6 拍：右转 90°成开立，两臂胸前平屈，半握拳，拳心向下。

7～8 拍：还原成预备姿势。

第二个八拍：动作同第一个八拍，但方向相反。

第三、四个八拍：同第一、二个八拍。

第七节（4×8 拍）

第一个八拍（如图 4-3-31 所示）：

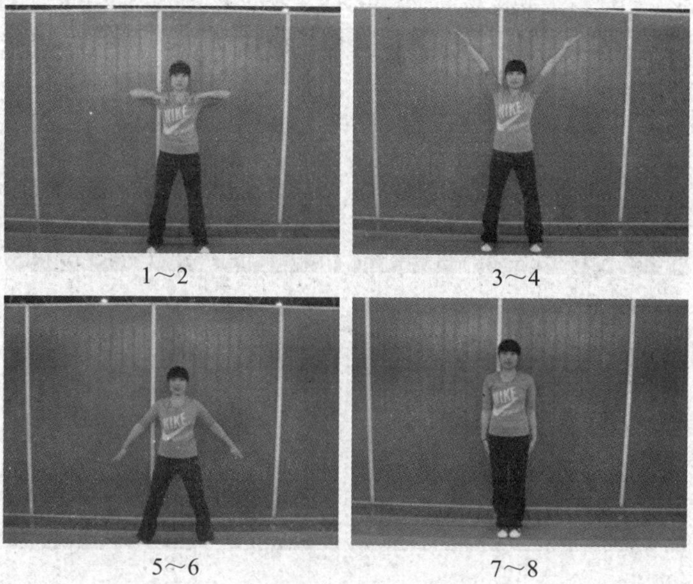

图　4-3-31

1～2 拍：左脚左跨一步成开立，与肩同宽，两臂胸前平屈，半握拳，拳心向下。

3～4 拍：两臂向上打开成侧上举。

5～6 拍：半蹲，两臂由内向外经体前交叉打开成侧下举。

7～8 拍：还原成预备姿势。

第二个八拍：动作同第一个八拍，但方向相反。

第三、四个八拍：同第一、二个八拍。

第八节（4×8 拍）

第一个八拍（如图 4-3-32 所示）：

1～2 拍：左脚左跨一步成开立，与肩同宽，左手叉腰，右臂左前下举，掌心向下。

3 拍：右臂向上摆至侧上举，掌心向下。

4 拍：还原成预备姿势。

5、6 拍：双手叉腰，原地踏步（右、左）两次。

7 拍：原地踏步（右），两臂侧上举。

8 拍：还原成预备姿势。

第二个八拍：动作同第一个八拍，但方向相反。

第三、四个八拍：同第一、二个八拍。

1～2

3

4

5

6

7

8

图 4-3-32

五、拍手操（第一套）

预备姿势：立正姿势。

第一节（4×8 拍）

第一个八拍（如图 4-3-33 所示）：

1～2 拍：双手胸前击掌两次。

3～4 拍：左脚左跨一步成开立，与肩同宽，两臂侧平举。

5～6 拍：收左脚成立正姿势，双手胸前击掌两次。

7～8 拍：还原成预备姿势。

1～2

3～4

5～6

7～8

图　4-3-33

第二个八拍：动作同第一个八拍，但方向相反。

第三、四个八拍：同第一、二个八拍。

第二节（4×8 **拍**）

第一个八拍（如图 4-3-34 所示）：

1～2

3～4

5～6

7～8

图　4-3-34

1～2 拍：双手胸前击掌两次。

3～4 拍：左脚前跨一步成左弓步，两臂前平举。

5～6 拍：胸前击掌两次。

7～8 拍：还原成预备姿势。

第二个八拍：动作同第一个八拍，但方向相反。

第三、四个八拍：同第一、二个八拍。

第三节（4×8 **拍**）

第一个八拍（如图 4-3-35 所示）：

1～2 拍：双手胸前击掌两次。

3～4 拍：左转 90°，同时左脚前跨一步成左弓步，两臂侧平举，掌心向下。

5～6 拍：两臂侧摆至上举。

7～8 拍：还原成预备姿势。

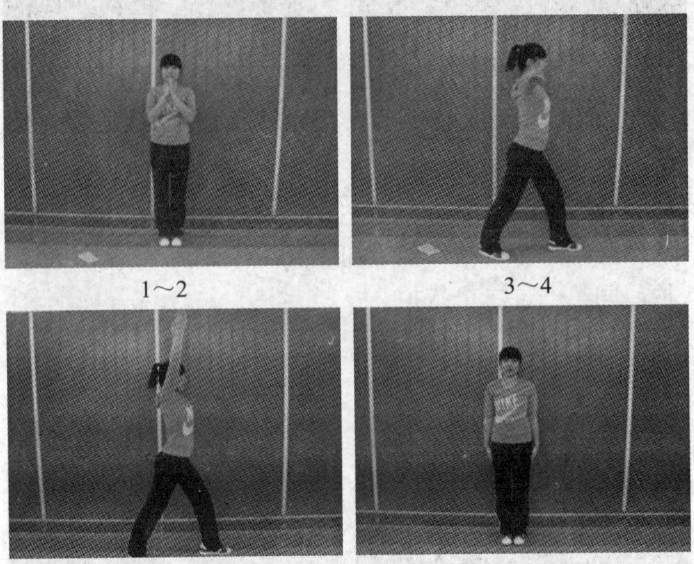

1～2　3～4　5～6　7～8

图　4-3-35

第二个八拍：动作同第一个八拍，但方向相反。

第三、四个八拍：同第一、二个八拍。

第四节（4×8 拍）

第一个八拍（如图 4-3-36 所示）：

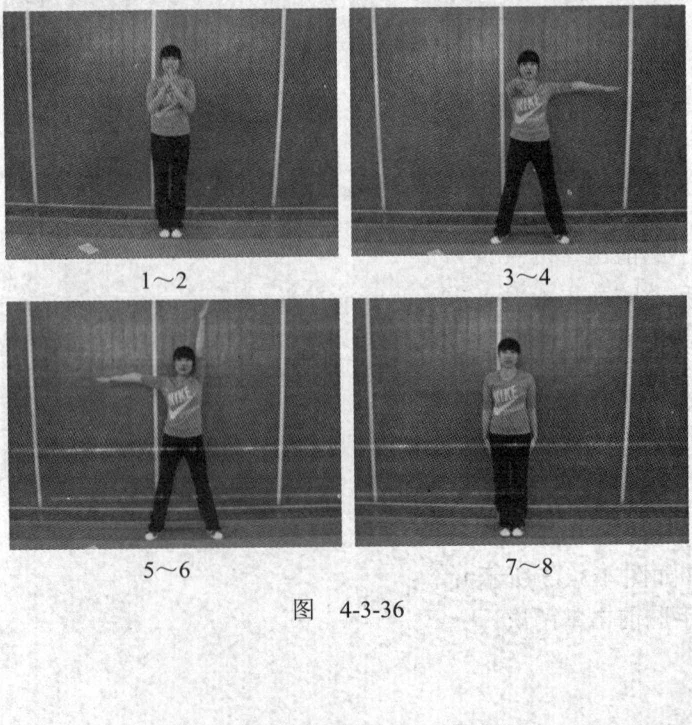

1～2　3～4　5～6　7～8

图　4-3-36

1～2 拍：双手胸前击掌两次。

3～4 拍：左脚左跨一步成开立，与肩同宽，左臂侧平举，右臂前平举。

5～6 拍：左臂侧摆至上举；右臂平移至侧平举。

7～8 拍：还原成预备姿势。

第二个八拍：动作同第一个八拍，但方向相反。

第三、四个八拍：同第一、二个八拍。

第五节（4×8 拍）

第一个八拍（如图 4-3-37 所示）：

1～2　3～4　5～6　7～8

图　4-3-37

1～2 拍：双手胸前击掌两次。

3～4 拍：左转 90°，同时左脚前跨一步成左弓步，左臂上举，右臂前平举，掌心向内。

5～6 拍：右转 90° 成开立，两臂侧平举。

7～8 拍：还原成预备姿势。

第二个八拍：动作同第一个八拍，但方向相反。

第三、四个八拍：同第一、二个八拍。

第六节（4×8 拍）

第一个八拍（如图 4-3-38 所示）：

1～2 拍：左脚左跨一步成开立，与肩同宽，两臂侧平举。

3～4 拍：左转 90°，同时左脚前跨一步成左弓步，双手胸前直臂击掌两次。

5～6 拍：右转 90° 成开立，同时两臂侧平举。

7～8 拍：还原成预备姿势。

第二个八拍：动作同第一个八拍，但方向相反。

第三、四个八拍：同第一、二个八拍。

1～2　3～4　5～6　7～8

图　4-3-38

第七节（4×8 拍）

第一个八拍（如图 4-3-39 所示）：

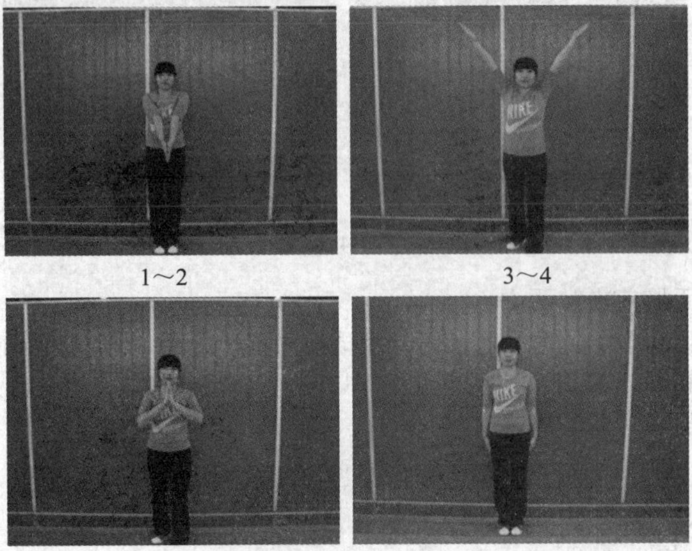

1～2　3～4　5～6　7～8

图　4-3-39

1～2 拍：双手腹前直臂击掌两次。

3～4 拍：左脚前跨一步成左弓步，两臂由内向外打开成侧上举。

5～6 拍：双手胸前击掌两次。

7～8 拍：还原成预备姿势。

第二个八拍：动作同第一个八拍，但方向相反。

第三、四个八拍：同第一、二个八拍。

第八节（4×8 拍）

第一个八拍（如图 4-3-40 所示）：

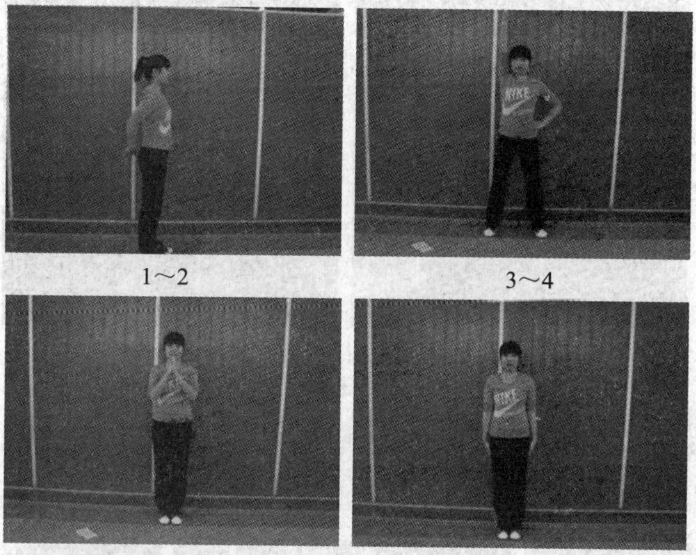

1～2　3～4　5～6　7～8

图　4-3-40

1～2 拍：双手腰后击掌两次。

3～4 拍：左脚左跨一步成开立，与肩同宽，左手叉腰，右臂上举。

5～6 拍：左脚并右脚成预备姿势，双手胸前击掌两次。

7～8 拍：还原成预备姿势。

第二个八拍：动作同第一个八拍，但方向相反。

第三、四个八拍：同第一、二个八拍。

六、拍手操（第二套）

预备姿势：立正姿势。

第一节（4×8 拍）

第一个八拍（如图 4-3-41 所示）：

1～2 拍：双手胸前击掌两次。

3～4 拍：左脚左跨一步成开立，与肩同宽，左臂侧下举，右臂侧上举。

5～6 拍：左转 90° 成左弓步，同时双手胸前直臂击掌两次。

7～8 拍：还原成预备姿势。

第二个八拍：动作同第一个八拍，但方向相反。

第三、四个八拍：同第一、二个八拍。

1～2

3～4

5～6

7～8

图 4-3-41

第二节（4×8 拍）

第一个八拍（如图 4-3-42 所示）：

1～2

3～4

5

6

7～8

图 4-3-42

1～2 拍：双手胸前击掌两次。

3～4 拍：左转 90°，同时左脚前跨一步成左弓步，左臂前上举，右臂前下举，掌心向内。

5 拍：双手胸前直臂击掌 1 次。

6 拍：右转 90° 成开立，两臂侧平举。

7～8 拍：还原成预备姿势。

第二个八拍：动作同第一个八拍，但方向相反。

第三、四个八拍：同第一、二个八拍。

第三节（4×8 拍）

第一个八拍（如图 4-3-43 所示）：

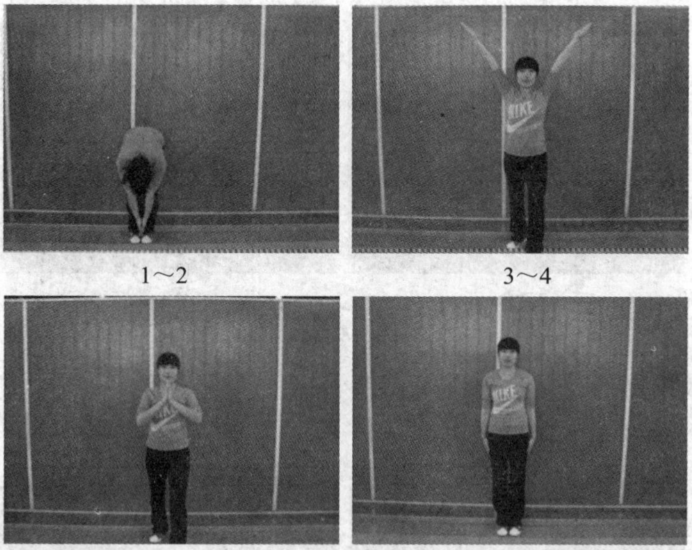

1～2　3～4　5～6　7～8

图　4-3-43

1～2 拍：上体前屈，双手前举直臂击掌两次。

3～4 拍：左脚前跨一步成左弓步，两臂侧上举。

5～6 拍：双手胸前击掌两次。

7～8 拍：还原成预备姿势。

第二个八拍：动作同第一个八拍，但方向相反。

第三、四个八拍：同第一、二个八拍。

第四节（4×8 拍）

第一个八拍（如图 4-3-44 所示）：

1～2 拍：左脚左跨一步，同时上体前屈，双手于左腿后直臂击掌两次。

3～4 拍：上体抬起成两脚开立，同时两臂侧上举。

5～6 拍：左脚并右脚成立正姿势，双手胸前击掌两次。

7～8 拍：还原成预备姿势。

第二个八拍：动作同第一个八拍，但方向相反。

第三、四个八拍：同第一、二个八拍。

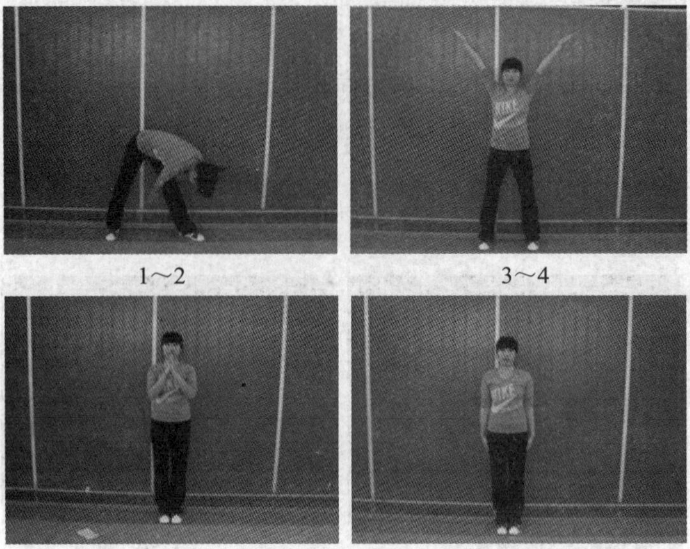

1～2　3～4　5～6　7～8

图　4-3-44

第五节（4×8 拍）

第一个八拍（如图 4-3-45 所示）：

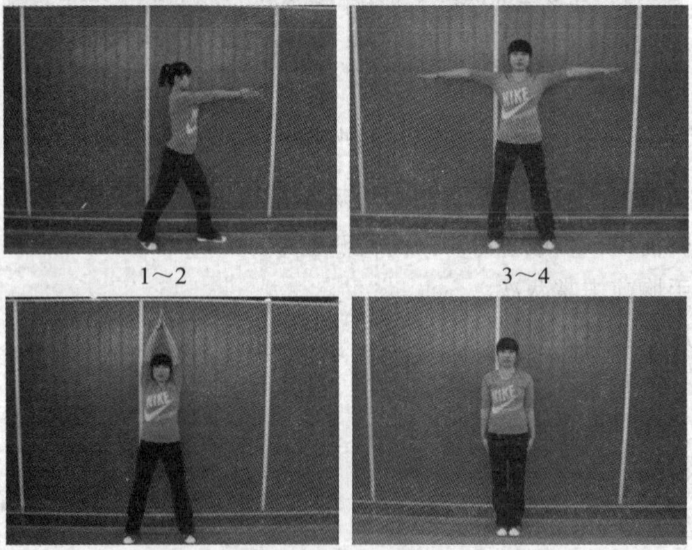

1～2　3～4　5～6　7～8

图　4-3-45

1～2 拍：左转 90°，同时左脚前跨一步成左弓步，双手胸前直臂击掌两次。

3～4 拍：右转 90°成开立，两臂侧平举。

5～6 拍：双手于头上方直臂击掌两次。

7～8 拍：还原成预备姿势。

第二个八拍：动作同第一个八拍，但方向相反。

第三、四个八拍：同第一、二个八拍。

第六节（4×8 拍）

第一个八拍（如图 4-3-46 所示）：

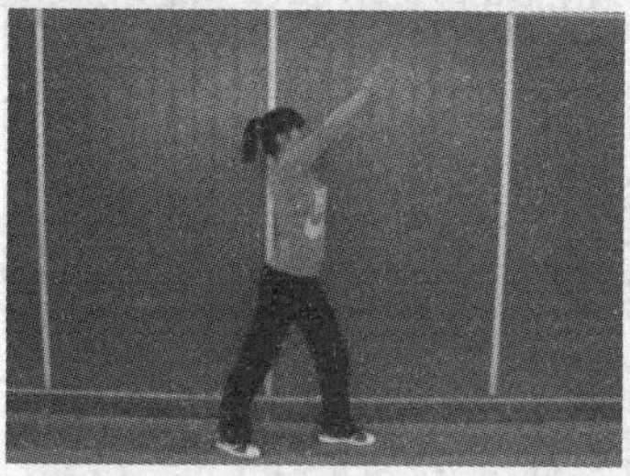

1～2

3～4

5～6

7～8

图　4-3-46

1～2 拍：左转 90°，同时左脚前跨一步成左弓步，双手于额前上方直臂击掌两次。

3～4 拍：右转 90°成开立，左臂侧上举，右臂胸前平屈，掌心向下。

5～6 拍：双手腰后击掌两次。

7～8 拍：还原成预备姿势。

第二个八拍：动作同第一个八拍，但方向相反。

第三、四个八拍：同第一、二个八拍。

第七节（4×8 拍）

第一个八拍（如图 4-3-47 所示）：

1～2 拍：左脚左跨一步成开立，与肩同宽，双手于头上方直臂击掌两次。

3～4 拍：两臂肩上侧屈，指尖触肩，掌心向下。

5～6 拍：左转 90°，同时左脚前跨一步成左弓步，双手胸前直臂击掌两次。

7～8 拍：还原成预备姿势。

1～2

3～4

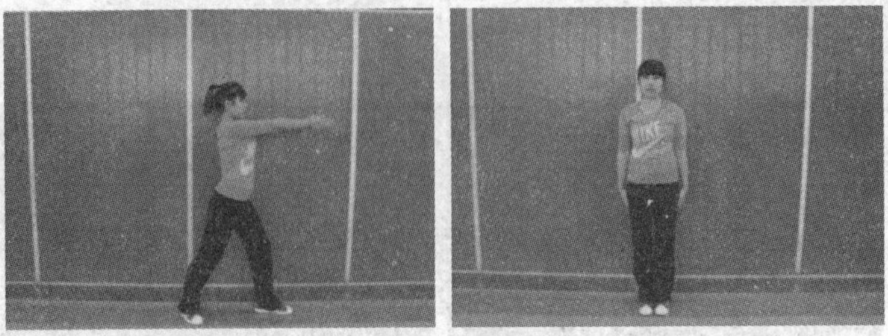

5～6　　7～8

图 4-3-47

第二个八拍：动作同第一个八拍，但方向相反。

第三、四个八拍：同第一、二个八拍。

第八节（4×8 拍）

第一个八拍（如图 4-3-48 所示）：

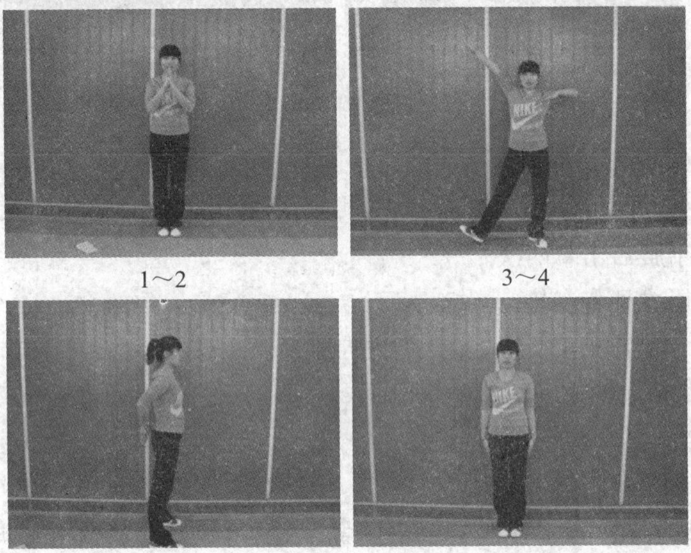

1～2　　3～4

5～6　　7～8

图 4-3-48

1～2 拍：双手胸前击掌两次。

3～4 拍：左腿微屈，右脚脚跟触地，左臂胸前平屈，右臂侧上举，掌心向下。

5～6 拍：双手腰后击掌两次。

7～8 拍：还原成预备姿势。

第二个八拍：动作同第一个八拍，但方向相反。

第三、四个八拍：同第一、二个八拍。

第二节　轻 器 械 类

一、哑铃操（第一套）

第一节　伸展运动（4×8 拍）

预备姿势：立正姿势，哑铃头向前。

第一个八拍（如图 4-3-49 所示）：

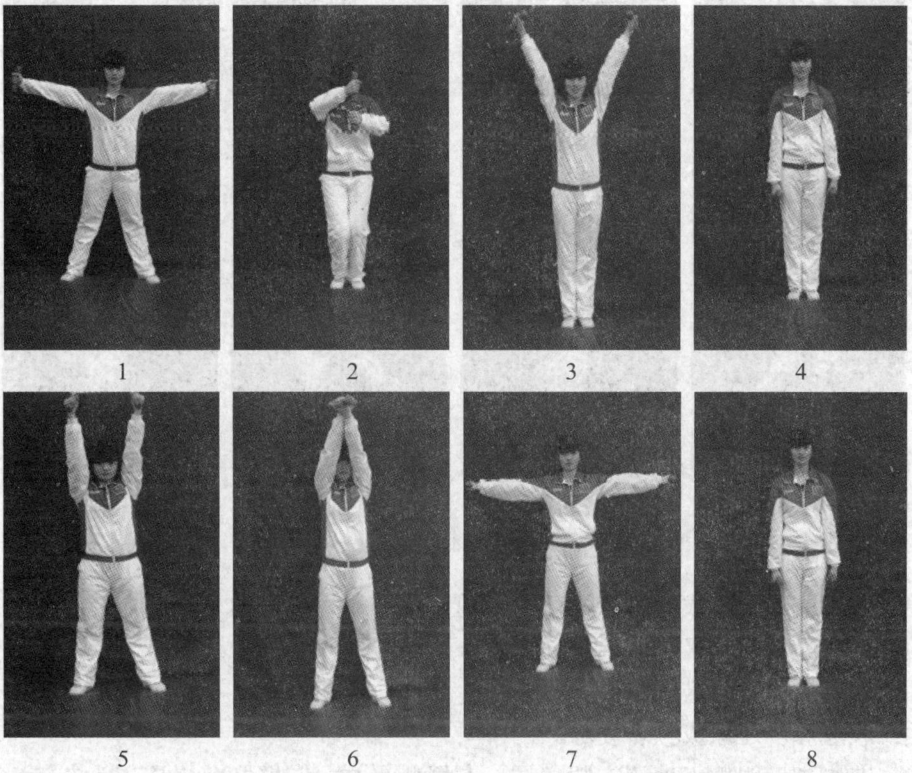

图　4-3-49

1 拍：左脚跨出一步成开立，与肩同宽，两臂侧平举，拳眼向上。

2 拍：右脚并左脚成半蹲，两臂胸前屈肘，右手哑铃向下敲击左手哑铃，含胸低头。

3 拍：两臂向上打开成侧上举。

4 拍：两臂放下。

5 拍：左脚左跨一步成开立，与肩同宽，两臂上举，拳心相对。

6～7 拍：两臂由内往外交叉绕环 1 周至侧平举。

8 拍：还原成预备姿势。

第二个八拍：动作同第一个八拍，但方向相反。

第三、四个八拍：同第一、二个八拍。

第二节 扩胸运动（4×8 拍）

第一个八拍（如图 4-3-50 所示）：

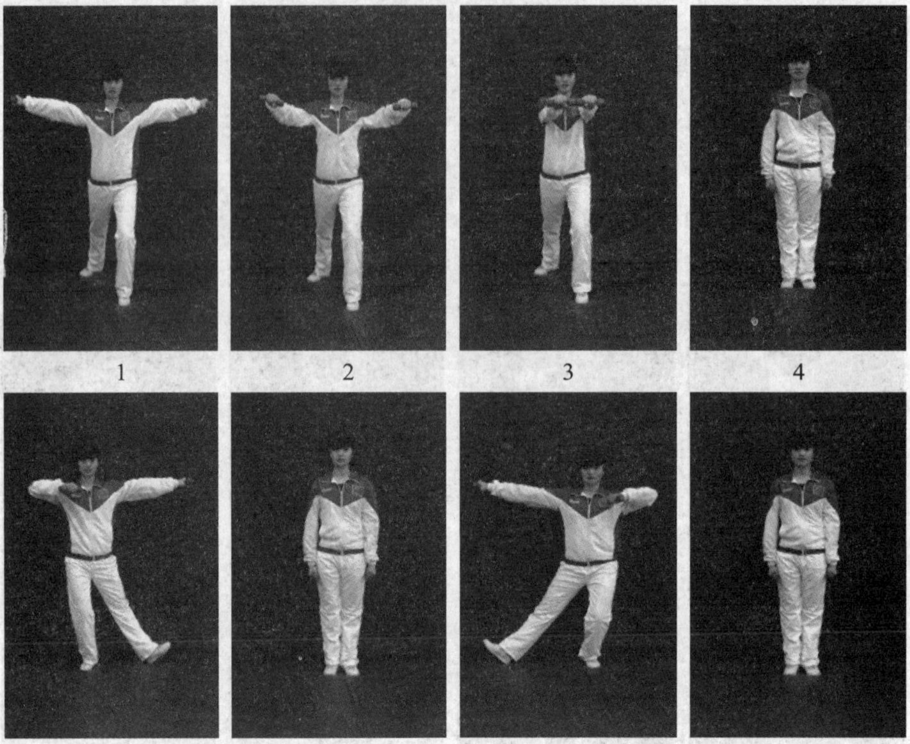

1　2　3　4

5　6　7　8

图 4-3-50

1 拍：左脚前跨一步成左弓步，两臂经前至侧平举，拳心向下。

2 拍：两臂经体前交叉至胸前平屈后振 1 次。

3 拍：双手胸前直臂敲击哑铃 1 次。

4 拍：收左脚，还原成预备姿势。

5 拍：左脚脚后跟侧点地，右腿稍屈，左臂侧平举，右臂胸前平屈，头左转。

6 拍：收左脚，还原成预备姿势。

7、8 拍：动作同 5、6 拍，但方向相反。

第二个八拍：同第一个八拍，但动作方向相反。

第三、四个八拍：同第一、二个八拍。

第三节 踢腿运动（4×8 拍）

第一个八拍（如图 4-3-51 所示）：

1 拍：左腿侧举 45°，右腿支撑，同时两臂侧平举，拳心向下。

2 拍：并腿，屈膝半蹲，低头含胸，双手胸前直臂敲击哑铃 1 次。

3 拍：左腿后踢，两臂上举。

4 拍：收左脚成直立，两臂侧平举。

5 拍：左腿前踢（约 90°），双手于左跨下方直臂横向敲击哑铃 1 次。
6 拍：收左脚，同时两臂侧平举。
7 拍：右腿前踢，同时双手于右腿胯下直臂敲击哑铃 1 次。
8 拍：还原成预备姿势。

1 2 3 4 5 6 7 8

图 4-3-51

第二个八拍：动作同第一个八拍，但方向相反。
第三、四个八拍：同第一、二个八拍。

第四节 体侧运动（4×8 拍）

第一个八拍（如图 4-3-52 所示）：
1 拍：左脚跨出一步成开立，比肩稍宽，同时两臂上举，拳心相对。
2 拍：上体左转 45°，左臂屈臂下拉至肩侧，目视右上方。
3 拍：上体右转 45°，左臂上举。
4 拍：还原成预备姿势。
5 拍：右脚右跨一步成开立，与肩同宽，同时两臂侧平举，拳心向下。
6 拍：上体左侧屈，目视右手。
7 拍：同 5 拍。
8 拍：还原成预备姿势。
第二个八拍：动作同第一个八拍，但方向相反。
第三、四个八拍：同第一、二个八拍。

1 2 3 4

5 6 7 8

图 4-3-52

第五节 体转运动（4×8 拍）

第一个八拍（如图 4-3-53 所示）：

1 拍：左脚左跨一步成开立，比肩稍宽，同时两臂侧平举，拳心向下。

2 拍：上体左转 90°，同时右手于胸前直臂敲击左手哑铃。

3 拍：上体右转 90°，同时右臂打开成侧平举。

4 拍：还原成预备姿势。

5 拍：右脚右跨一步成开立，与肩同宽，同时两臂侧平举。

6 拍：上体右转 90°，同时左臂胸前平屈，目视右手。

1 2 3 4

5　6　7　8

图　4-3-53

7 拍：上体向左转 180°，同时左臂侧平举，右臂胸前平屈，目视左手。

8 拍：还原成预备姿势。

第二个八拍：动作同第一个八拍，但方向相反。

第三、四个八拍：同第一、二个八拍。

第六节　全身运动（4×8 拍）

第一个八拍（如图 4-3-54 所示）：

1　2　3　4

5　6　7　8

图　4-3-54

1 拍：左脚左跨一步成开立，比肩稍宽，两臂上举于头上方敲击哑铃 1 次。

2 拍：两臂经侧向下摆至体前下举敲击哑铃 1 次，目视前方。
3 拍：左脚并右脚成半蹲姿势，同时两臂经上举向下至胸前平屈，两哑铃相对，低头含胸。
4 拍：还原成预备姿势。
5 拍：右脚右跨一步成开立，比肩稍宽，两臂上举于头上方敲击哑铃 1 次，抬头。
6 拍：两臂侧平举。
7 拍：上体前屈 90°，双手直臂体前敲击哑铃 1 次，塌腰、抬头。
8 拍：还原成预备姿势。
第二个八拍：动作同第一个八拍，但方向相反。
第三、四个八拍：同第一、二个八拍。

第七节　跳跃运动（4×8 拍）

第一个八拍（如图 4-3-55 所示）：

1～2　3～4　5　6　7　8

图　4-3-55

1～2 拍：向左小马跳，同时右臂经侧至上举，左臂不动。
3～4 拍：向右小马跳，同时左臂经侧至上举，右臂还原于体侧。
5 拍：跳成开立，同时两臂胸前平屈。
6 拍：跳成并立，同时两臂还原至体侧。
7 拍：跳成开立，同时两臂侧平举。
8 拍：还原成预备姿势。
第二个八拍：动作同第一个八拍，但方向相反。

第三、四个八拍：同第一、二个八拍。

第八节　整理运动（2×8 拍）

第一个八拍（如图 4-3-56 所示）：

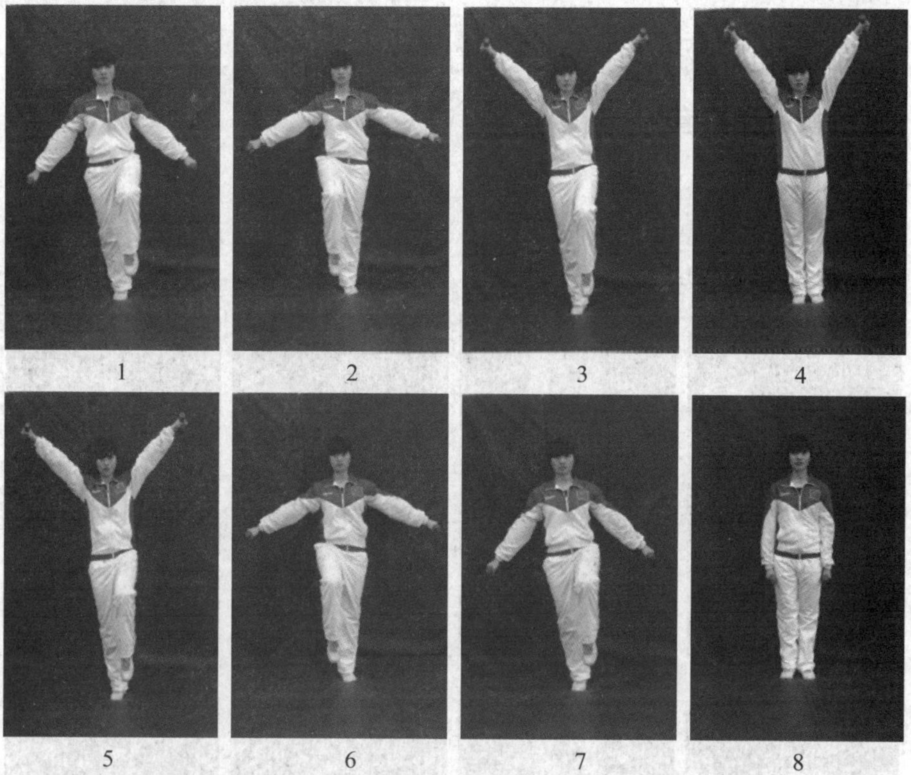

图　4-3-56

1～4 拍：左脚开始原地踏步，同时两臂经侧至侧上举。

5～8 拍：继续踏步，同时两臂还原至体侧。

第二个八拍（如图 4-3-57 所示）：

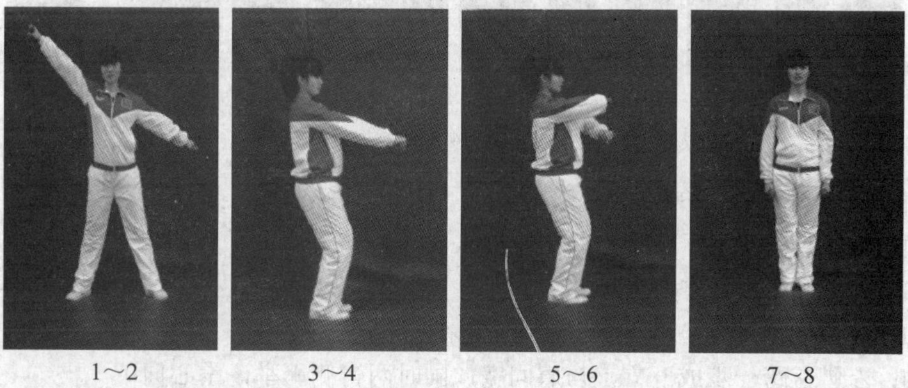

图　4-3-57

1～2 拍：左脚左跨一步，比肩稍宽，同时左臂经右向左划立圆至侧上举，右臂侧下举。

3～4 拍：右脚并左脚，同时向左转体 90°，两腿微屈膝，右臂经侧划立圆至体前下举，目视哑铃。

5～6 拍：双手胸前屈肘绕 1 次。

7～8 拍：还原成预备姿势。

第三、四个八拍：动作同第一、二个八拍，但方向相反。

二、哑铃操（第二套）

第一节　伸展运动（4×8 拍）

预备姿势：直立姿势，哑铃头向前。

第一个八拍（如图 4-3-58 所示）：

1　2　3　4

5　6　7　8

图　4-3-58

1 拍：两臂侧平举，拳心向下。

2 拍：双手直臂上举于头上方敲击哑铃 1 次。

3 拍：两臂侧平举，拳心向下。

4 拍：还原成预备姿势。

5 拍：左脚左跨一步成开立，与肩同宽，同时两臂侧平举，拳心向下。

6 拍：两臂由内向外经体前交叉绕环 1 周至头上方敲击哑铃 1 次。

7 拍：两臂侧平举，拳心向下。

8 拍：还原成预备姿势。

第二个八拍：动作同第一个八拍，但方向相反。

第三、四个八拍：同第一、二个八拍。

第二节　扩胸运动（4×8 拍）

第一个八拍（如图 4-3-59 所示）：

图　4-3-59

1 拍：双手于体后直臂敲击哑铃 1 次。

2 拍：双手于体前直臂敲击哑铃 1 次。

3 拍：屈膝半蹲，两臂胸前平屈后振 1 次。

4 拍：两腿伸直，双手直臂于胸前敲击哑铃 1 次。

5 拍：屈膝半蹲，左臂下举，右臂上举，同时后振 1 次。

6 拍：两腿伸直，双手直臂于胸前敲击哑铃 1 次。

7 拍：屈膝半蹲，左臂上举，右臂下举，同时后振 1 次。

8 拍：还原成预备姿势。

第二个八拍：动作同第一个八拍，但方向相反。

第三、四个八拍：同第一、二个八拍。

第三节 踢腿运动（4×8 拍）

第一个八拍（如图 4-3-60 所示）：

图 4-3-60

1 拍：左腿吸腿跳，右腿支撑，同时两臂胸前平屈。

2 拍：还原成预备姿势。

3 拍：左腿上踢，同时双手直臂于头上方敲击哑铃 1 次。

4 拍：还原成预备姿势。

5～6 拍：屈膝半蹲，同时双手直臂前举敲击哑铃两次，低头含胸。

7 拍：左腿侧踢，同时两臂侧平举。

8 拍：还原成预备姿势。

第二个八拍：动作同第一个八拍，但方向相反。

第三、四个八拍：同第一、二个八拍。

第四节 体侧运动（4×8 拍）

第一个八拍（如图 4-3-61 所示）：

1 拍：左脚左跨一步成开立，比肩稍宽，同时两臂侧平举。

2 拍：右臂经下向内绕至上举。

3 拍：上体左侧屈，同时双手直臂于头上方敲击哑铃 1 次。

4 拍：上体还原成直立，两臂成侧肩屈。

5 拍：上体右侧屈。

6 拍：双手直臂于体前敲击哑铃 1 次。
7 拍：上体向左侧屈，左臂侧下举，右臂侧上举，头右转。
8 拍：还原成预备姿势。

图　4-3-61

第二个八拍：动作同第一个八拍，但方向相反。
第三、四个八拍：同第一、二个八拍。

第五节　体转运动（4×8 拍）

第一个八拍（如图 4-3-62 所示）：

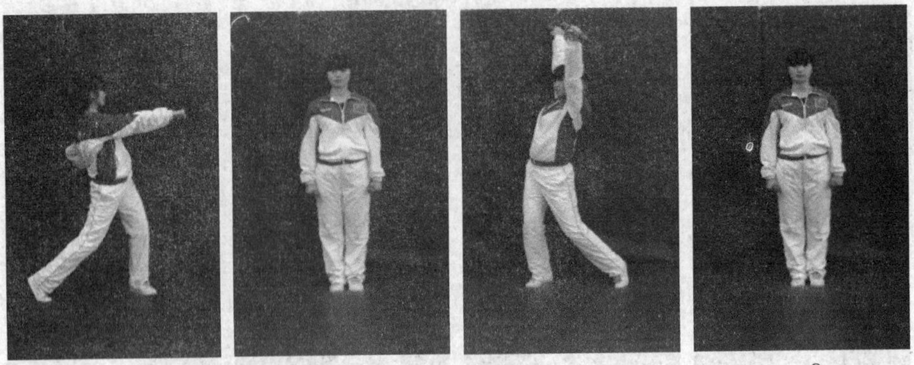

5　　6　　7　　8

图　4-3-62

1 拍：左脚左跨一步，比肩稍宽，上体左转 90°，同时双手直臂于体前敲击哑铃 1 次。

2 拍：双手直臂于体后敲击哑铃 1 次。

3 拍：双手直臂胸前敲击哑铃 1 次。

4 拍：上体转体 180°，同时两臂侧上举。

5 拍：左臂放于腰际，右臂向左前方冲拳。

6 拍：还原成预备姿势。

7 拍：右脚右跨一步，上体右转 90°，同时向右顶髋，两臂侧上举。

8 拍：还原成预备姿势。

第二个八拍：动作同第一个八拍，但方向相反。

第三、四个八拍：同第一、二个八拍。

第六节　全身运动（4×8 拍）

第一个八拍（如图 4-3-63 所示）：

1 拍：双手直臂上举于头上方敲击哑铃 1 次。

2 拍：屈膝半蹲，两臂经侧向下至膝关节后敲击哑铃 1 次，低头，含胸。

3 拍：两腿伸直，双手直臂于胸前敲击哑铃 1 次。

4 拍：还原成预备姿势。

5～6 拍：左脚左跨一步成开立，比肩稍宽，双手屈臂于腰际，同时向左右各顶髋 1 次。

7 拍：上体前屈 90°，双手屈臂于体前绕 1 次，塌腰，抬头。

8 拍：还原成预备姿势。

1　　2　　3　　4

5～6　　7　　8

图　4-3-63

第二个八拍：动作同第一个八拍，但方向相反。

第三、四个八拍：同第一、二个八拍。

第七节　跳跃运动（4×8 拍）

第一个八拍（如图 4-3-64 所示）：

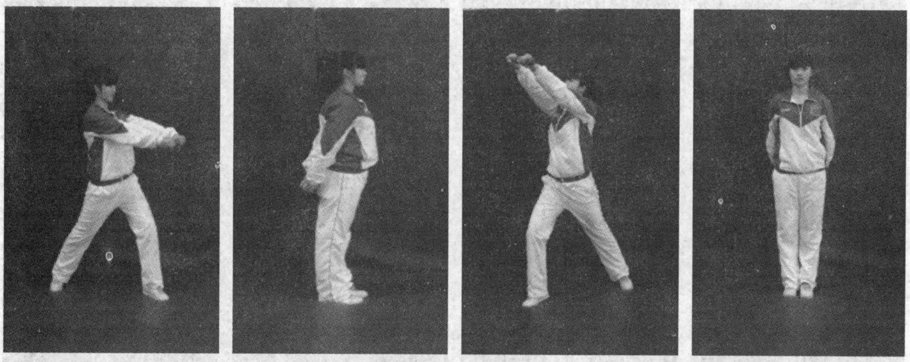

1　　2　　3　　4

5～6　　7　　8

图　4-3-64

1 拍：左脚左前 45° 弓步跳，同时双手直臂于体前下方敲击哑铃 1 次，目视手。

2 拍：跳成立正姿势，同时双手直臂于体后敲击哑铃 1 次。

3 拍：右脚右前 45° 弓步跳，同时双手直臂于额前上方敲击哑铃 1 次，目视手。

4 拍：跳成立正姿势，同时双手直臂于体后敲击哑铃 1 次。

5～6 拍：屈膝半蹲，双手屈臂于体前绕 2 周，含胸，低头。
7 拍：并腿小跳成左脚脚跟点地，右腿微屈，右臂侧上举，左臂胸前平屈，目视右手。
8 拍：还原成预备姿势。
第二个八拍：动作同第一个八拍，但方向相反。
第三、四个八拍：同第一、二个八拍。

第八节　整理运动（4×8 拍）

第一个八拍（如图 4-3-65 所示）：

1　2　3　4　5　6　7　8

图　4-3-65

1 拍：上左脚于右脚前，左臂不动，同时右臂胸前平屈。
2 拍：右脚侧点地，同时右臂侧上举。
3 拍：上右脚于左脚前，同时左臂胸前平屈。
4 拍：左脚侧点地，同时左臂侧上举。
5～8 拍：左脚开始向后踏步，同时两臂放下。
第二个八拍：动作同第一个八拍，但方向相反。
第三个八拍（如图 4-3-66 所示）：
1～4 拍：左脚侧跨一大步成左侧弓步，同时两臂至侧平举（3 拍到位）。
5～6 拍：右转 90°，同时两腿伸直，重心移至右腿，左脚脚尖后点地，两臂侧上举。
7～8 拍：还原成预备姿势。
第四个八拍：动作同第三个八拍，但方向相反。

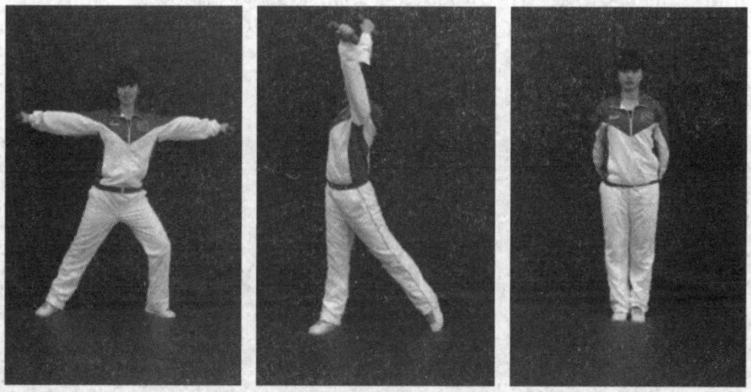

1～4　　5～6　　7～8

图　4-3-66

三、绳操（第一套）

预备姿势：直立姿势，持绳于体前，如图 4-3-67 所示。

图　4-3-67

第一节　伸展运动（8×8 拍）

第一个八拍（如图 4-3-68 所示）：

1～2　　3～4　　5～6　　7～8

图　4-3-68

1～2 拍：左脚左跨一步成开立，与肩同宽，两臂前平举。

3～4 拍：右脚并左脚，同时半蹲低头，双手胸前屈肘击掌两次。

5～6 拍：左脚向左前 45° 跨出，重心落左脚，两臂侧上举。

7～8 拍：还原成预备姿势。

第二个八拍（如图 4-3-69 所示）：

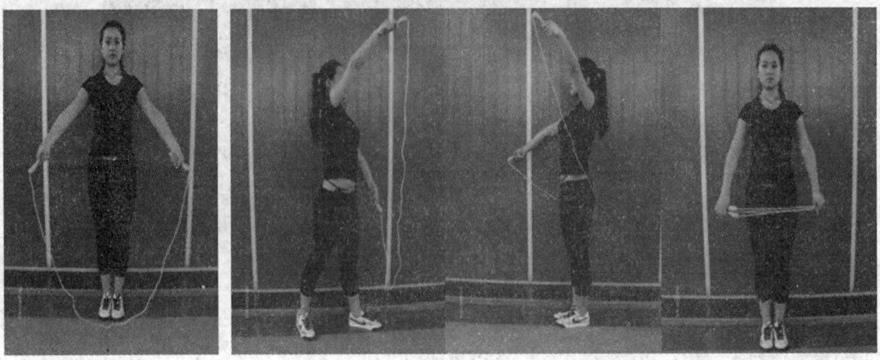

1～2　　　　3～8

图　4-3-69

1～2 拍：两臂侧下举，打开绳。

3～8 拍：左脚开始向左后方踏步转体 360° ，同时两臂右上左下带绳绕动，绳经头上至体前，还原成预备姿势。

第三、四个八拍：动作同第一、二个八拍，但方向相反。

第五至第八个八拍：同第一至第四个八拍。

第二节　扩胸运动（8×8 拍）

第一个八拍（如图 4-3-70 所示）：

1～2 拍：左脚左跨一步成开立，与肩同宽，双手持绳于胸前平屈。

3 拍：右脚于左脚前屈膝点地，双手持绳，左下右上。

4 拍：动作同 3 拍，但方向相反。

5～6 拍：右脚向后小跳一步，左脚前点地，同时右手持绳，两臂由下向后绕至侧上举，抬头。

7 拍：右转 90° ，同时扩胸 1 次。

8 拍：还原成预备姿势。

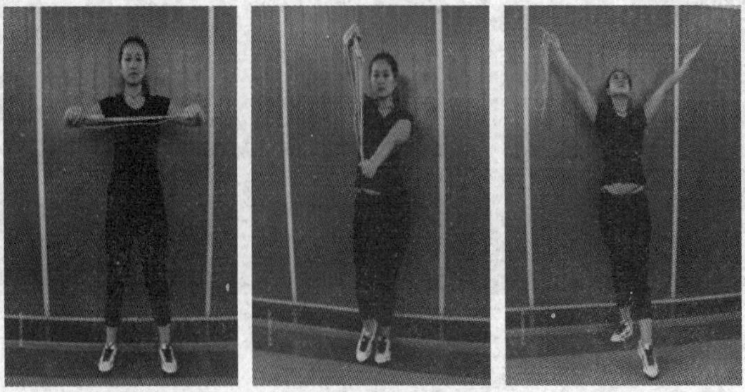

1～2　　　　3～4　　　　5～6

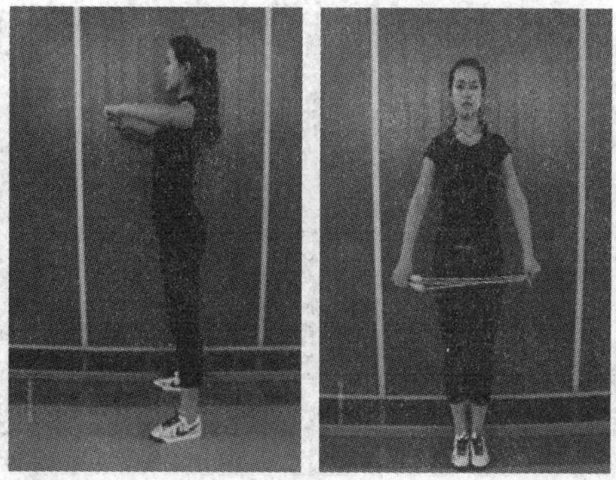

7　　　　8

图　4-3-70

第二个八拍（如图 4-3-71 所示）：

1～4　　　　5～6　　　　7～8

图　4-3-71

1～4 拍：左脚开始踏步，左手背于身后，右手甩“8”字绳。
5～6 拍：左脚侧跨一步成左弓步，左臂拉绳胸前平屈，右臂持绳侧上举。
7～8 拍：还原成预备姿势。
第三、四个八拍：动作同第一、二个八拍，但方向相反。
第五至第八个八拍：同第一至第四个八拍。

第三节　踢腿运动（8×8 拍）

第一个八拍（如图 4-3-72 所示）：
1 拍：左脚向左前 45° 方向跨一步，两臂右上左下成准备甩“8”字绳姿势。
2 拍：前踢右腿，双手甩“8”字绳成左下右上。
3～4 拍：回甩“8”字绳，还原成预备姿势。
5～8 拍：动作同 1～4 拍，但方向相反。
第二个八拍（如图 4-3-73 所示）：
1 拍：左脚左跨一步成开立，重心移至左脚，双手持绳从下向左上甩。
2 拍：并腿，绳甩至上方。
3 拍：继续跨左脚，绳顺势再绕 1 圈。

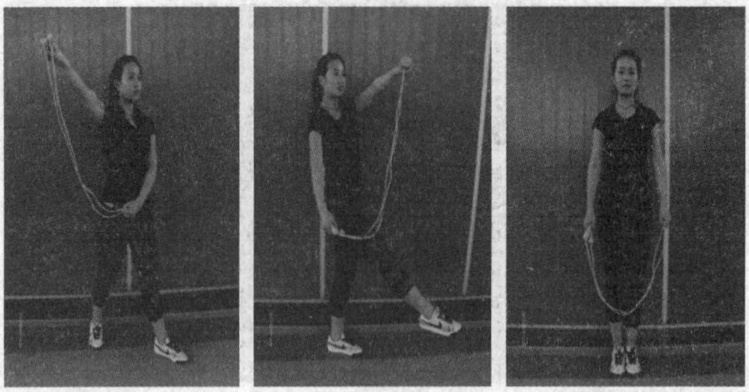

1　　2　　3～4

图　4-3-72

1　　2　　3　　4

图　4-3-73

4 拍：侧踢右腿，两臂用力向上甩绳。

5～8 拍：动作同 1～4 拍，但方向相反。

第三、四个八拍：动作同第一、二个八拍，但方向相反。

第五至第八个八拍：同第一至第四个八拍。

第四节　体侧运动（8×8 拍）

第一个八拍（如图 4-3-74 所示）：

1　　2　　5～6　　7～8

图　4-3-74

1 拍：左脚左跨一步成开立，与肩同宽，双手持绳成右上左下。

2 拍：右脚并左脚，右脚脚尖点地，双手交换成左上右下。

3～4 拍：动作同 1～2 拍，但方向相反。

5～6 拍：左脚左跨一步，双手持绳上举，上体左侧屈。

7～8 拍：右脚左后点地，左手背于腰后，右手持绳肩上屈。

第二个八拍（如图 4-3-75 所示）：

1～2　　3～4　　5～6　　7～8

图　4-3-75

1～2 拍：左脚左跨一步，双手持绳上举，左右扭髋两次。

3～4 拍：左转 45°，同时吸右脚，左手叉腰，右大臂夹紧，小臂向前甩绳两次。

5～6 拍：落右脚成开立，两臂侧上举将绳拉直，上体右侧屈。

7～8 拍：还原成预备姿势。

第三、四个八拍：动作同第一、二个八拍，但方向相反。

第五至第八个八拍：同第一至第四个八拍。

第五节　体转运动（8×8 拍）

第一个八拍（如图 4-3-76 所示）：

1 拍：左脚侧跨一步成开立，比肩稍宽，上体左转，双手持绳侧上举。

2 拍：还原成预备姿势。

3～4 拍：动作同 1～2 拍，但方向相反。

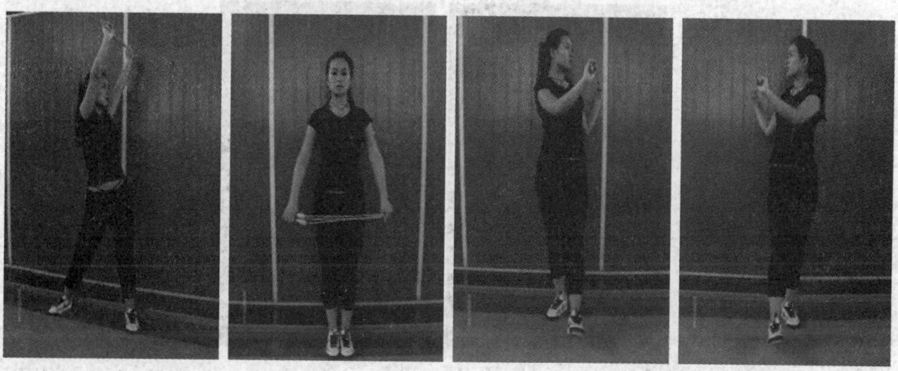

1　　2　　5　　6

7　　　　8

图　4-3-76

5 拍：左脚脚跟前点地，上体左转，双手持绳屈臂于胸前。

6 拍：动作同 5 拍，但方向相反。

7 拍：左脚脚跟前点地，上体左转，双手持绳于胸前，左臂伸直，右臂微屈。

8 拍：动作同 7 拍，但方向相反。

第二个八拍：动作同第一个八拍，但方向相反。

第三至第八个八拍：同第一至第二个八拍。

第六节　全身运动（8×8 拍）

第一个八拍（如图 4-3-77 所示）：

1～2　　　　3～4

5～7　　　　8

图　4-3-77

1～2 拍：左脚侧跨一步成开立，比肩稍宽，双手持绳上举。
3～4 拍：上体前屈，低头，直臂由下至上、由内至外推绳至两臂上举。
5～7 拍：两臂保持上举不动，左右扭髋 3 次。
8 拍：还原成预备姿势。
第二个八拍（如图 4-3-78 所示）：

图　4-3-78

1～2 拍：两臂抬至胸前平屈。
3 拍：左脚脚尖点地，双手持绳成“K”字，右上左下。
4 拍：动作同 3 拍，但方向相反。
5 拍：左脚侧跨一步成开立，比肩稍宽，同时上体左转，双手持绳前平举。
6～7 拍：上体前屈，双手直臂由下至上、由内至外推绳至两臂上举。
8 拍：还原成预备姿势。
第三个八拍：动作同第一个八拍，但方向相反。
第四个八拍：动作同第二个八拍，但方向相反。
第五至第八个八拍：同第一至第四个八拍。

第七节　跳跃运动（8×8 拍）

第一个八拍（如图 4-3-79 所示）：

1～4　　5　　6

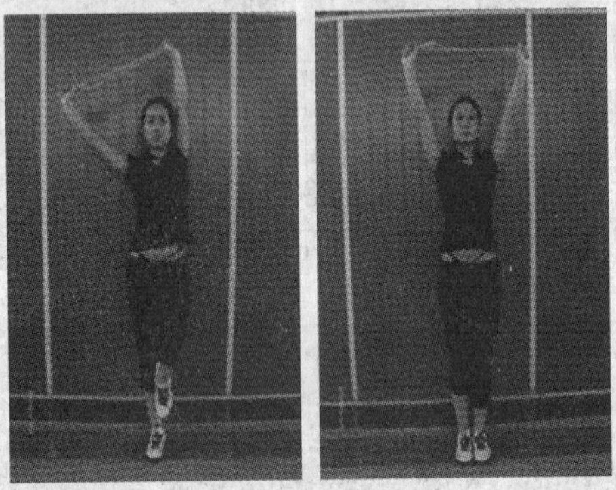

7　　8

图　4-3-79

1～4 拍：左右小马跳各两次，左手背于腰后，右小臂向前甩绳两次。

5 拍：吸右腿，双手持绳上举左摆，上体稍向左侧屈。

6 拍：右脚并左脚，双手持绳上举。

7～8 拍：动作同 5、6 拍，但方向相反。

第二个八拍：同第一个八拍，但动作方向相反。

第三至第八个八拍：同第一至第二个八拍。

第八节　整理运动（4×8 拍）

第一个八拍（如图 4-3-80 所示）：

1～2 拍：左脚侧跨一步成马步，两臂抬至胸前平屈。

3～4 拍：还原成预备姿势。

5～6 拍：动作同 1～2 拍，但换右脚。

7～8 拍：还原成预备姿势。

第二个八拍（如图 4-3-81 所示）：

1～4 拍：左脚开始向前踏 4 步，双手把绳由下向上推至上举。

5～8 拍：右脚开始向后踏 4 步，两臂由上举拉至下方，还原成预备姿势。

1～2　　3～4

图　4-3-80

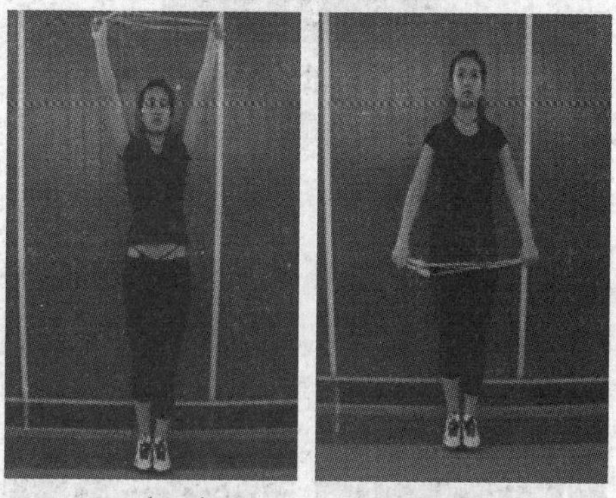

1～4　　5～8

图　4-3-81

第三个八拍（如图 4-3-82 所示）：

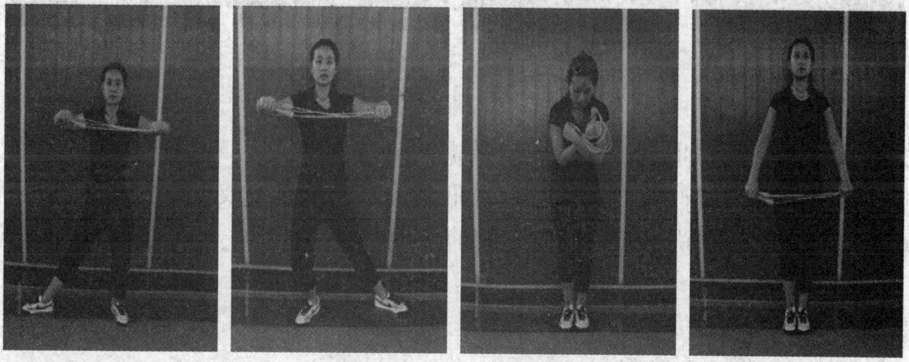

1～2　　3～4　　5～6　　7～8

图　4-3-82

1～2 拍：左脚侧跨一步，重心落左脚，右脚前脚掌点地，双手持绳于胸前平屈。

3～4 拍：重心移至右脚。

5～6 拍：并腿屈膝半蹲，双手胸前交叉，低头。

7～8 拍：还原成预备姿势。

第四个八拍：同第二个八拍。

四、绳操（第二套）

预备姿势：立正姿势，双手持绳于体前，如图 4-3-83 所示。

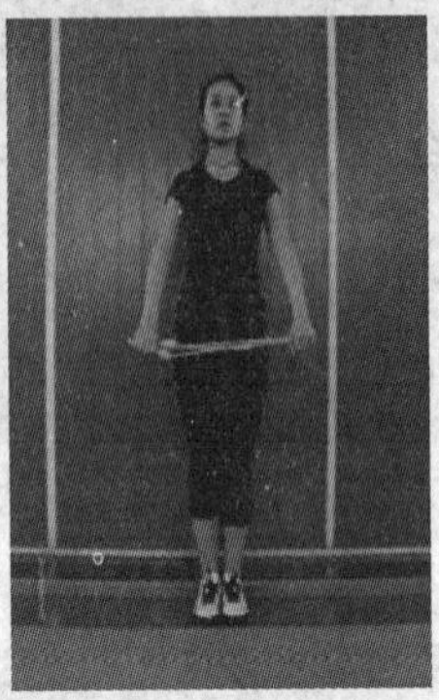

图 4-3-83

第一节　伸展运动（8×8 拍）

第一个八拍（如图 4-3-84 所示）：

1～2　　3～4　　5～6　　7～8

图 4-3-84

1～2 拍：左脚侧跨一步成开立，比肩稍宽，两臂上举。

3～4 拍：左脚并右脚，同时两膝微屈，低头，双手胸前交叉。

5～6 拍：右脚向后小跳一步，同时左脚前点地，右手持绳，两臂经下向后绕至侧上举，抬头。

7～8 拍：还原成预备姿势。

第二个八拍（如图 4-3-85 所示）：

1～2 拍：左脚侧跨一步成开立，双手持绳，两臂胸前平屈。

3～4 拍：左脚并右脚，同时两膝微屈，低头，双手于胸前击掌两次。

5～6 拍：左脚向左前上 45° 跨出，重心落左脚，双手持绳前上举。

7～8 拍：还原成预备姿势。

第三、四个八拍：动作同第一、二个八拍，但方向相反。

第五至第八个八拍：同第一至第四个八拍。

1～2　　3～4　　5～6　　7～8

图　4-3-85

第二节　扩胸运动（8×8 拍）

第一个八拍（如图 4-3-86 所示）：

1　　2　　3　　4

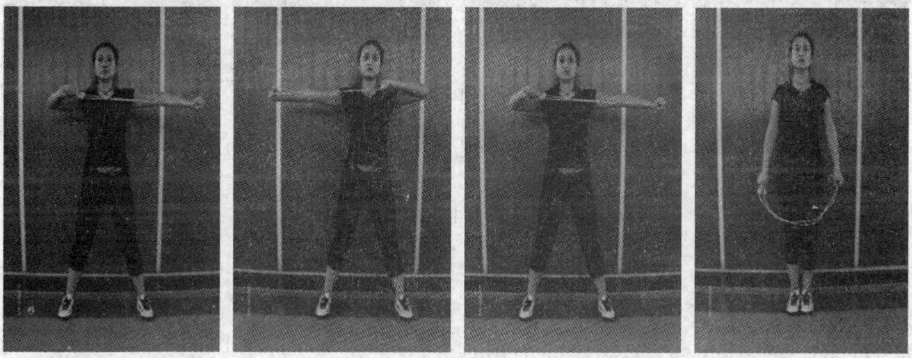

5　　6　　7　　8

图　4-3-86

1 拍：左脚向前跨一步成左弓步，右手持绳，扩胸 1 次。

2 拍：右转 90°，两臂侧平举。

3 拍：左转 90°成左弓步，扩胸 1 次。

4 拍：还原成预备姿势。

5 拍：左脚侧跨一步成开立，比肩稍宽，左臂伸直，右臂屈臂扩胸一次。

6 拍：动作同 5 拍，但方向相反。

7 拍：同 5 拍。

8 拍：还原成预备姿势。

第二个八拍：动作同第一个八拍，但方向相反。

第三、四个八拍：动作同第一、二个八拍，但方向相反。

第五至第八个八拍：同第一至第四个八拍。

第三节　踢腿运动（8×8 拍）

第一个八拍（如图 4-3-87 所示）：

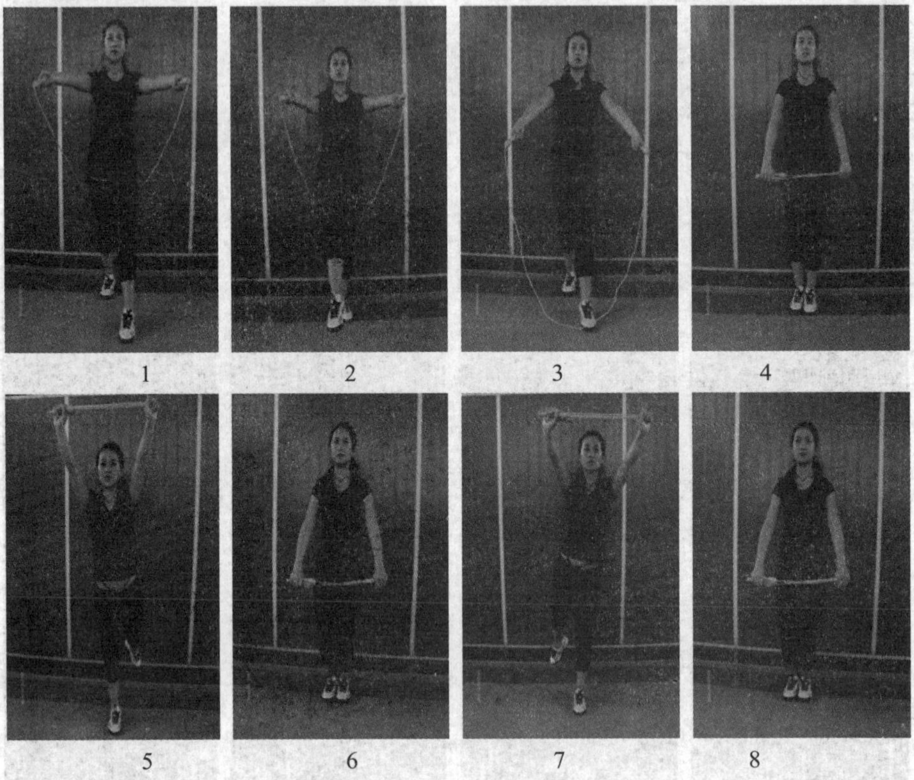

图　4-3-87

1 拍：左脚前跨一步，双手向后甩绳。

2 拍：前踢右腿。

3 拍：右腿后撤，同时双手从后向前甩绳。

4 拍：还原成预备姿势。

5 拍：后踢左腿，双手持绳侧上举。

6 拍：左脚并右脚，同时两腿屈膝半蹲，双手放于体前。

7 拍：动作同 5 拍，但换右腿。

8 拍：同 6 拍。

第二个八拍：动作同第一个八拍，但方向相反。

第三、四个八拍：动作同第一、二个八拍，但方向相反。

第五至第八个八拍：同第一至第四个八拍。

第四节　体侧运动（8×8 拍）

第一个八拍（如图 4-3-88 所示）：

1～2　　3～4　　5～6　　7～8

图　4-3-88

1～2 拍：左脚侧跨一步成开立，比肩稍宽，两臂侧上举。

3～4 拍：上体左转 90°，胸前击掌两次。

5～6 拍：上体右转 180°，两臂侧上举。

7～8 拍：还原成预备姿势。

第二个八拍（如图 4-3-89 所示）：

1～2　　3～4　　5～6　　7～8

图　4-3-89

1～2 拍：左脚侧跨一步成开立，比肩稍宽，双手持绳上举，上体左侧屈。

3～4 拍：上体还原。

5～6 拍：同 1～2 拍。

7～8 拍：还原成预备姿势。

第三个八拍：动作同第一个八拍，但方向相反。

第四个八拍：动作同第二个八拍，但方向相反。

第五至第八个八拍：同第一至第四个八拍。

第五节　体转运动（8×8 拍）

第一个八拍（如图 4-3-90 所示）：

1～2　3～4　5～6

7　8

图　4-3-90

1～2 拍：左脚侧跨一步成开立，比肩稍宽，向左转 90°，左臂伸直，右臂屈臂。

3～4 拍：上体向右后转 180°，左臂屈臂，右臂伸直，右臂略比左臂高。

5～6 拍：同 1～2 拍。

7 拍：同 3～4 拍。

8 拍：还原成预备姿势。

第二个八拍（如图 4-3-91 所示）：

1～2　3～4　5～6

7 8

图 4-3-91

1～2 拍：左脚侧跨一步成左侧弓步，两臂成“K”字，左上右下。

3～4 拍：左脚脚跟点地，重心移至右脚，上体左下屈，左臂伸直，右臂屈臂，右臂高于左臂。

5～6 拍：动作同 3～4 拍，但方向相反。

7 拍：左前弓步，两臂侧上举。

8 拍：还原成预备姿势。

第三个八拍：动作同第一个八拍，但方向相反。

第四个八拍：动作同第二个八拍，但方向相反。

第五至第八个八拍：同第一至第四个八拍。

第六节 全身运动（8×8 拍）

第一个八拍（如图 4-3-92 所示）：

1～2 拍：左脚侧跨一步成开立，比肩稍宽，上体前屈 90°，双手持绳前平举，抬头挺胸。

3～4 拍：左转 45°，同时吸右脚，左手叉腰，右大臂夹紧，小臂向前甩绳两次。

5～6 拍：左转 45°，同时落右脚，两腿屈膝成马步，两臂肩上侧屈，持绳于脑后。

7～8 拍：还原成预备姿势。

1～2 3～4 5～6 7～8

图 4-3-92

第二个八拍（如图 4-3-93 所示）：

1 拍：左脚脚尖点地，双手持绳成“K”字，右上左下。

2 拍：动作同 1 拍，但方向相反。

1　　2　　5～6　　7～8

图　4-3-93

3 拍：同 1 拍。

4 拍：同 2 拍。

5～6 拍：跳成左腿弯曲，右脚右前方伸出，脚跟点地，同时左手拉绳胸前平屈，右手持绳侧上举。

7～8 拍：跳成预备姿势。

第三个八拍：动作同第一个八拍，但方向相反。

第四个八拍：动作同第二个八拍，但方向相反。

第五至第八个八拍：同第一至第四个八拍。

第七节　跳跃运动（4×8 拍）

第一个八拍（如图 4-3-94 所示）：

1～4　　5～7　　8

图　4-3-94

1～4 拍：右脚开始跑步跳绳两次。

5～7 拍：小马跳左右左各 1 次，一手握住绳的一端，另一手握绳的中部，使部分绳垂直于地面，然后做“8”字绕绳 3 次。

8 拍：还原成预备姿势。

第二个八拍：动作同第一个八拍，但方向相反。

第三、四个八拍：同第一、二个八拍。

第八节　整理运动（4×8 拍）

第一个八拍（如图 4-3-95 所示）：

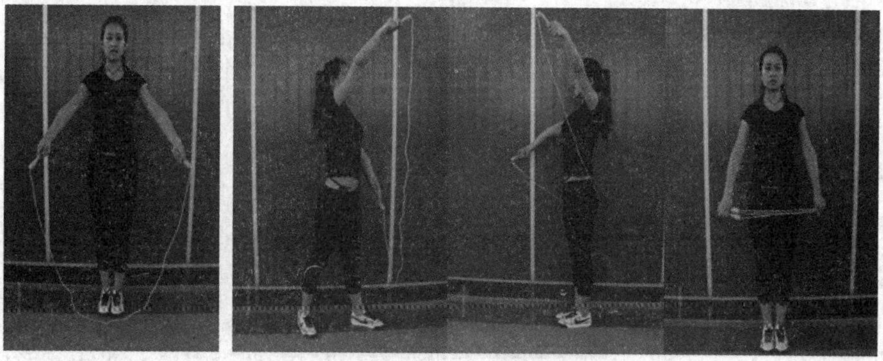

1～2　　　　3～8

图　4-3-95

1～2 拍：两臂侧下举，打开绳。

3～8 拍：左脚开始向左后方踏步转体 360°，同时两臂抬高，右上左下，经头上带动绕绳到体前后还原成预备姿势。

第二个八拍（如图 4-3-96 所示）：

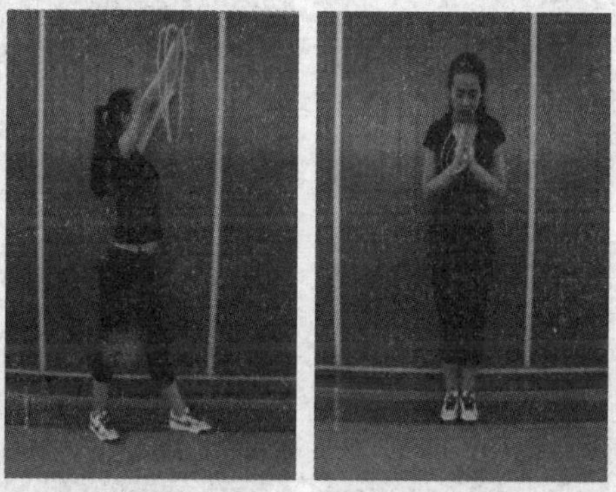

1～2　　　　3～4

图　4-3-96

1～2 拍：左脚向左前 45° 跨出一步，重心落左脚，双手持绳侧上举。

3～4 拍：收左脚，并腿屈膝，双手胸前击掌两次，低头。

5～6 拍：动作同 1～2 拍，但方向相反。

7～8 拍：动作同 3～4 拍，但方向相反。

第三个八拍：动作同第一个八拍，但方向相反。

第四个八拍：动作同第二个八拍，但方向相反。

第三节　专门器械类

一、板凳操（第一套）

音乐：前奏（4×8 拍）

预备姿势：上体直立，坐于板凳上，两腿并拢，两臂放于体侧，如图 4-3-97 所示。

图　4-3-97

第一节　上肢练习（4×8 拍）

第一个八拍（如图 4-3-98 所示）：

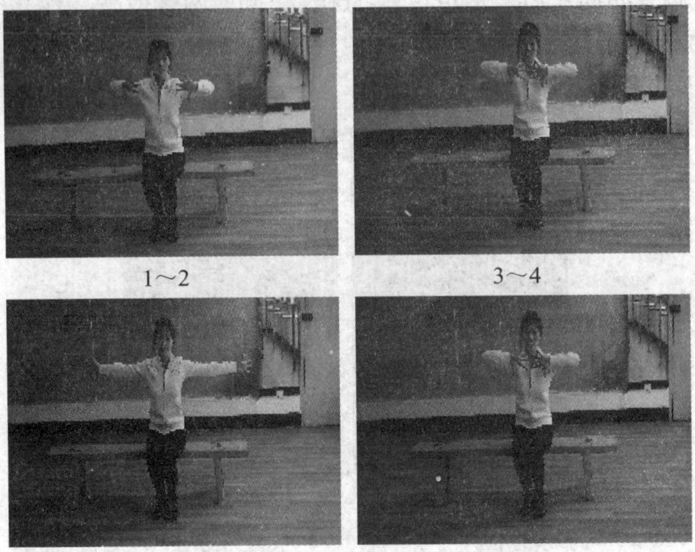

1～2　3～4　5～6　7～8

图　4-3-98

1～2 拍：两臂前举，立掌内旋，五指分开。

3～4 拍：两臂成胸前平屈，含胸。

5～6 拍：两臂侧平举，掌心向前。

7～8 拍：同 3～4 拍。

第二个八拍：同第一个八拍。

第三个八拍（如图 4-3-99 所示）：

1～2　　3～4

图　4-3-99

1～2 拍：左腿前伸，脚尖点地，左手扶髋，右臂上举，五指分开，掌心向前。
3～4 拍：还原成预备姿势。
5～8 拍：动作同 1～4 拍，但方向相反。
第四个八拍（如图 4-3-100 所示）：

1～2　　3～4

图　4-3-100

1～2 拍：左脚脚尖体前点地两次，两臂胸前平屈后振两次，五指分开，身体微向左倾。
3～4 拍：收左脚，双手胸前击掌两次。
5～6 拍：动作同 1～2 拍，但方向相反。
7～8 拍：还原成预备姿势。

第二节　下肢练习（4×8 拍）

第一个八拍（如图 4-3-101 所示）：

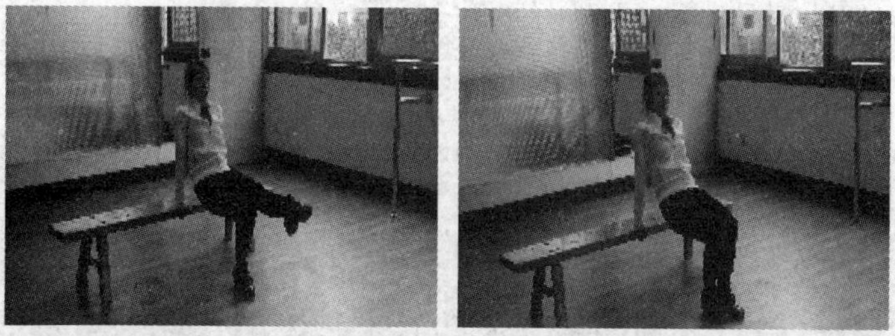

1～2　　3～4

图　4-3-101

1～2 拍：直臂支撑，臀部离开板凳，身体重心前移，踢左腿。
3～4 拍：左脚并右脚。

5～8 拍：动作同 1～4 拍，但方向相反。

第二个八拍（如图 4-3-102 所示）：

1～2　　3～4　　5～8

图　4-3-102

1～2 拍：左腿左前上举。

3～4 拍：左腿直腿右摆，挂靠于右膝上。

5～8 拍：左腿直腿摆回，两腿并拢。

第三个八拍：动作同第二个八拍，但方向相反。

第四个八拍（如图 4-3-103 所示）：

1～4　　5～6　　7～8

图　4-3-103

1～4 拍：左右脚依次向前踏 3 步，第 4 拍双脚并拢。

5～6 拍：前踢左腿。

7～8 拍：向左翻转成并腿直臂俯撑。

第三节　四肢练习（4×8 拍）

第一个八拍（如图 4-3-104 所示）：

1～4　　5～6　　7～8

图　4-3-104

1～4 拍：屈臂俯撑。

5～6 拍：左转 90°，左腿侧举，左臂侧上举，目视右手。

7～8 拍：成并腿直臂俯撑。

第二个八拍：动作同第一个八拍，但方向相反。

第三个八拍（如图 4-3-105 所示）：

1～4 拍：屈臂俯撑。

5～6 拍：推起，同时左腿后踢。

7～8 拍：左腿放下。

1～4　　5～6　　7～8

图　4-3-105

第四个八拍：动作同第三个八拍，但方向相反。

第四节　腰腹练习（4×8 拍）

第一个八拍（如图 4-3-106 所示）：

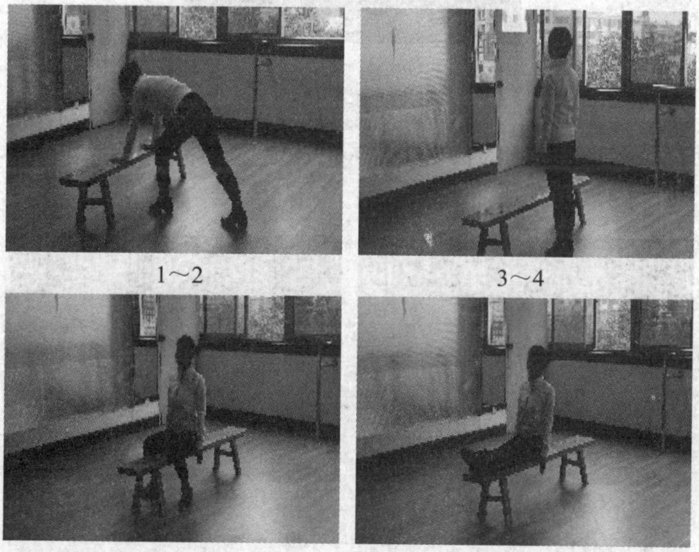

1～2　　3～4

5～6　　7～8

图　4-3-106

1～2 拍：左脚向前跨 1 步，双手直臂撑凳。

3～4 拍：右脚并左脚，双手推离板凳成立正姿势。

5～6 拍：右腿跨过凳成分腿坐，两臂自然放于体侧。

7～8 拍：两腿伸直并拢放于凳上，两臂自然放于体侧。

第二个八拍（如图 4-3-107 所示）：

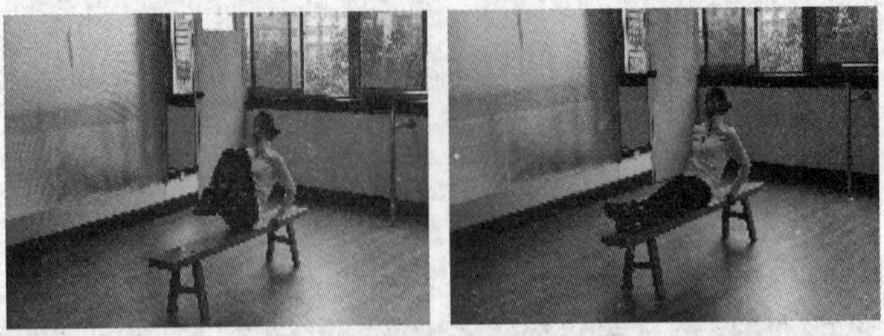

1～2　　3～4

图　4-3-107

1～2 拍：两腿屈膝，收腹，身体重心后移。

3～4 拍：两腿伸直。

5～8 拍：同 1～4 拍。

第三个八拍（如图 4-3-108 所示）：

1～2

图　4-3-108

1～8 拍：重心后移，左右腿依次上举，双手屈臂支撑，两拍一动。

第四个八拍（如图 4-3-109 所示）：

1～2　　3～4

图　4-3-109

1～2 拍：两腿侧分。

3～4 拍：两腿交叉，左脚在上。

5～8 拍：动作同 1～4 拍，右脚在上。

第五节　伸展练习（4×8 拍）

第一个八拍（如图 4-3-110 所示）：

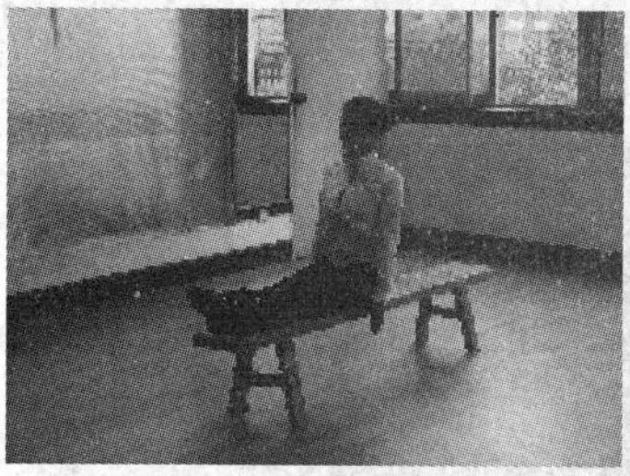
1～2

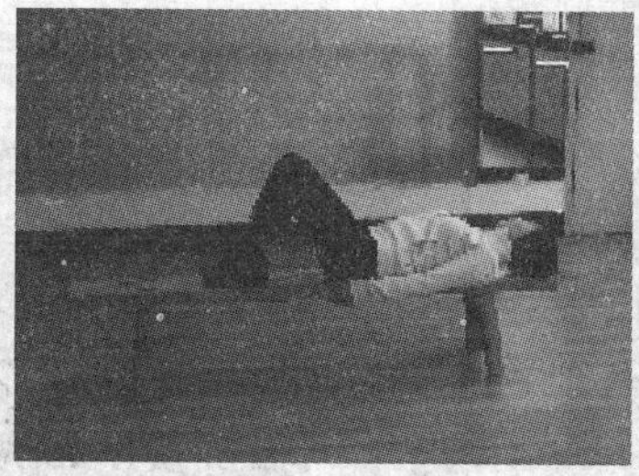
3～4

5～8

图　4-3-110

1～2 拍：并腿直膝坐于凳上，双手放于体侧。
3～4 拍：仰卧，屈腿，双手放于体侧。
5～8 拍：屈腿，同时起上体，两臂前伸。

第二个八拍（如图 4-3-111 所示）：

1～2

3～4

图　4-3-111

1～2 拍：前伸左腿，左臂侧平举，右臂上举，头左转 90°。
3～4 拍：左腿还原，双手于胸前屈臂击掌两次。
5～8 拍：动作同 1～4 拍，但方向相反。

第三至第四个八拍：同第一至第二个八拍。

第六节　背肌练习（4×8 拍）

第一个八拍（如图 4-3-112 所示）：

1～2

3～4

5～8

图　4-3-112

1～2 拍：直腿分开坐于凳上，两臂撑于体前。

3～4 拍：身体重心前移，两腿向后滑动。

5～8 拍：俯卧于凳上，屈臂撑凳。

第二个八拍（如图 4-3-113 所示）：

1～2　　3～4

图　4-3-113

1～2 拍：两臂上举，两腿并拢，两头起 1 次。

3～4 拍：还原成屈臂撑凳，俯卧于凳上。

5～8 拍：同 1～4 拍。

第三个八拍（如图 4-3-114 所示）：

1～2　　3～4

图　4-3-114

1～2 拍：左臂上举，右腿后举。

3～4 拍：还原成屈臂撑凳，俯卧于凳上。

5～8 拍：动作同 1～4 拍，但方向相反。

第四个八拍：动作同第三个八拍，一拍一动，第 8 拍还原成凳上俯撑。

第七节　脚背练习（4×8 拍）

第一个八拍（如图 4-3-115 所示）：

1～4 拍：后移重心，成跪俯撑。

5～6 拍：后移重心，成跪坐体前屈，两臂上举贴凳。

7～8 拍：抬上体，成跪坐上体直立，双手放于大腿上。

第二个八拍（如图 4-3-116 所示）：

1～2 拍：双手叉腰，成跪立，同时上体左转 90°。

3～4 拍：还原成跪坐，双手叉腰。

5～8 拍：动作同 1～4 拍，但方向相反。

1～4　　5～6　　7～8

图　4-3-115

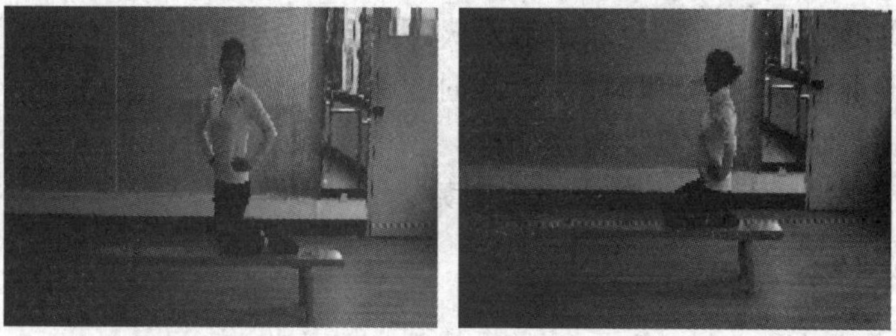

1～2　　3～4

图　4-3-116

第三个八拍（如图 4-3-117 所示）：

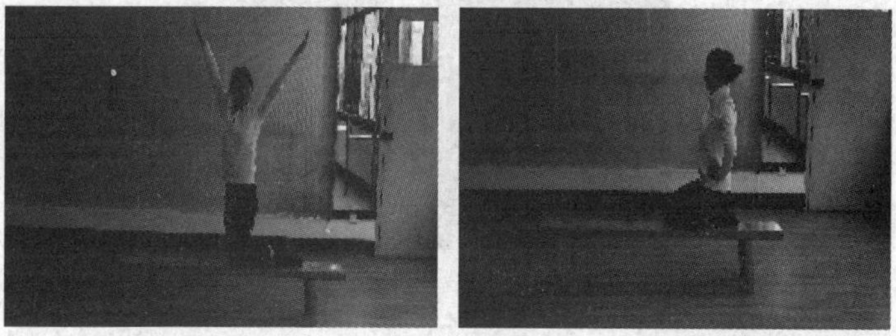

1～2　　3～4

图　4-3-117

1～2 拍：跪立，上体左转 90°，两臂侧上举。
3～4 拍：跪坐，双手叉腰。
5～8 拍：动作同 1～4 拍，但方向相反。
第四个八拍（如图 4-3-118 所示）：

1～2　　3～4

5～6　　7～8

图　4-3-118

1～2 拍：两臂经前上向后绕至双手触两脚跟，抬头挺胸。
3～4 拍：两臂前伸放于凳上，跪坐，同时含胸低头。
5～6 拍：左腿直腿着地，双手直臂支撑。
7～8 拍：左转 90°，右脚下凳成立正姿势。

二、板凳操（第二套）

音乐：前奏（2×8 拍）
预备姿势：上体直立，坐于板凳上，两腿并拢，两臂放于体侧，如图 4-3-119 所示。

图　4-3-119

第一节　头部运动（4×8 拍）

第一个八拍（如图 4-3-120 所示）：

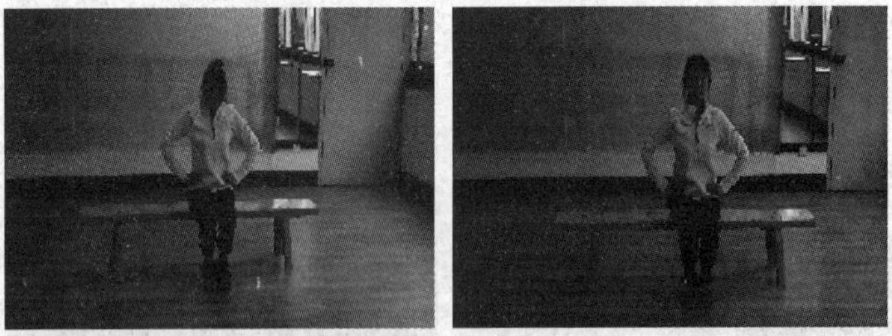

1～2　　3～4

图　4-3-120

1～2 拍：双手叉腰，头前屈。
3～4 拍：头还原。
5～8 拍：同 1～4 拍。

第二个八拍（如图 4-3-121 所示）：

1～2　　　　3～4

图　4-3-121

1～2 拍：头左侧屈。
3～4 拍：头还原。
5～8 拍：动作同 1～4 拍，但方向相反。
第三个八拍：
1～8 拍：头经前向左绕环 1 周，如图 4-3-122 所示。

图　4-3-122

图　4-3-123

第四个八拍（如图 4-3-123 所示）：
1～7 拍：头经前向右绕环 1 周。
8 拍：还原成预备姿势。

第二节　上肢运动（4×8 拍）

第一个八拍（如图 4-3-124 所示）：
1 拍：左臂胸前平屈，握拳，右臂置于体侧。
2 拍：左臂放下。
3 拍：右臂胸前平屈，握拳，左臂置于体侧。

1　　　　2　　　　3

4　　5～6　　7～8

图　4-3-124

4 拍：右臂放下。

5～6 拍：两臂胸前平屈。

7～8 拍：还原成预备姿势。

第二个八拍：动作同第一个八拍，但方向相反。

第三个八拍（如图 4-3-125 所示）：

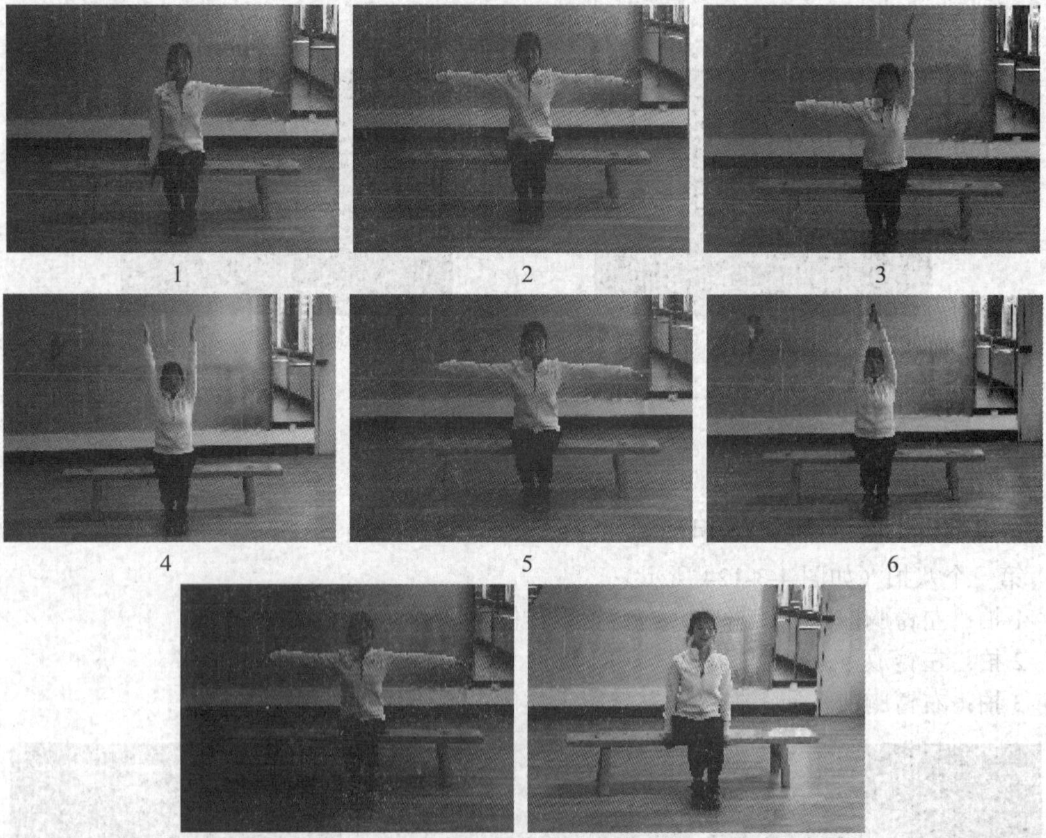

1　　2　　3　　4　　5　　6　　7　　8

图　4-3-125

1 拍：左臂侧平举。

2 拍：右臂侧平举。

3 拍：左臂上举。
4 拍：右臂上举。
5 拍：两臂侧平举。
6 拍：双手直臂于头上击掌 1 次。
7 拍：两臂侧平举。
8 拍：还原成预备姿势。
第四个八拍：动作同第三个八拍，但方向相反。

第三节　下肢运动（4×8 拍）

第一个八拍（如图 4-3-126 所示）：

1～2　　3～4

图　4-3-126

1～2 拍：左腿前举，双手直臂撑于体侧。
3～4 拍：还原成预备姿势。
5～8 拍：动作同 1～4 拍，但方向相反。
第二个八拍（如图 4-3-127 所示）：

1～2　　3～4

图　4-3-127

1～2 拍：左腿前举，左手撑凳，右臂前伸。
3～4 拍：还原成预备姿势。
5～8 拍：动作同 1～4 拍，但方向相反。
第三个八拍（如图 4-3-128 所示）：
1～2 拍：两腿直腿抬起，双手屈臂撑于体后。
3～4 拍：两腿左右分开。
5 拍：两腿交叉与分开 1 次，左腿在上。
6 拍：两腿交叉与分开 1 次，右腿在上。

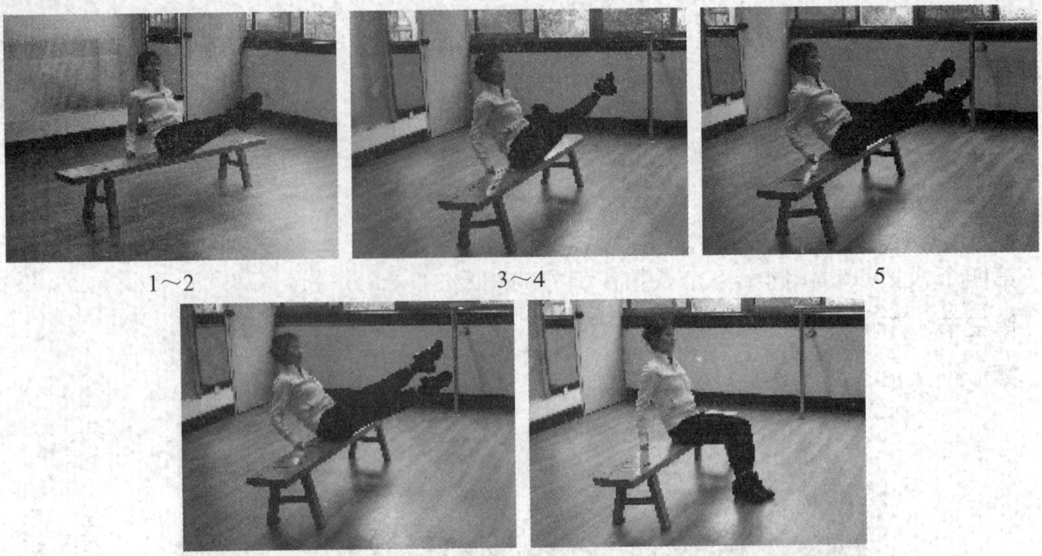

1～2　3～4　5

6　7～8

图　4-3-128

7～8 拍：两脚放下。

第四个八拍：同第三个八拍。

第四节　体转运动（4×8 拍）

第一个八拍（如图 4-3-129 所示）：

1～2　3～4

5～6　7～8

图　4-3-129

1～2 拍：双手直臂撑凳，右腿前伸，脚跟点地。

3～4 拍：右转 180°，直臂俯撑于凳上。

5～6 拍：左腿屈膝后踢 1 次。

7～8 拍：动作同 5～6 拍，换右腿。

第二个八拍（如图 4-3-130 所示）：

1～4　　5～6　　7～8

图　4-3-130

1～4 拍：双手屈臂俯撑 1 次。

5～6 拍：身体左转 90°，左臂上举，左脚尖置于右腿后。

7～8 拍：还原成双手直臂俯撑。

第三个八拍：动作同第二个八拍，但方向相反。

第四个八拍（如图 4-3-131 所示）：

1～4　　5～6　　7～8

图　4-3-131

1～4 拍：双手屈臂俯撑两次。

5～6 拍：左脚前跨一步成双手支撑的左前弓步。

7～8 拍：双手推起成立正姿势。

第五节　腰腹运动（4×8 拍）

第一个八拍（如图 4-3-132 所示）：

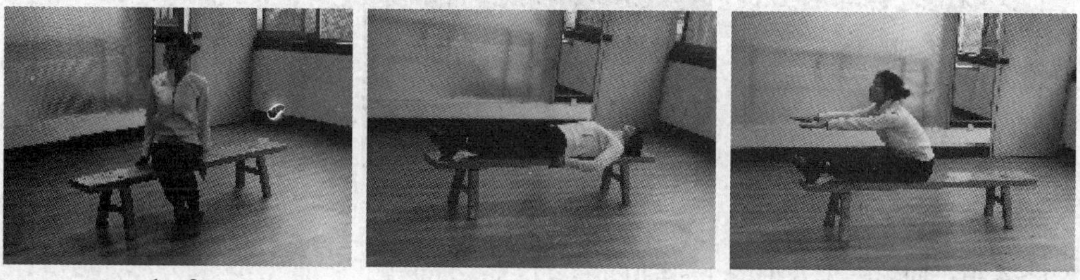

1～2　　3～4　　5～8

图　4-3-132

1～2 拍：侧坐于凳上。

3～4 拍：躺凳，直膝并腿，两臂放于体侧。

5～8 拍：抬起上体，两臂前伸。

第二个八拍（如图 4-3-133 所示）：

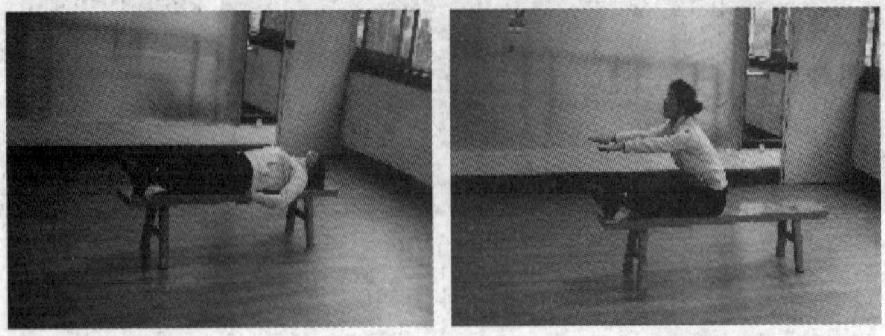

1～4　　　　5～8

图　4-3-133

1～4 拍：躺凳，直膝并腿，两臂放于体侧。

5～8 拍：抬起上体，两臂前伸。

第三个八拍（如图 4-3-134 所示）：

1～2　　　　3～4

图　4-3-134

1～2 拍：左腿屈膝，右手握拳胸前屈肘于左膝上。

3～4 拍：成直角坐。

5～8 拍：动作同 1～4 拍，但方向相反。

第四个八拍（如图 4-3-135 所示）：

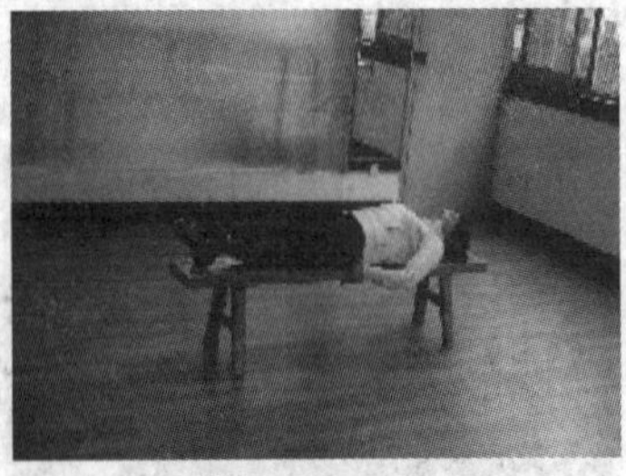

图　4-3-135

1～4 拍：同第三个八拍的 1～4 拍。

5～6 拍：动作同第三个八拍的 1～2 拍，但方向相反。

7～8 拍：躺凳。

第六节　仰卧举腿（4×8 拍）

第一个八拍（如图 4-3-136 所示）：

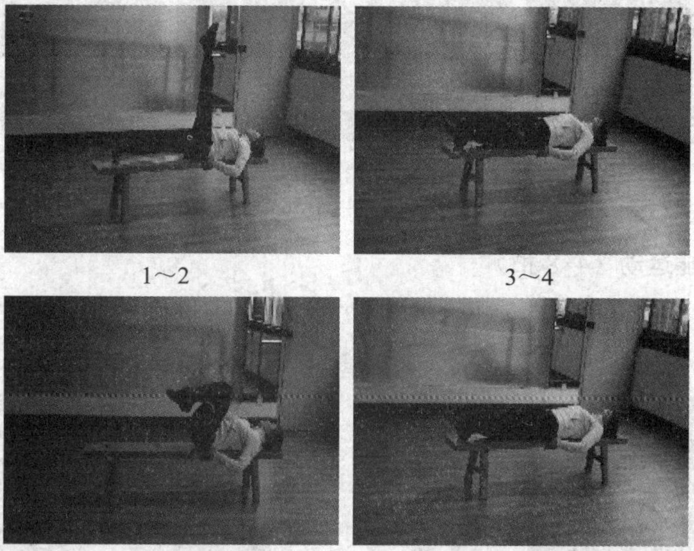

1～2　3～4

5～6　7～8

图　4-3-136

1～2 拍：左腿直膝抬腿 90°，双手体侧抓凳。

3～4 拍：左腿还原。

5～6 拍：两腿屈膝收腹。

7～8 拍：两腿还原。

第二个八拍：动作同第一个八拍，换右腿。

第三个八拍（如图 4-3-137 所示）：

1～4　5～8

图　4-3-137

1～4 拍：两腿直膝抬腿 90°。

5～8 拍：两腿还原。

第四个八拍（如图 4-3-138 所示）：

1～4 拍：两腿直膝抬腿 90°。

5～6 拍：抬起上体。

7～8 拍：左转体 90°，成直角坐于凳上。

1～4　　5～6　　7～8

图　4-3-138

第七节　压腿运动（4×8 拍）

第一个八拍：右转 90°，左腿上步成左弓步，左手扶膝，右手扶凳，压腿 4 次，如图 4-3-139 所示。

图　4-3-139

图　4-3-140

第二个八拍：两腿前后开立，上体前屈，胸贴于左腿，左手抱住左小腿，右手扶凳，如图 4-3-140 所示。

第三个八拍：动作同第一个八拍，但方向相反。

第四个八拍：动作同第二个八拍，但方向相反。

第八节　整理运动（4×8 拍）

第一个八拍（如图 4-3-141 所示）：

1～2 拍：左腿并右腿，侧对凳站立。

3～4 拍：右转 90° 成开立，与肩同宽，背对凳。

5 拍：双手叉腰，向左顶髋。

6 拍：双手叉腰，向右顶髋。

7 拍：同 5 拍。

8 拍：同 6 拍。

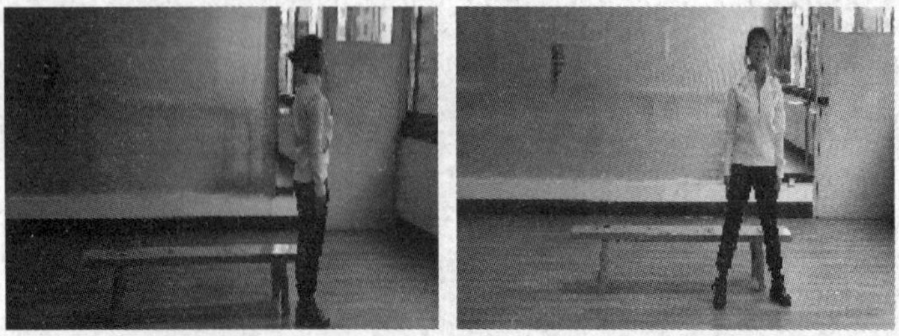

1～2　　3～4

5、7　　　　6、8

图 4-3-141

第二个八拍（如图 4-3-142 所示）：

1　　　　2　　　　5～8

图　4-3-142

1～2 拍：左腿侧踢一次，左臂由前经上往后绕环 1 周，眼随手走。

3～4 拍：动作同 1～2 拍，但方向相反。

5～8 拍：左脚开始踏步 4 次，两臂自然前后摆动，平视前方。

第三个八拍：同第二个八拍。

第四个八拍：左脚开始踏步，两臂由体前交叉经上举交叉向外绕回成立正姿势，如图 4-3-143 所示。

1　　　　4　　　　立正姿势

图　4-3-143

三、肋木操（第一套）

音乐前奏（4×8 拍）

预备姿势：面对肋木站立，与肩同宽，双手正握肋木，如图 4-3-144 所示。

第一节　上肢运动（4×8 拍）

第一个八拍（如图 4-3-145 所示）：

图 4-3-144

1～2　　3～4

图 4-3-145

1～2 拍：左脚侧跨一步，两腿成半蹲，与肩同宽，同时左臂侧波浪 1 次，头向左转。
3～4 拍：还原成预备姿势。
5～6 拍：动作同 1～2 拍，但方向相反。
7～8 拍：同 3～4 拍。
第二个八拍（如图 4-3-146 所示）：

1～2　　3～4

图 4-3-146

1～2 拍：左脚侧点地，同时左臂上举。
3～4 拍：还原成预备姿势。

5～6 拍：动作同 1～2 拍，但方向相反。

7～8 拍：同 3～4 拍。

第三个八拍（如图 4-3-147 所示）：

1～2　3～4

图 4-3-147

1～2 拍：左脚向后撤一步，左臂向后绕至上举。

3～4 拍：左脚并右脚，同时左臂由上举继续向前绕，第 4 拍还原成预备姿势。

5～6 拍：动作同 1～2 拍，但方向相反。

7～8 拍：动作同 3～4 拍，但方向相反。

第四个八拍（如图 4-3-148 所示）：

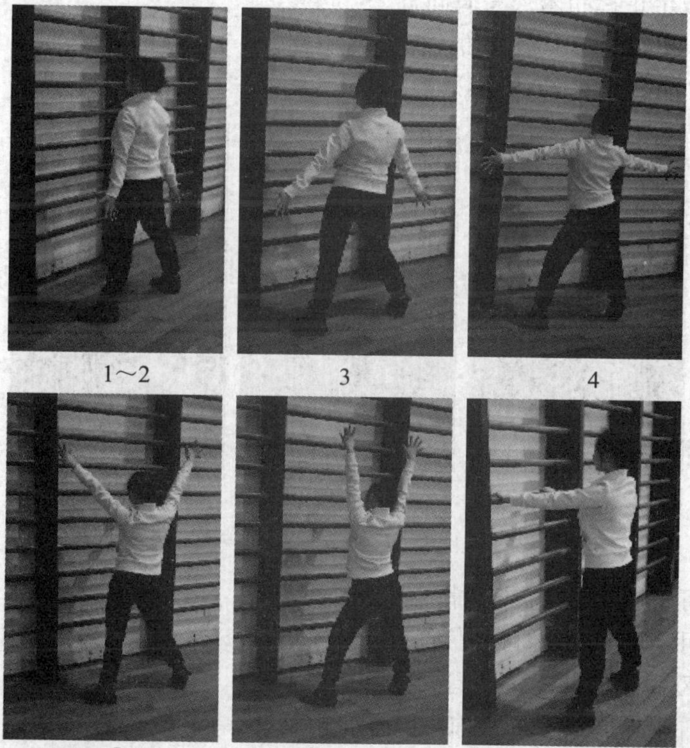

1～2　3　4

5　6　7～8

图 4-3-148

1～2 拍：两脚跳成开立，两臂侧下举，开掌，掌心向前。
3～6 拍：左右扭髋，一拍一动，同时两臂上举。
7～8 拍：成双手正握肋木，与肩同宽。

第二节　肩胸运动（4×8 拍）

第一个八拍（如图 4-3-149 所示）：

1～4　　5～6　　7～8

图　4-3-149

1～4 拍：上体前屈，压肩两次。
5～6 拍：左臂侧平举，同时胸由左向右绕环 1 周。
7～8 拍：成双手正握肋木，与肩同宽。
第二个八拍：动作同第一个八拍，但方向相反。
第三个八拍（如图 4-3-150 所示）：

1～4　　5～6　　7～8

图　4-3-150

1～4 拍：双手正握肋木，屈臂撑两次。
5～6 拍：双手正握肋木，胸由左向右绕环 1 周。
7～8 拍：成双手正握肋木，与肩同宽。
第四个八拍：动作同第三个八拍，但方向相反。

第三节 髋部运动（4×8 拍）

第一个八拍（如图 4-3-151 所示）：

1～2　　3～6　　7～8

图 4-3-151

1～2 拍：双手正握肋木，左右扭髋各 1 次。
3～6 拍：两臂经胸前屈臂上伸至上举，同时左右扭髋 4 次。
7～8 拍：两臂经侧至双手正握肋木。

第二个八拍（如图 4-3-152 所示）：

1～6　　7～8

图 4-3-152

1～6 拍：髋部从左向右绕“8”字一圈。
7～8 拍：成双手正握肋木，与肩同宽。

第三个八拍（如图 4-3-153 所示）：
1～2 拍：向前顶髋。
3～4 拍：向后顶髋。
5～6 拍：向左顶髋。
7～8 拍：向右顶髋。

1～2　3～4　5～6　7～8

图　4-3-153

第四个八拍（如图 4-3-154 所示）：

1～6　7～8

图　4-3-154

1～4 拍：髋部从左经前向右绕环 1 周，成双手正握肋木，与肩同宽。

5～8 拍：动作同 1～4 拍，但方向相反。

第四节　腰部运动（4×8 **拍**）

第一个八拍（如图 4-3-155 所示）：

1～2 拍：左手叉腰，同时上体左侧屈 1 次。

1～2　3～4

图　4-3-155

3～4 拍：左脚并右脚，双手正握肋木。
5～6 拍：动作同 1～2 拍，但方向相反。
7～8 拍：动作同 3～4 拍，但方向相反。
第二个八拍（如图 4-3-156 所示）：

1～2　　3～4

图 4-3-156

1～2 拍：上体左转 90°，同时左臂侧后上举。
3～4 拍：左脚并右脚，左臂由上向下还原成预备姿势。
5～6 拍：动作同 1～2 拍，但方向相反。
7～8 拍：动作同 3～4 拍，但方向相反。
第三个八拍（如图 4-3-157 所示）：

1～2　　3～4

图 4-3-157

1～2 拍：上体左转 90°，右手正握肋木，两腿成半蹲姿势，同时左臂立掌侧平举。
3～4 拍：还原成预备姿势。
5～6 拍：动作同 1～2 拍，但方向相反。
7～8 拍：动作同 3～4 拍，但方向相反。
第四个八拍（如图 4-3-158 所示）：
1～6 拍：双手扶大腿后部，上体后屈。
7～8 拍：还原成预备姿势。

1～4　　5～8

图　4-3-158

第五节　压腿运动（4×8 拍）

第一个八拍（如图 4-3-159 所示）：

1～2　　3～6　　7～8

图　4-3-159

1～2 拍：左腿后屈折叠，左手握左脚背。

3～6 拍：拉伸左腿两次。

7～8 拍：还原成预备姿势。

第二个八拍：动作同第一个八拍，但方向相反。

第三个八拍（如图 4-3-160 所示）：

1～2　　3～6　　7～8

图　4-3-160

1～2 拍：左腿置于肋木上，左臂上举，右手握肋木。
3～6 拍：正压腿两次。
7～8 拍：还原成预备姿势。
第四个八拍：动作同第三个八拍，换右腿。

第六节 腿部运动（4×8 拍）

第一个八拍（如图 4-3-161 所示）：

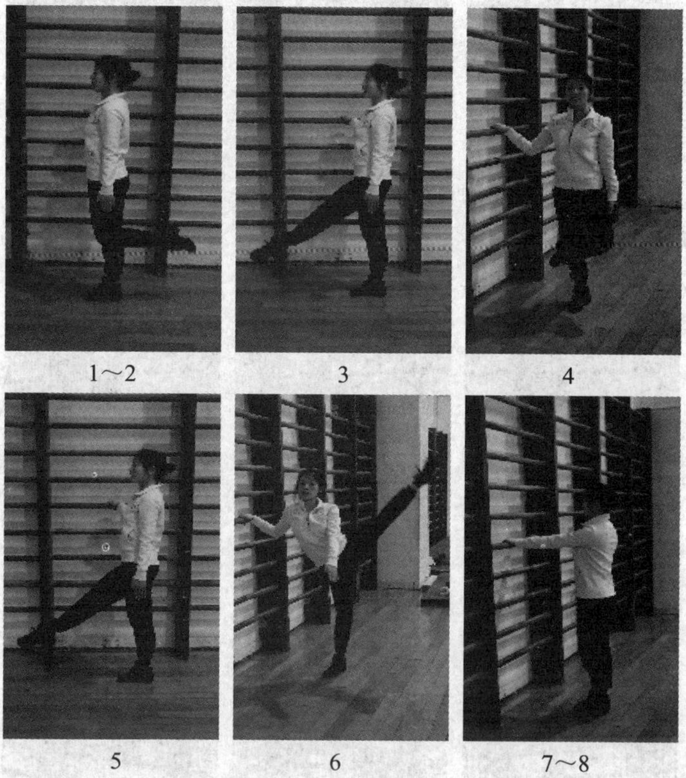

图 4-3-161

1～2 拍：向左跳转 90°，侧对肋木，左腿后屈，右手握肋木。
3 拍：左腿向前弹踢。
4 拍：左腿折叠于右腿后。
5 拍：左腿向前弹踢。
6 拍：左腿侧踢。
7～8 拍：还原成预备姿势。
第二个八拍：动作同第一个八拍，但方向相反。
第三个八拍（如图 4-3-162 所示）：
1 拍：左腿向前大踢腿 1 次，右手握肋木，左臂于体侧。
2 拍：左腿放下。
3、4 拍：同 1、2 拍。
5～6 拍：左腿向后大踢腿 1 次，双手正握肋木。
7～8 拍：还原成预备姿势。

1～2　　5～6　　7～8

图　4-3-162

第四个八拍：动作同第三个八拍，但方向相反。

第七节　跳跃运动（4×8 拍）

第一个八拍（如图 4-3-163 所示）：

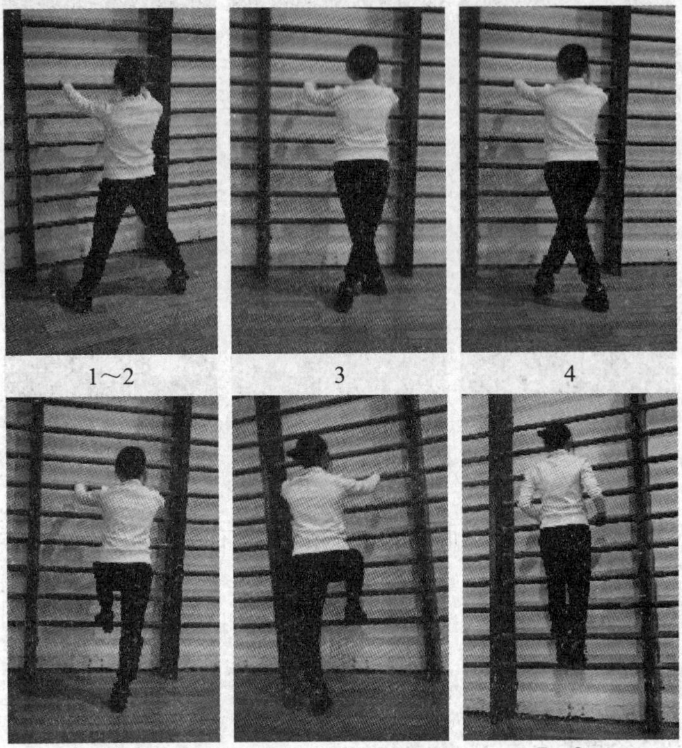

1～2　　3　　4

5　　6　　7～8

图　4-3-163

1～2 拍：双手正握肋木，两腿跳成开立。

3 拍：两腿跳成左脚在前交叉。

4 拍：两腿跳成右脚在前交叉。

5 拍：左脚跳上肋木。

6 拍：右脚跳上肋木。

7～8 拍：左脚跳上肋木并右脚，站立于肋木上。

第二个八拍（如图 4-3-164 所示）：

1～2　　3～4

图　4-3-164

1～2 拍：两腿起踵 1 次。

3～4 拍：两脚后跟下压 1 次。

5～8 拍：同 1～4 拍。

第三个八拍（如图 4-3-165 所示）：

1～2　　3～4　　5　　6

图　4-3-165

1～2 拍：左脚落地。

3～4 拍：右脚落地并左脚站立。

5 拍：扭髋跳转成左脚跟点地。

6 拍：扭髋跳转成右脚跟点地。

7 拍：同 5 拍。

8 拍：同 6 拍。

第四个八拍（如图 4-3-166 所示）：

1～2 拍：左腿后屈，重心右移。

3～4 拍：动作同 1～2 拍，但方向相反。

5～6 拍：左脚点地跳（小马跳）。

7～8 拍：右脚点地跳（小马跳）。

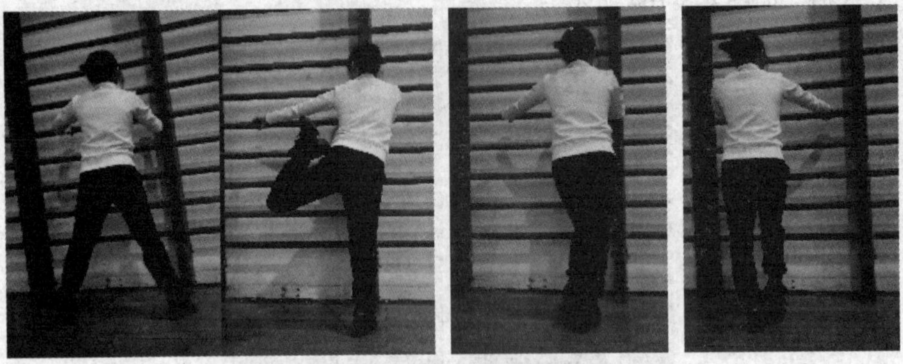

1～2　　5～6　　7～8

图　4-3-166

结束动作：上体左转 90°，右腿后撤一步成左弓步，左臂由下经侧至侧平举，并掌，掌心向下，右手握肋木，目视左手，如图 4-3-167 所示。

图　4-3-167

四、肋木操（第二套）

音乐前奏（1×8 拍+4 拍）

预备姿势：开立，与肩同宽，侧对肋木，左手握肋木，右手叉腰，如图 4-3-168 所示。

图　4-3-168

第一节 头部运动（4×8 拍）

第一个八拍（如图 4-3-169 所示）：

图 4-3-169

1 拍：两腿同时半蹲，头前屈 1 次。
2 拍：还原成预备姿势。
3～4 拍：头后仰 1 次，还原成预备姿势。
5 拍：头向左侧屈 1 次，同时两腿半蹲。
6 拍：还原成预备姿势。
7～8 拍：头向右侧屈 1 次，还原成预备姿势。
第二个八拍（如图 4-3-170 所示）：
1～6 拍：头向右绕环 1 周。
7～8 拍：还原成预备姿势。
第三个八拍：同第一个八拍。
第四个八拍：
1～6 拍：动作同第二个八拍的 1～6 拍，但方向相反。
7～8 拍：左转 90°，面对肋木，两脚开立，双手正握肋木，与肩同宽。

第二节 压肩运动（4×8 拍）

第一个八拍（如图 4-3-171 所示）：

1～6　　7～8

图　4-3-170

1～6　　7～8

图　4-3-171

1～6 拍：向下压肩 3 次。

7～8 拍：还原成面对肋木，两脚开立，双手正握肋木，与肩同宽。

第二个八拍：同第一个八拍。

第三个八拍（如图 4-3-172 所示）：

1～6　　7～8

图　4-3-172

1～6 拍：双手正握肋木，屈臂撑 3 次。

7～8 拍：还原成面对肋木，两脚开立，双手正握肋木，与肩同宽。

第四个八拍：同第三个八拍。

第三节 体侧运动（4×8 拍）

第一个八拍（如图 4-3-173 所示）：

1～2　　3～4　　5～6　　7～8

图 4-3-173

1～2 拍：左转 90°，左脚侧跨一步成开立，左臂侧平举，右手握肋木。

3～4 拍：上体右侧屈，左手握肋木。

5～6 拍：直立，左臂上举。

7～8 拍：右转 90°，左脚并右脚，双手正握肋木。

第二个八拍：动作同第一个八拍，但方向相反。

第三、四个八拍：同第一、二个八拍。

第四节 体转运动（4×8 拍）

第一个八拍（如图 4-3-174 所示）：

1～2 拍：两腿屈膝半蹲，同时右手握肋木，左臂握拳胸前平屈后振 1 次。

3～4 拍：左臂侧平举。

5～6 拍：同 1～2 拍。

7 拍：左臂侧平举。

8 拍：还原成面对肋木，两脚并立，双手正握肋木，与肩同宽。

第二个八拍：动作同第一个八拍，但方向相反。

1～2　　3～4　　5～6

7　　8

图　4-3-174

第三个八拍（如图 4-3-175 所示）：

1～2　　3～4　　5～6　　7～8

图　4-3-175

1～2 拍：左转 90°，左臂经前向后摆至后上举。
3～4 拍：左臂上举，掌心向外，面对左前 45°方向。
5～6 拍：同 1～2 拍。
7～8 拍：还原成面对肋木，两脚并立，双手正握肋木，与肩同宽。
第四个八拍：动作同第三个八拍，但方向相反。

第五节　压腿运动（4×8 拍）

第一个八拍（如图 4-3-176 所示）：

1～6　　7～8

图　4-3-176

1～2 拍：左脚屈膝踩于肋木上，上体正对肋木。
3～6 拍：双手正握肋木，压腿两次。
7～8 拍：还原成面对肋木，两脚并立，双手正握肋木，与肩同宽。
第二个八拍：动作同第一个八拍，但方向相反。
第三个八拍（如图 4-3-177 所示）：

1～2　　3～6　　7～8

图 4-3-177

1～2 拍：左腿向左前方直腿置于肋木上。
3～6 拍：侧压腿两次，右臂贴耳朵，右手触左脚。
7～8 拍：还原成面对肋木，两脚并立，双手正握肋木，与肩同宽。
第四个八拍：动作同第三个八拍，但方向相反。

第六节　腹部运动（4×8 拍）

第一个八拍（如图 4-3-178 所示）：

1～4　　5～6　　7～8

图 4-3-178

1～4 拍：左转 180° 背对肋木，两臂上举握肋木。
5～6 拍：直腿收腹举腿 1 次。
7～8 拍：两腿放下。
第二个八拍（如图 4-3-179 所示）：

1～2　　3～4

图　4-3-179

1～2 拍：直腿收腹举腿 1 次。

3～4 拍：两腿放下。

5～8 拍：同 1～4 拍。

第三个八拍（如图 4-3-180 所示）：

1～2　　3～4

图　4-3-180

1～2 拍：两腿屈膝收腹 1 次。

3～4 拍：两腿放下。

5～8 拍：同 1～4 拍。

第四个八拍（如图 4-3-181 所示）：

1～2　　3～4　　5～8

图　4-3-181

1～2 拍：两腿屈膝收腹。

3～4 拍：两腿放下。

5～8 拍：下木，转体 180°，成面对肋木，两脚并立，双手正握肋木，与肩同宽。

第七节　全身运动（4×8 拍）

第一个八拍（如图 4-3-182 所示）：

1～2　　3～4　　5～6　　7～8

图　4-3-182

1～2 拍：左转 90°，两脚开立，左臂侧平举，右手握肋木。

3～4 拍：上体前屈、右转，同时左手触右脚尖。

5～6 拍：左脚并右脚，同时下蹲，左手放于左膝上，右手握肋木。

7～8 拍：右转 90°，成面对肋木，两脚并立，双手正握肋木，与肩同宽。

第二个八拍：动作同第一个八拍，但方向相反。

第三个八拍（如图 4-3-183 所示）：

1～2　　3～4　　5～6　　7～8

图　4-3-183

1～2 拍：左脚后撤一步成右弓步。

3～4 拍：左脚并右脚。

5～6 拍：两腿下蹲。

7～8 拍：起立，成面对肋木，两脚并立，双手正握肋木，与肩同宽。

第四个八拍：动作同第三个八拍，但方向相反。

第八节 整理运动（4×8 拍）

第一个八拍（如图 4-3-184 所示）：

1～4　　5～7　　8

图 4-3-184

1～4 拍：提压脚跟 4 次。

5～7 拍：左脚开始原地踏步，双手胸前击掌 3 次。

8 拍：还原成面对肋木，两脚并立，双手正握肋木，与肩同宽。

第二个八拍：同第一个八拍。

第三个八拍（如图 4-3-185 所示）：

1～4　　5　　6　　7～8

图 4-3-185

1～4 拍：左脚开始踏步 4 次，同时上体左转至背对肋木，两臂自然摆动。

5～6 拍：踏步两次，两臂经体前向外交叉至上举交叉。

7～8 拍：两臂经侧放下成立正姿势。

第四个八拍：同第三个八拍。

第四节 医疗保健类

一、肩周炎操（第一套）

预备姿势：立正姿势，如图 4-3-186 所示。

图 4-3-186

准备活动（2×8 拍+10 拍+2×8 拍+10 拍）：

第一个八拍：左脚开始原地踏步，双手握拳收于腰间，拳心向内，大小臂保持 90°，小幅度自然前后摆动，如图 4-3-187 所示。

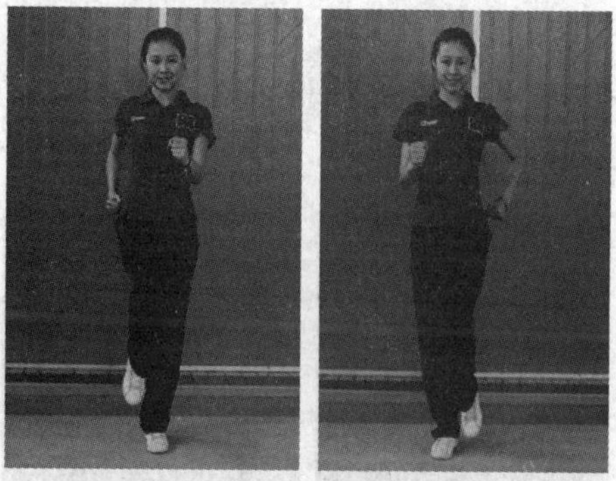

图 4-3-187

第二个八拍：继续踏步，手臂摆动幅度逐渐增大，摆动时大臂与身体呈 60°～90°，如图 4-3-188 所示。

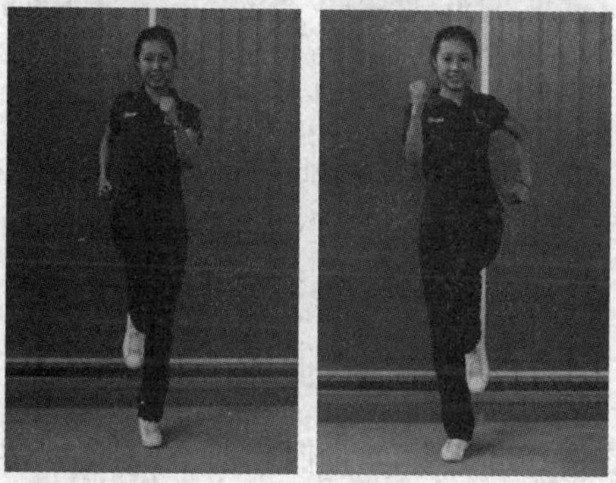

图 4-3-188

+10 拍：同第二个八拍。

第三个八拍（如图 4-3-189 所示）：

1　　2　　5～8

图　4-3-189

1 拍：左脚侧跨一步成左侧弓步，同时两臂侧举，握拳，拳心向下。

2 拍：两臂胸前平屈，握拳，拳心向下。

3、4 拍：下肢不动，两臂动作同 1、2 拍。

5～8 拍：左脚并右脚，双膝自然弹动，两臂动作同 1～4 拍。

第四个八拍：动作同第三个八拍，但方向相反。

+10 拍：同第二个八拍。

第一节　头部运动（2×8 拍+4 拍+2×8 拍+4 拍）

第一个八拍（如图 4-3-190 所示）：

1～2　　3～4　　5～6　　7～8

图　4-3-190

1～2 拍：左脚向左前 45° 跨一步，两腿直立，重心移至左腿，右脚侧后点地，同时左臂胸前平屈，右臂侧平举，双手握拳，拳心向下，抬头挺胸，目视左上方。

3～4 拍：左脚并右脚，还原成预备姿势。

5～8 拍：动作同 1～4 拍，但方向相反。

第二个八拍（如图 4-3-191 所示）：

1～4 拍：左脚开始向前走 3 步，第 4 拍时右脚并左脚，双手并掌从下经前慢慢向上成侧上举，掌心向内，头随手走，目视前方。

5～6 拍：屈膝半蹲，大臂不动，小臂折叠，低头，手指触后颈。

7～8 拍：直膝，两臂侧上举。

1　　2　　3

4　　5～6　　7～8

图 4-3-191

+4 拍：

1～2 拍：屈膝半蹲，大臂不动，小臂折叠，低头，手指触后颈。

3～4 拍：伸膝直立，两臂经前还原于体侧。

第三个八拍：动作同第一个八拍，但方向相反。

第四个八拍：左脚开始向后退 3 步，其他动作同第二个八拍。

+4 拍：动作同第上一个+4 拍。

第二节　肩部提沉（2×8 拍+4 拍+2×8 拍+4 拍）

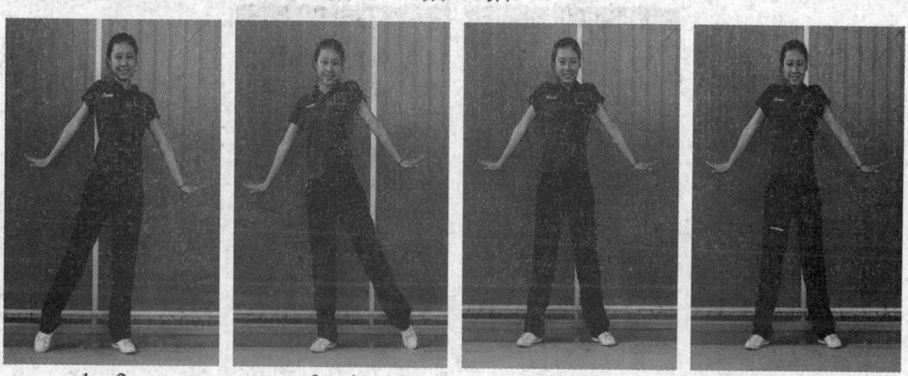

1～2　　3～4　　5～6　　7～8

图 4-3-192

第一个八拍（如图 4-3-192 所示）：

1～2 拍：左脚侧跨一步，重心移至左腿，右脚侧点地，同时右肩提沉 1 次，两臂侧下举，并掌压腕，掌心向下。

3～4 拍：重心移至右腿，同时左肩提沉 1 次，两臂侧下举，并掌压腕，掌心向下，抬头挺胸。

5～8 拍：重心移至两腿之间，双肩同时提沉两次。

第二个八拍：动作同第一个八拍，但方向相反。

+4 拍（如图 4-3-193 所示）：

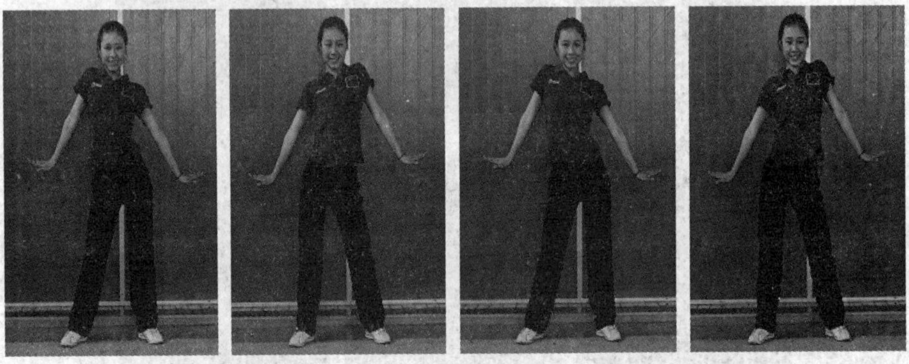

1　　2　　3　　4

图 4-3-193

1 拍：向左顶髋，同时提右肩，沉左肩。

2 拍：向右顶髋，同时提左肩，沉右肩。

3～4 拍：同 1～2 拍。

第三个八拍：同第一个八拍。

第四个八拍：同第二个八拍。

+4 拍：动作同上一个+4 拍，但方向相反。

第三节　含展绕环（4 拍+3×8 拍+4 拍+5×8 拍）

+4 拍：左脚开始向前走 3 步，第 4 拍时右脚并左脚，同时双手握拳胸前平屈，拳心向下，小臂固定，大臂下压尽量让两肘关节合拢后还原，完成 4 次，如图 4-3-194 所示。

1　　2

图 4-3-194

第一个八拍（如图 4-3-195 所示）：

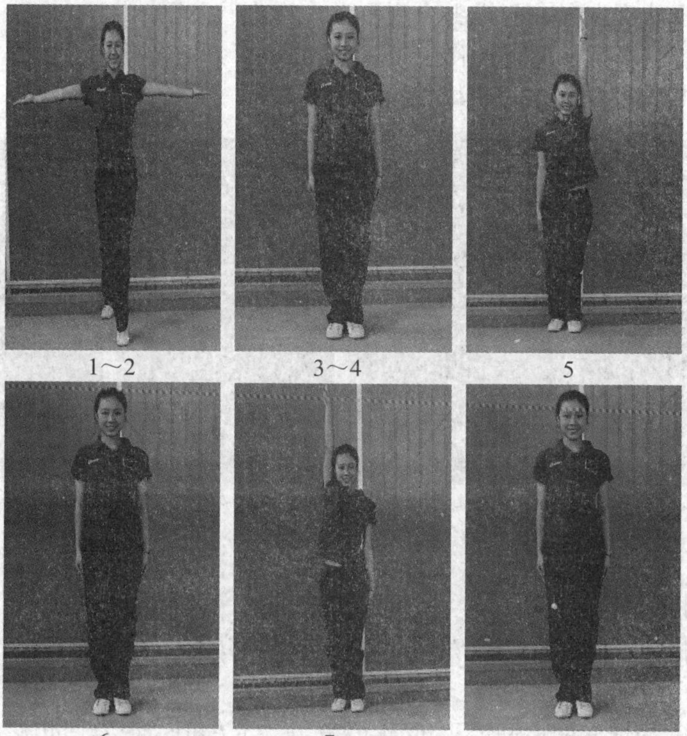

1～2 3～4 5

6 7 8

图 4-3-195

1～2 拍：左脚向前跨一步成左前弓步，双手经胸前平举向外打开成侧平举，掌心向上。

3～4 拍：收回成立正姿势。

5 拍：屈膝弹动 1 次，同时左臂经前向后绕至上举，左手掌心向外，上体保持直立，目视前方。

6 拍：还原成预备姿势。

7～8 拍：动作同 5～6 拍，但方向相反。

第二个八拍（如图 4-3-196 所示）：

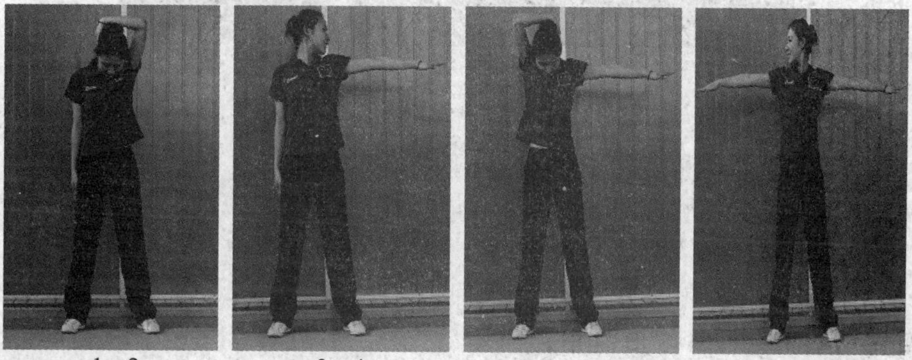

1～2 3～4 5～6 7～8

图 4-3-196

1～2 拍：左脚左跨一步成开立，与肩同宽，左臂并掌从前经右耳上方包绕头顶划一个圆，右臂不动。

3～4 拍：左臂从肩上向左侧推出成侧平举，转头看左手。

5～8 拍：左臂侧平举，右臂动作同 1～4 拍的左臂，但方向相反。

第三个八拍（如图 4-3-197 所示）：

1～2　　3～4　　5～6　　7～8

图　4-3-197

1～2 拍：屈膝半蹲，含胸弓背，直臂立掌前平举，大拇指内侧相触。

3～4 拍：直膝，展胸，直臂向外打开成侧平举，立掌。

5～8 拍：同 1～4 拍。

+4 拍至第六个八拍：动作同前一个+4 拍至第三个八拍，但方向相反。

第七个八拍（如图 4-3-198 所示）：

1～4　　5～6　　7～8

图　4-3-198

1～4 拍：两臂侧举尽量后展开，向后画小圆 4 次。

5～6 拍：重心移至右腿，同时两臂经下向后绕至上举。

7～8 拍：还原成预备姿势。

第八个八拍：动作同第七个八拍，但方向相反。

第四节　肩部牵引（4×8 拍+4 拍）

第一个八拍（如图 4-3-199 所示）：

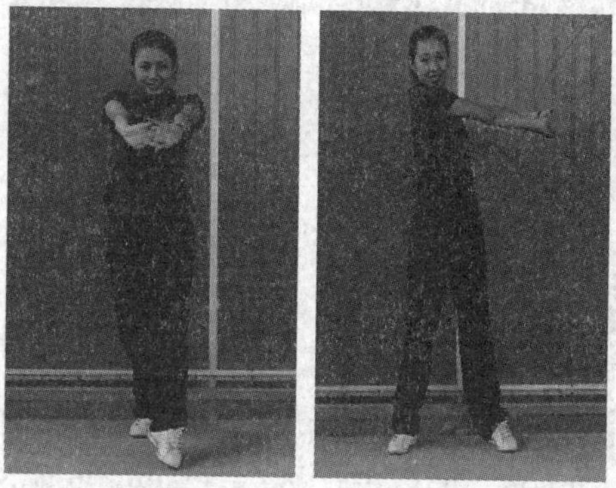

1～4　　5～8

图　4-3-199

1～4 拍：左脚脚尖前点地，双手十指相扣，翻掌，掌心向外推出，含胸弓背。

5～8 拍：左脚侧跨一步成开立，与肩同宽，左手拉住右手向左拉伸，上体尽量保持不动。

第二个八拍：动作同第一个八拍，但方向相反。

第三个八拍（如图 4-3-200 所示）：

1～2　　3～6　　7～8

图　4-3-200

1～2 拍：两脚开立，与肩同宽，两臂侧平举。

3～6 拍：两腿屈膝弹动 1 次，左臂向内绕环 1 周，同时左臂上举小臂屈肘，与右指尖体后相触。

7～8 拍：保持牵引。

第四个八拍：动作同第二个八拍，但方向相反。

+4 拍：还原成预备姿势。

第五节　腹背运动（4 拍+3×8 拍+4 拍+4×8 拍+10 拍）

+4 拍：左脚开始原地踏步，双手握拳，两臂胸前平屈，拳心向下，大臂下压尽量合拢两肘关节后抬成胸前平屈，完成 4 次，如图 4-3-201 所示。

1　　2

图　4-3-201

第一个八拍（如图 4-3-202 所示）：

1～2　　3～4　　5～6　　7～8

图　4-3-202

1～2 拍：左脚侧跨一步成开立，与肩同宽，两臂经前成侧平举。

3～4 拍：右脚并左脚，双手互握直臂前举。

5～6 拍：右脚后退一步成左前弓步，双手互握，两臂上举，抬头挺胸。

7～8 拍：右脚并左脚，同时微屈膝，含胸，两臂前举，双手互握。

第二个八拍（如图 4-3-203 所示）：

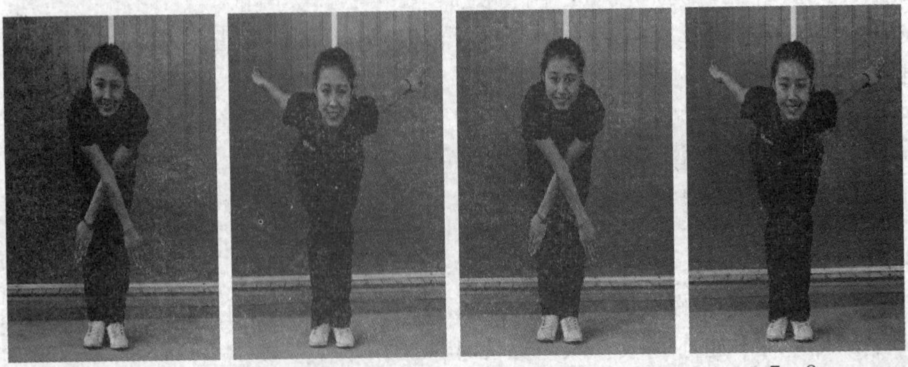

1～2　　3～4　　5～6　　7～8

图　4-3-203

1～2 拍：上体前屈 90°，两臂体前交叉两次，抬头。

3～4 拍：两臂向后上方摆动，同时屈膝降重心，第 4 拍时弹回。

5～8 拍：同 1～4 拍。

第三个八拍（如图 4-3-204 所示）：

1～2　3～4　5～6　7～8

图 4-3-204

1～2 拍：左脚侧跨一步成开立，与肩同宽，左臂向左后上摆动，同时带动上体左转，右手触左脚背。

3～4 拍：上体前屈，双手触左脚。

5～8 拍：动作同 1～4 拍，但方向相反。

+4 拍：还原成预备姿势。

第四至第六个八拍：同第一至第三个八拍，但方向相反。

第七个八拍：双手经侧慢慢上举，直至带动上体成立正姿势，头慢慢抬起，如图 4-3-205 所示。

+10 拍：双手互握，上举拉伸，如图 4-3-206 所示。

图 4-3-205

图 4-3-206

第六节 跳跃拍打（4×8 拍）

第一个八拍（如图 4-3-207 所示）：

图 4-3-207

1～4 拍：左脚开始向前后踢腿跑，两臂胸前平屈，双手握拳，大臂上下振动。

5 拍：两脚跳成开立，双手握拳，两臂侧平举。

6 拍：两脚跳成并立，左手敲击右肩胛，右手敲击左肩。

7 拍：两脚跳成开立，双手握拳，两臂侧平举。

8 拍：两脚跳成并立，左手敲击右肩，右手敲击左肩胛。

第二个八拍：

1～4 拍：左脚开始向后后踢腿跑。

5～8 拍：动作同第一个八拍的 5～8 拍，但方向相反。

第三个八拍（如图 4-3-208 所示）：

5　　6　　7　　8

图 4-3-208

1～4 拍：同第一个八拍的 1～4 拍。

5 拍：两脚跳成开立，双手握拳上冲。

6 拍：屈膝，两大臂不动，小臂折叠，敲击肩颈，低头。

7 拍：伸膝，小臂伸直还原到上举，抬头，平视前方。

8 拍：同 6 拍。

第四个八拍：

1～4 拍：同第二个八拍的 1～4 拍。

5～8 拍：同第三个八拍的 5～8 拍。

第七节　整理运动（4×8 拍）

第一个八拍：左脚开始原地踏步，屈臂握拳收于腰际，两臂前后自然摆动，如图 4-3-209 所示。

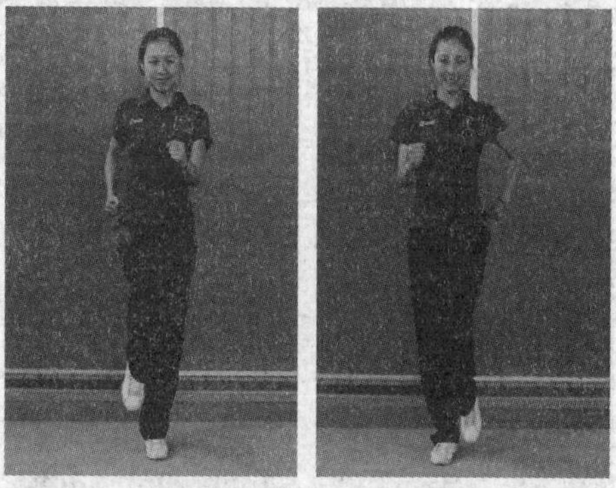

1～8

图 4-3-209

第二个八拍（如图 4-3-210 所示）：

1～4 拍：原地踏步，两臂经侧慢慢至侧上举，掌心向上，同时抬头挺胸。

5～8 拍：原地直立，两臂抱于胸前，手指触异侧肩胛，尽量团紧身体。

1～4　　　　5～8

图　4-3-210

二、肩周炎操（第二套）

预备姿势：立正姿势。

第一个八拍（如图 4-3-211 所示）：

1～2　　　　3～4　　　　5～6

7　　　　8

图　4-3-211

1～2 拍：左脚侧跨一步成开立与肩同宽，两臂侧平举。

3～4 拍：抬头，两臂上举，头上击掌。

5～6 拍：两臂屈肘抱头，后展肩。

7 拍：立掌向侧推出成侧平举。
8 拍：收左脚，还原成预备姿势。
第二个八拍：动作同第一个八拍，但方向相反。
第三、四个八拍：同第一、二个八拍。

第二节　扩胸运动（4×8 拍）

第一个八拍（如图 4-3-212 所示）：

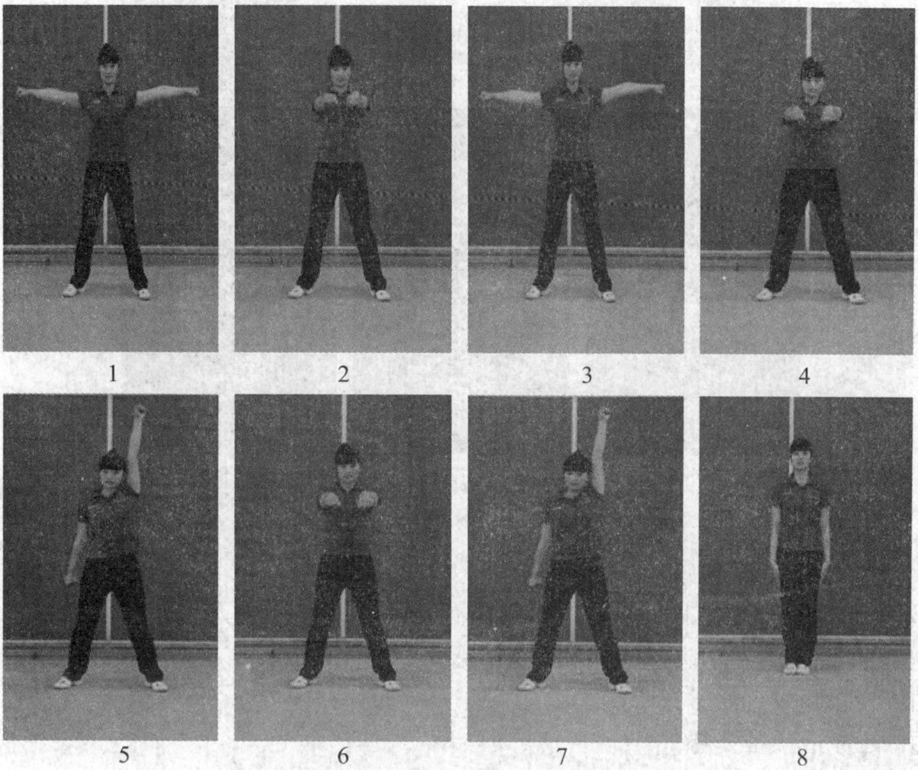

图　4-3-212

1 拍：左脚侧跨一步成开立，与肩同宽，双手握拳侧平举扩胸 1 次。
2 拍：含胸，两臂前举，拳心向下。
3～4 拍：同 1～2 拍。
5 拍：左臂上举，拳心向前，右手侧下举，拳心向后，振肩 1 次。
6 拍：含胸，两臂前举，拳心向下。
7 拍：同 5 拍。
8 拍：收左脚，还原成预备姿势。
第二个八拍：同第一个八拍，但方向相反。
第三、四个八拍：同第一、二个八拍。

第三节　踢腿运动（4×8 拍）

第一个八拍（如图 4-3-213 所示）：

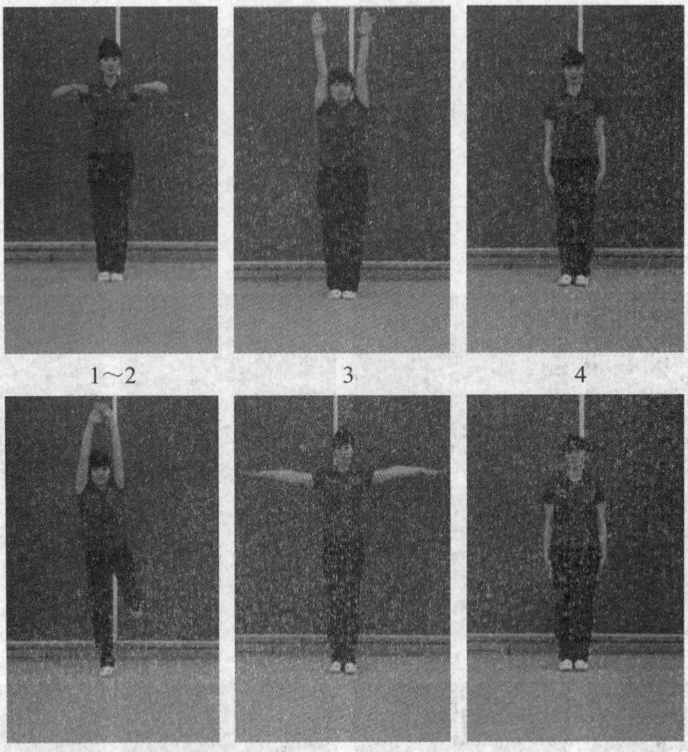

1～2 3 4

5～6 7 8

图 4-3-213

1～2 拍：两臂胸前平屈扩胸 1 次。

3～4 拍：两臂经前、上向后绕至体侧。

5～6 拍：两臂上举于头上相握，左腿后踢腿。

7 拍：收左腿成直立，双手侧平举。

8 拍：还原成预备姿势。

第二个八拍：动作同第一个八拍，但方向相反。

第三个八拍（如图 4-3-214 所示）：

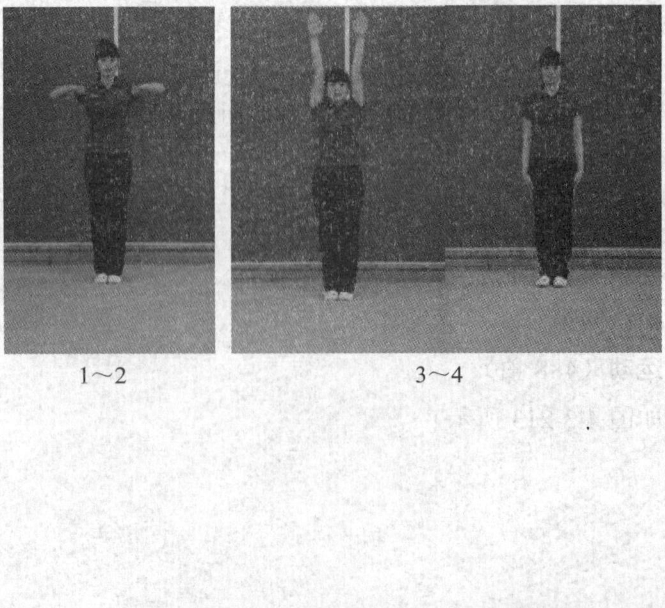

1～2 3～4

5～6　　　　7　　　　8

图　4-3-214

1～2 拍：两臂胸前平屈扩胸 1 次。

3～4 拍：两臂经前、上向后绕臂至体侧。

5～6 拍：两臂上举头上相握，左腿侧踢腿。

7 拍：收左腿成直立，双手侧平举。

8 拍：还原成预备姿势。

第四个八拍：动作同第三个八拍，但方向相反。

第四节　体侧运动（4×8 拍）

第一个八拍（如图 4-3-215 所示）：

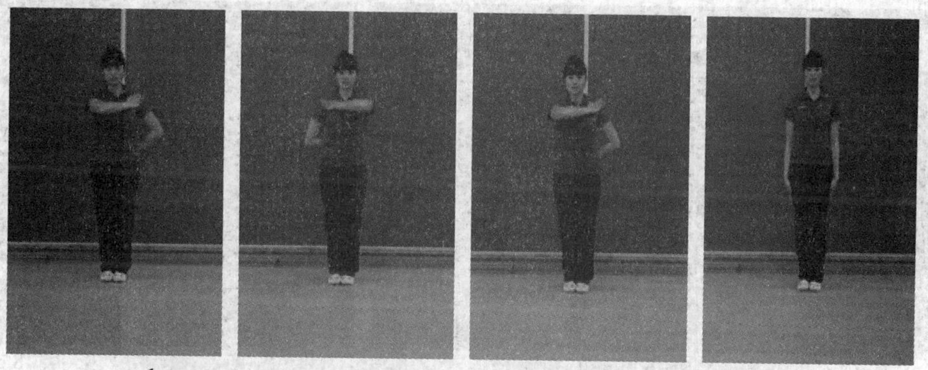

1　　　　2　　　　3　　　　4

5～6　　　　7　　　　8

图　4-3-215

1～4 拍：右臂屈肘经前向左摆，拍打左肩，左臂屈肘向后摆拍打右后肩胛，交替完成，一拍一动，第 4 拍时成立正姿势。

5～6 拍：左脚向左跨一步成左侧弓步，左手叉腰，上体左侧屈，右手上举，掌心向内。

7 拍：还原成两脚开立，两臂侧平举。

8 拍：还原成预备姿势。

第二个八拍：动作同第一个八拍，但方向相反。

第三、四个八拍：同第一、二个八拍。

第五节　体转运动（4×8 拍）

第一个八拍（如图 4-3-216 所示）：

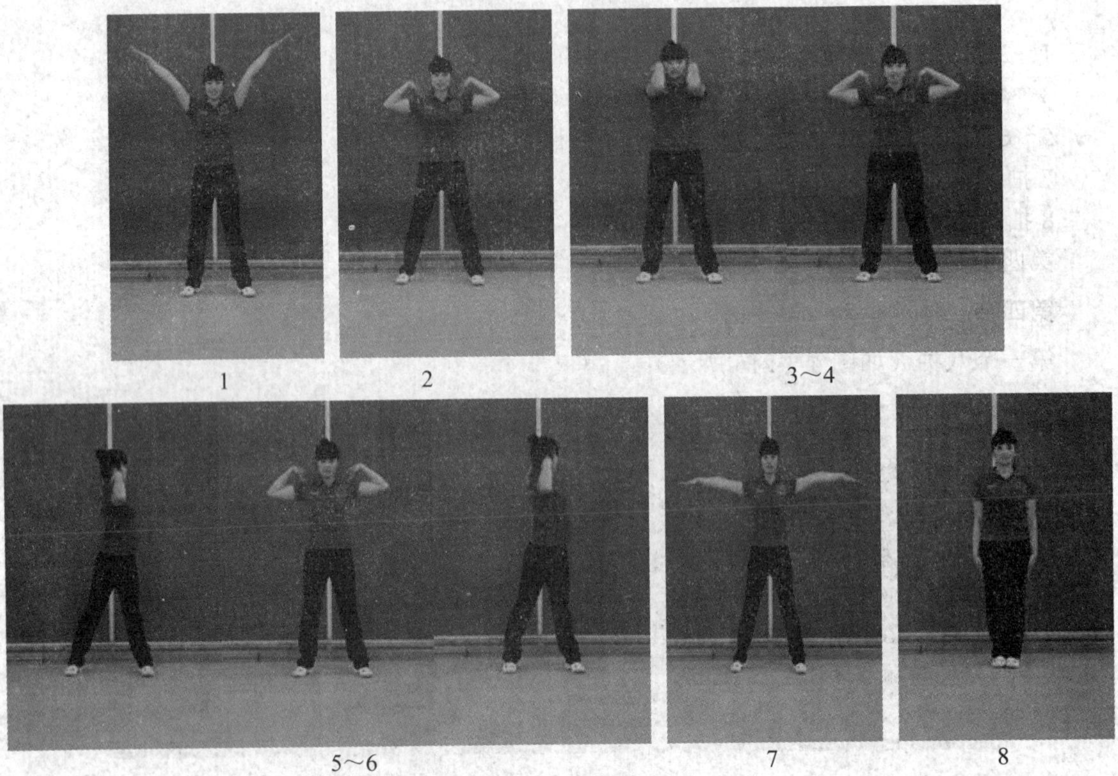

图　4-3-216

1 拍：左脚侧跨一步成开立，两臂侧上举，掌心向下。

2 拍：两臂肩上侧屈，手指触肩。

3～4 拍：向前绕肩两次。

5～6 拍：上体左转两次。

7 拍：两臂侧平举。

8 拍：还原成预备姿势。

第二个八拍：动作同第一个八拍，但方向相反。

第三、四个八拍：同第一、二个八拍。

第六节　全身运动（4×8 拍）

第一个八拍（如图 4-3-217 所示）：

1～3　　4　　5～6　　7～8

图　4-3-217

1～3 拍：左脚向左前方跨一步成左弓步，右臂经下向上绕至前上举，目视右前方。

4 拍：收左脚，还原成预备姿势。

5～8 拍：动作同 1～4 拍，但方向相反。

第二个八拍（如图 4-3-218 所示）：

1～2　　3～4　　5～6

7　　8

图　4-3-218

1～2 拍：右脚向前跨出一步成右前弓步，同时两臂侧平举。

3～4 拍：左转 90° 成开立，两臂胸前平屈，两小臂重叠，左臂在下，右臂在上。

5～6 拍：两腿直立，上体前屈，两臂保持重叠从下经前推至头上。

7 拍：右转 90° 成右弓步，同时两臂经后向下绕至侧平举。

8 拍：还原成预备姿势。

第三、四个八拍：动作同第一、二个八拍，但方向相反。

第七节　跳跃运动（4×8 拍）

第一个八拍（如图 4-3-219 所示）：

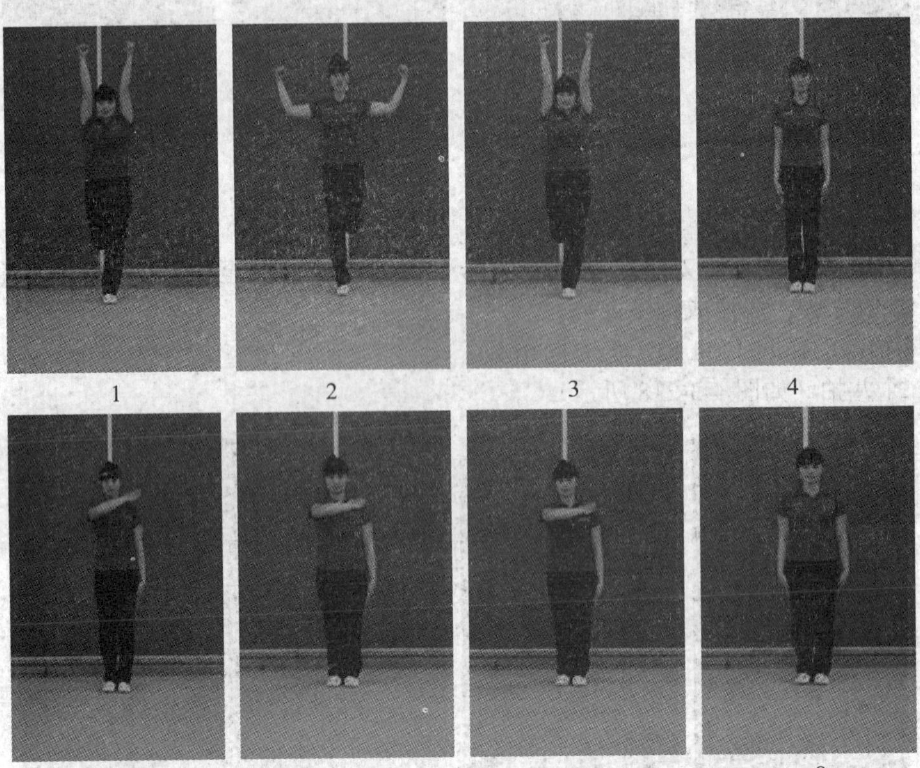

1　2　3　4

5　6　7　8

图　4-3-219

1～4 拍：右腿开始，后踢腿跑，同时两臂握拳上举，拳心向内，拉至侧肩上屈，第 4 拍时还原成预备姿势。

5～8 拍：两腿屈膝弹动 3 次，右手拍打左肩 3 次。第 8 拍时还原成预备姿势。

第二个八拍：动作同第一个八拍，但方向相反。

第三、四个八拍：同第一、二个八拍。

第八节　整理运动（2×8 拍）

第一个八拍（如图 4-3-220 所示）：

1～4 拍：左脚侧出两腿成开立半蹲，两臂经体前交叉向侧打开至头上交叉，同时重心慢慢升起，最后成直立。

5～8 拍：双手从上至两侧缓慢展开，第 8 拍时收左脚，还原成预备姿势。

1～4

5～8

图　4-3-220

第二个八拍：同第一个八拍。

三、伏案操（第一套）

预备姿势：立正姿势。

第一节　伸展运动（4×8 拍）

第一个八拍（如图 4-3-221 所示）：

1～2　　3～4　　5～6　　7～8

图　4-3-221

1～2 拍：两腿屈膝半蹲，低头含胸，两臂前举，掌心向下。

3～4 拍：直立，两臂屈肘放于脑后，目视前方。

5～6 拍：两臂立掌往前平推至前举，抬头。

7～8 拍：还原成预备姿势。

第二个八拍（如图 4-3-222 所示）：

1～2　　3～4　　5～6　　7～8

图　4-3-222

1～2 拍：左脚侧跨一步成开立，与肩同宽，头左转，目视左下方，左臂胸前平屈，左手手指触右肩。

3～4 拍：左臂侧平举，掌心向下，同时头右转，目视右下方。

5～6 拍：右臂侧平举，头右转，目视前方。

7～8 拍：收左脚，双手慢慢放下，还原成预备姿势。

第三、四个八拍：动作同第一、二个八拍，但方向相反。

第二节　扩胸运动（4×8 拍）

第一个八拍（如图 4-3-223 所示）：

1 拍：两臂侧平举，握拳，拳心向下。

2 拍：含胸，两臂肩上屈肘并拢于胸前，拳心相对。

3 拍：展胸，两臂展开至肩上侧屈，拳心向前。

4 拍：同 2 拍。

5～6 拍：两臂经上向后绕至侧后下举，两手由拳变掌，掌心向下。

7 拍：抬头挺胸，眼看上方。

8 拍：还原成预备姿势。

1　　2　　3　　4

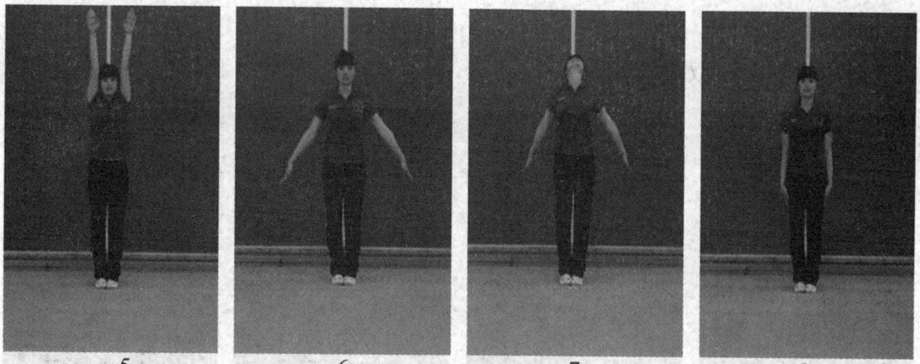

5　　6　　7　　8

图　4-3-223

第二至第四个八拍：同第一个八拍。

第三节　体转运动（4×8 拍）

第一个八拍（如图 4-3-224 示）：

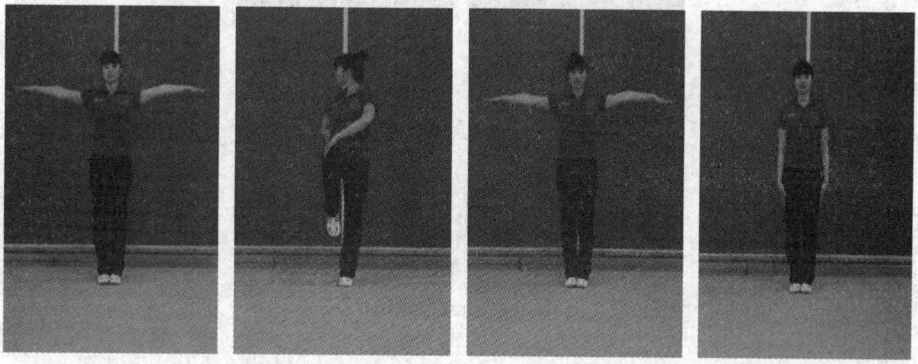

1～2　　3～4　　5～6　　7～8

图　4-3-224

1～2 拍：两臂侧平举。

3～4 拍：右脚屈膝提起，上体右转 90°，右手背于背后，左手扶右膝，目视右后方。

5～6 拍：右脚落下成直立，两臂侧平举。

7～8 拍：还原成预备姿势。

第二个八拍：动作同第一个八拍，但方向相反。

第三、四个八拍：同第一、二个八拍。

第四节　体侧运动（4×8 拍）

第一个八拍（如图 4-3-225 所示）：

1～2 拍：左脚侧跨一步成左脚脚尖点地，右腿屈膝，上体左侧屈，同时左臂侧平举，右臂上举，目视右前方。

3～4 拍：收左脚，还原成预备姿势。

5 拍：左脚左跨一步，与肩同宽，同时向右顶髋，双手叉腰。

6 拍：向左顶髋。

7 拍：向右顶髋。

8 拍：成两腿开立，双手叉腰。

1～2　　3～4　　5　　6

7　　8

图　4-3-225

第二个八拍（如图 4-3-226 所示）：

1～6 拍：两臂上举，上体从左经上至右绕环 1 周至右臂上举，左臂侧平举。

7 拍：右臂由上举打开成两臂侧平举。

8 拍：还原成预备姿势。

1～6

7　　　　8

图　4-3-226

第三、四个八拍：同第一、二个八拍。

第五节　踢腿运动（4×8 拍）

第一个八拍（如图 4-3-227 所示）：

1～2　　　　3～4

5～7　　　　8

图　4-3-227

1～2 拍：左腿侧举，两臂侧平举。

3～4 拍：还原成预备姿势。

5～7 拍：左脚开始向前交换小踢腿 3 次。

8 拍：还原成预备姿势。

第二个八拍：动作同第一个八拍，但方向相反。

第三、四个八拍：同第一、二个八拍。

第六节　全身运动（4×8 拍）

第一个八拍（如图 4-3-228 所示）：

1～2　3～4　5～6　7　8

图　4-3-228

1～2 拍：左腿侧跨一步成左弓步，同时上体左转 90°，两臂前上举，并掌，掌心向下，目视右前方。

3～4 拍：左臂成前平举，同时右臂经下向上绕至前平举。

5～6 拍：弹膝 1 次，同时两臂上举后振 1 次。

7 拍：左转 90°，同时屈膝半蹲，右臂打开成侧平举，目视前方。

8 拍：还原成预备姿势。

第二个八拍：动作同第一个八拍，但方向相反。

第三、四个八拍：同第一、二个八拍。

第七节　跳跃运动（4×8 拍）

第一个八拍（如图 4-3-229 所示）：

1～4 拍：左脚开始完成两次小弓步跳，双手叉腰。

5～7 拍：向左并步跳，左臂经右下向上绕至侧平举。

8 拍：还原成预备姿势。

1～4

5～7

8

图　4-3-229

第二个八拍：动作同第一个八拍，但方向相反。

第三、四个八拍：同第一、二个八拍。

第八节　整理运动（4×8 拍）

第一个八拍（如图 4-3-230 所示）：

1～2 拍：右脚开始原地踏步，右臂侧上举。

3～4 拍：左臂侧上举。

5～6 拍：两腿半蹲，上体前屈，低头含胸，同时两臂经前成后斜下举。

7 拍：伸膝直立，两臂前举，立掌。

8 拍：还原成预备姿势。

1～2

3～4

5～6

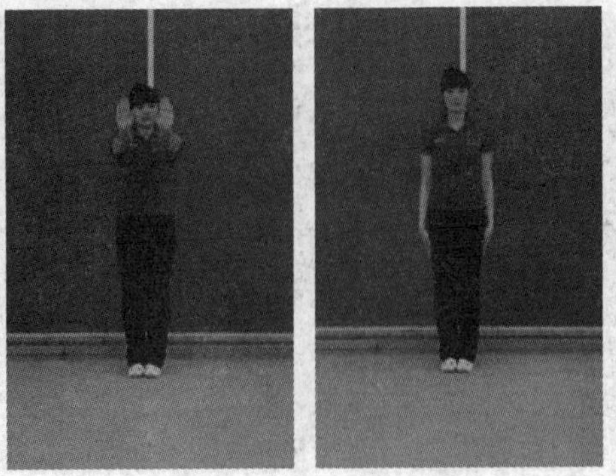

7　　　8

图　4-3-230

第二个八拍：动作同第一个八拍，但方向相反。

第三、四个八拍：同第一、二个八拍。

四、伏案操（第二套）

《亲亲茉莉花》音乐记写：

1　2　3　4 ‖ 1　2　3　4　5　6　7　8　9　10　11　12　13　14　15　16 ‖

预备　第一节　第二节　第三节　第四节

准备活动　头颈运动　肩部运动　胸部运动　腰部运动

1　2　3　4　5　6　7　8　9　10　11　12　13　14　15　16　17　（5）‖

第五节　第六节　第七节　第八节　结尾

髋部运动　腿部运动　跳跃运动　全身运动　收势

预备姿势：两脚开立，两臂放于体侧，如图 4-3-231 所示。

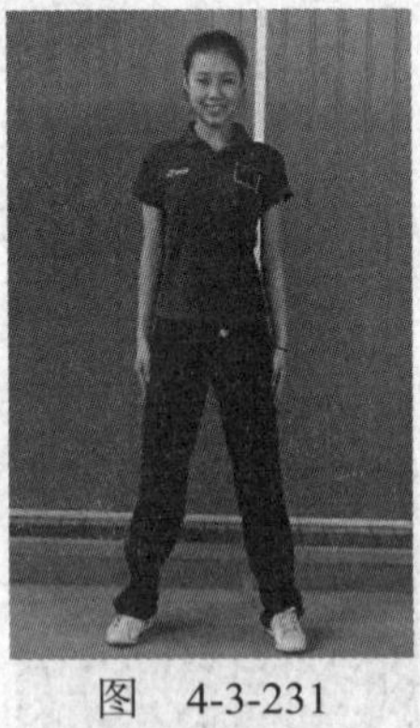

图　4-3-231

准备活动（4×8 拍）

第一个八拍：低头，左手揉捏颈后肌肉，如图 4-3-232 所示。

第二个八拍：低头，右手揉捏颈后肌肉。

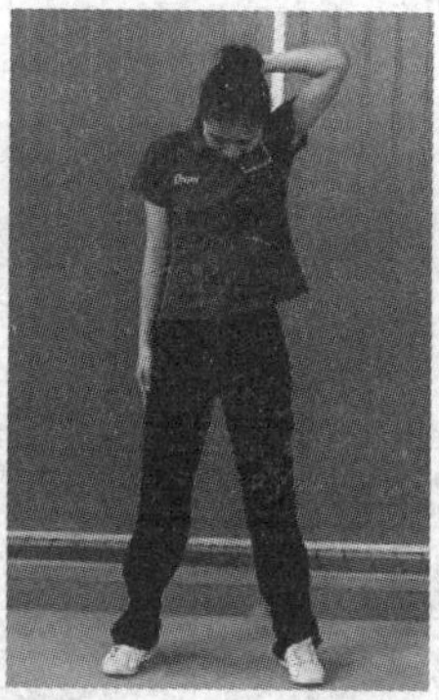

图　4-3-232

第三、四个八拍：两臂依次甩臂，双手握拳敲击异侧肩部，如图 4-3-233 所示。

图　4-3-233

第一节　头颈运动（4×8 拍）

第一个八拍（如图 4-3-234 所示）：

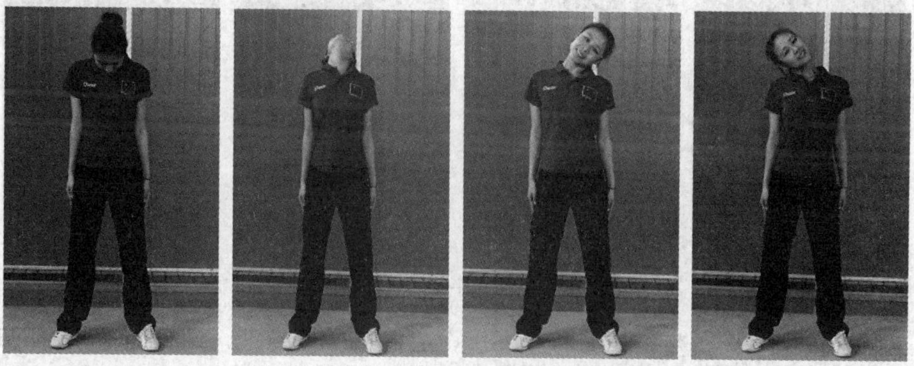

1～2　　3～4　　5～6　　7～8

图　4-3-234

1～2 拍：两脚开立，与肩同宽，双手放于体侧，两肩下沉，低头，尽量用下巴触及锁骨。
3～4 拍：上体姿势不变，抬头，下巴向上拉伸，拉长颈部肌肉，后脑勺尽量触及后背。
5～6 拍：上体姿势不变，头向左侧屈，左耳触及左肩。
7～8 拍：上体姿势不变，头向右侧屈，右耳触及右肩。
第二个八拍：动作同第一个八拍，但方向相反。

第三个八拍（如图 4-3-235 所示）：

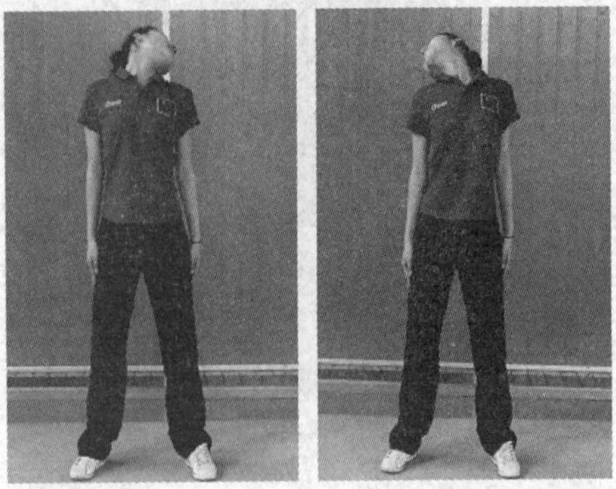

1～4　　5～8

图　4-3-235

1～4 拍：抬头，下巴带动右转，目光从左经上慢慢至右后，最后余光定位于右后臀部位置。

5～8 拍：保持姿势控制。

第四个八拍：

1～4 拍：抬头，下巴带动左转，目光从右经上慢慢至左后，最后余光定位于左后臀部位置。

5～8 拍：保持姿势控制。第 8 拍时收左脚，成立正姿势。

第二节　肩部运动（4×8 拍）

第一个八拍（如图 4-3-236 所示）：

1～2　　3～4　　5～6　　7～8

图　4-3-236

1～2 拍：左脚左跨一步，重心移至左腿，右脚脚尖侧点地，两臂侧下举，同时右肩提沉一次，并掌压腕，掌心向下，抬头挺胸。

3～4 拍：重心移至右腿，两臂侧下举，同时左肩提沉一次，并掌压腕，掌心向下，抬头挺胸。

5～8 拍：重心移至两腿之间，两肩同时提沉两次。

第二个八拍：动作同第一个八拍，但方向相反。

第三个八拍（如图 4-3-237 所示）：

1　　2　　3　　4

图　4-3-237

1～4 拍：两脚开立，双手贴于裤缝，两肩提起从后经上向前绕环一次，每个方向的动作尽量达到最大幅度。

5～8 拍：同 1～4 拍。

第四个八拍：动作同第三个八拍，但反方向绕环两次。

第三节　胸部运动（4×8 拍）

第一个八拍（如图 4-3-238 所示）：

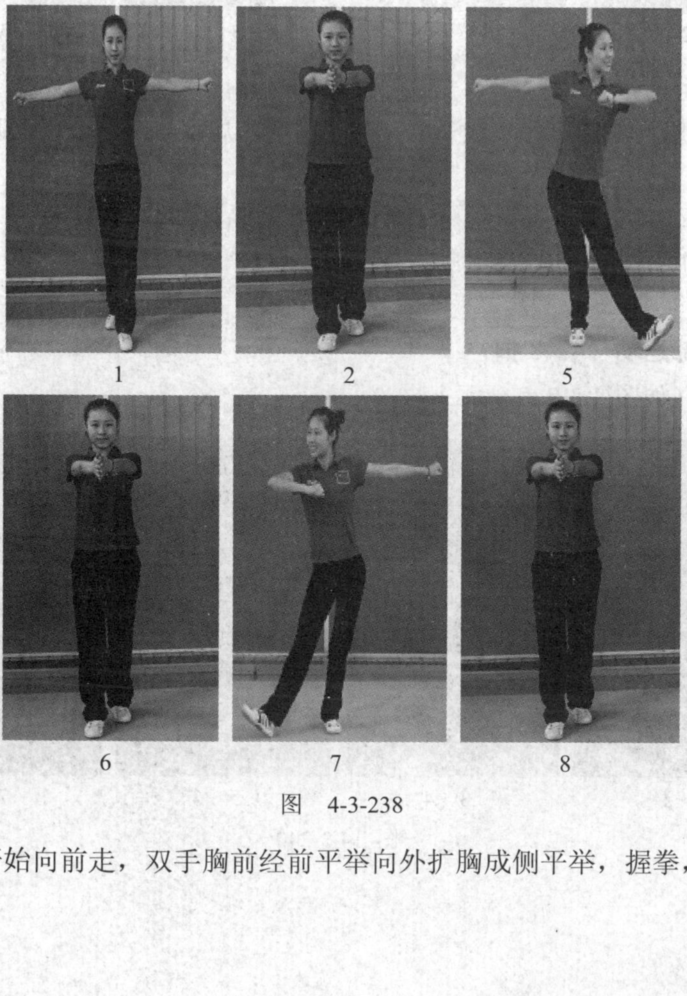

图　4-3-238

1 拍：左脚开始向前走，双手胸前经前平举向外扩胸成侧平举，握拳，拳眼向上。

2 拍：右脚向前跨一步，双手向内合拢，含胸，两臂前平举，击掌。

3～4 拍：同 1～2 拍，第 4 拍时右脚并左脚。

5 拍：左脚向左侧前上方伸出，脚跟点地，右腿微屈膝，左臂胸前平屈，右臂侧平举扩胸，握拳，拳心向下。

6 拍：收左脚于右脚后，双手向内合拢，含胸，两臂前平举，击掌 1 次。

7 拍：右脚向右侧前上方伸出，脚跟点地，左腿微屈膝，右臂胸前平屈，左臂侧平举扩胸，双手握拳，拳心向下。

8 拍：动作同 6 拍，但方向相反。

第二个八拍（如图 4-3-239 所示）：

1～2　3～4　5～6　7～8

图　4-3-239

1～2 拍：左脚向左跨出一步成开立，与肩同宽，屈膝半蹲，双手叉腰，同时向后扩胸 1 次。

3～4 拍：收左脚，上体直立，双手胸前平屈，向后振胸两次。

5～8 拍：动作同 1～4 拍，换右脚。

第三、四个八拍：动作同第一、二个八拍。

第四节　腰部运动（4×8 拍）

第一个八拍（如图 4-3-240 所示）：

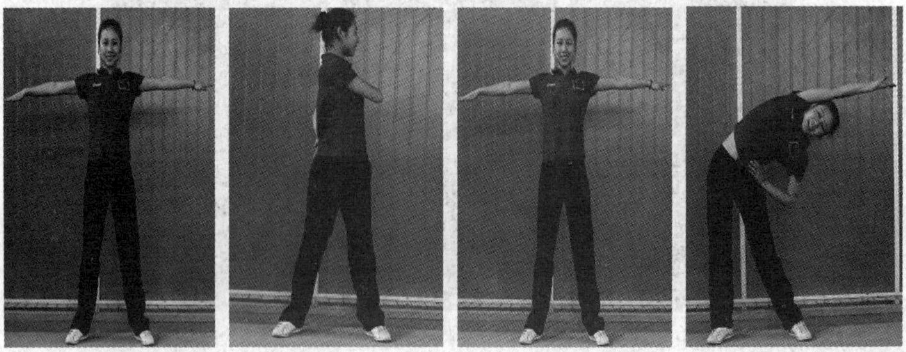

1～2　3～4　5～6　7～8

图　4-3-240

1～2 拍：左脚向左跨出一步成开立，与肩同宽，两臂侧平举。

3～4 拍：两脚不动，上体向左转体 90°，右手向左平摆至手指触左肩，左手向右后摆至腰后屈。

5～6 拍：回至 1～2 拍姿势。

7～8 拍：左手叉腰，右臂上举贴耳，上体左侧屈，掌心向外。

第二个八拍（如图 4-3-241 所示）：

1～2　　3～8

图　4-3-241

1～2 拍：保持姿势不动。

3～8 拍：左臂上举，于头上与右手互握，保持姿势不动。

第三、四个八拍：动作同第一、二个八拍，但方向相反。第四个八拍的最后 1 拍为，收左脚，成立正姿势。

第五节　髋部运动（4×8 拍）

第一个八拍（如图 4-3-242 所示）：

1～2　　3～4　　5～6　　7～8

图　4-3-242

1～2 拍：左脚向左跨出一步成开立，与肩同宽，屈膝微蹲，双手叉腰，向前挺髋。

3～4 拍：向左顶髋。

5～6 拍：向后翘髋。

7～8 拍：向右顶髋。

第二个八拍（如图 4-3-243 所示）：

1～2　　3～4　　5～6　　7～8

图　4-3-243

1～2 拍：向左顶髋两次，左手肩下屈臂，右手向上冲拳。

3～4 拍：动作同 1～2 拍，但方向相反。

5～8 拍：同 1～4 拍。

第三个八拍（如图 4-3-244 所示）：

1～4

图　4-3-244

1～4 拍：髋从前向左再向后绕环 1 周，双手压掌于体侧，也随髋划平圆，第 4 拍时右脚并左脚。

5～8 拍：左脚向左侧继续跨一步，髋和手的动作同 1～4 拍。

第四个八拍：动作同第三个八拍，但方向相反。

第六节　腿部运动（4×8 拍）

第一个八拍（如图 4-3-245 所示）：

1 拍：右脚支撑，左脚向前摆，不超过 45°，右臂前平举，左臂侧平举，并掌，掌心向下。

2 拍：右脚支撑，左脚向后摆，不超过 45°，左臂前平举，右臂侧平举，并掌，掌心向下。

3 拍：同 1 拍。

4 拍：左脚并右脚成立正姿势。

5～8 拍：动作同 1～4 拍，但方向相反。

1　2　3　4

5　6　7　8

图　4-3-245

第二个八拍（如图 4-3-246 所示）：

1 拍：右脚支撑，左脚外脚踝向上摆，大腿不动，让小腿尽量平行地面，双手握拳胸前夹肘同时向左晃动，拳心向前。

2 拍：右脚支撑，左脚内脚踝向内摆，大腿外展，让小腿尽量平行地面，双手握拳胸前夹肘同时向右晃动，拳心向前。

3 拍：同 1 拍。

4 拍：左脚并右脚成立正姿势。

5～8 拍：动作同 1～4 拍，但方向相反。

第三、四个八拍：动作同第一、二个八拍，但方向相反。

1　2　3　4

5　　6　　7　　8

图　4-3-246

第七节　跳跃运动（4×8 拍）

第一个八拍（如图 4-3-247 所示）：

1～4

图　4-3-247

1～4 拍：左脚前吸腿跳两次，右腿支撑，双手握拳肩上平屈后向内合拢，做两次。

5～8 拍：动作同 1～4 拍，但方向相反。

第二个八拍（如图 4-3-248 所示）：

1～4

图　4-3-248

1～4 拍：左脚后踢腿跳两次，右腿支撑，双手握拳侧平举两次，拳心向下。

5～8 拍：动作同 1～4 拍，但方向相反。

第三、四个八拍：动作同第一、二个八拍，但方向相反。

第八节 全身运动（5×8 拍）

第一个八拍（如图 4-3-249 所示）：

1～2　　3～4　　5～6　　7～8

图 4-3-249

1～2 拍：左脚向左跨出一步成开立，与肩同宽，含胸低头，双手十指相扣扶于脑后，向内夹肘，肘关节尽量靠拢。

3～4 拍：抬头挺胸，肘关节外展成一直线。

5～8 拍：动作同 1～4 拍。

第二个八拍（如图 4-3-250 所示）：

1～4　　5～8

图 4-3-250

1～4 拍：两臂向上伸直，双手十指相扣，翻掌，掌心向上，两臂在头的后面，低头。

5～8 拍：两臂不动，抬头，同时头在两臂的后面。

第三个八拍：上体慢慢前倾至体前屈，双手仍然保持十指相扣，翻掌，保持最远的路线运动至双手扶地，如图 4-3-251 所示。

图　4-3-251

第四个八拍：上体慢慢抬起至直立，双手仍然保持十指相扣，翻掌，保持最远的路线运动至双手上举，如图 4-3-252 所示。

图　4-3-252

第五个八拍：双手身后十指相扣，背后下拉，如图 4-3-253 所示。

图　4-3-252

整理放松（+5 拍）：

松手，还原成预备姿势，同时含胸、吐气。